滄海叢刊

「文化中國」與中國文化

——「哲學與宗教」三集——

傅偉勳 著

1988

東大圖書公司印行

©「文化中國」與中國文化
——「哲學與宗教」三集

作　者　傅偉勳
發行人　劉仲文
出版者　東大圖書股份有限公司
總經銷　三民書局股份有限公司
印刷所　東大圖書股份有限公司
地址／臺北市重慶南路一段六十一號二樓
郵撥／〇一〇七一七五—〇號
初　版　中華民國七十七年四月
編　號　E 54064
基本定價　伍元壹角壹分
行政院新聞局登記證局版臺業字第〇一九七號

獻予蕭孟能先生

自　序

本集所輯成的長篇短論，除了首篇，以及收在政大國際關係研究中心所辦「現代華人地區發展經驗與中國前途」研討會專集的最後一篇之外，其餘都在《中國時報》、《聯合報》、《中國論壇》、《文星》、《當代》、《哲學與文化》等台北的各大報章雜誌刊載過，不少讀者應仍記得。正如書名所示，一大半文章都關涉到「文化中國」概念所象徵看的海峽兩岸的文化學術及其交流課題。兩年來我一直公開敦促我們的政府與人民間人士，依照我所說「公平競爭，互助互利」的新時代大原則，以超政治的客觀態度重新「知己知彼」，並進一步早日設法與中國大陸進行正常的文化學術交流。我以一介海外華裔學者的身份暫時充當所謂「文化橋樑」，目的無非是在提醒海峽兩岸的知識份子，如無文化學術交流與真正知己知彼的意願或可能性，則任何「統一」口號都不過是自欺欺人之談，任何有關中國文化繼承課題的討論也終歸事倍功半，徒費精力與時光而已。就這一點說，本集所收的拙文，或有「始作俑者」的啟迪性歷史意義。

傅偉勳　一九八八年二月二十六日
下午三時於費城北郊

「文化中國」與中國文化

——「哲學與宗教」三集

目　次

《文星》在海峽兩岸

這幾個月來在臺北的文化出版界，可以說到處是一片「大陸熱」。隨着黨外年來得寸進尺般的不斷挑激，戒嚴法的解除，以及書禁報禁之類的行將解除，執政黨正以「徹底反思、自我革新」的新姿態、新作風，全盤檢討並設法重新調整已有僵化跡象的所謂「三不」政策，這就大大刺激了雄心勃勃的各大報章雜誌以及出版商，迫不及待地準備大量翻印中國大陸的文藝作品與新舊學術論著，以便滿足廣大的知識份子對於大陸書刊的强烈渴求。就我個人的經驗來說，八月間應邀回國開了三個研討會之後，行將飛回費城直前，就有三家出版公司的負責人分別約我商談，希望我能充當「海外連絡人」的角色，爭取大陸書刊或叢書在臺灣的獨家版權。

但是，去年（一九八六）夏天國建會正在進行的時候，誰能料想到一年以後的今天，會有如此「大陸熱」的盛況呢？我問過不少臺北的友朋，他們異口同聲地回答，幾個月前都無從預想到今天的「大躍進」。我還記得，去年四月首次應邀訪問大陸三週講學之後，❶接着準備七月

---

❶ 關於我首次應邀訪問中國大陸講學三週的前後經過，請參閱拙作〈大陸三週學術演講旅行後記〉，曾在紐約《知識份子》一九八七年多季號與臺北《哲學與文化》月刊同年第一五八及一五九兩期分別刊載。

中旬回國參加國建會時，海外一些友人都勸我說，國建會的目的多半祇是爲了國民黨「做秀」，並不值得參加。我却認爲，這是讓我針對大陸問題坦誠奉獻個人建議的良機。我那時隱隱感到，由於黨外的步步壓力，執政黨已到了不得不自求革新而向全民開誠佈公的嶄新階段，於此階段，最根本且最棘手的問題便是大陸問題，而非其他。這就是爲甚麼我在國建會社會文化組討論會上敢於大膽提出有關大陸問題的三項建議，當天（七月二十二日）自立晚報卽時報導，後來我在《文星》雜誌刊登的一些文章也常提到，《文星》讀者應仍記得。❷這三項建議之中，關於一九四九年爲止的大陸文藝作品以及大陸純學術性書刊的開放這兩項已有成效，至於最後一項關於委託民間機構或海外學術團體擧辦包括大陸學者在內的學術文化硏討會，相信在不久的將來會有實現的一天。我在國建會上的公開建議，是我日後面對大陸問題所發表的一連串言論與文章的起點。湊巧的是，一個半月之後曾在六十年代轟動臺灣文化出版界的《文星》雜誌應運復刊，配合新時代的要求，也開始爲了環繞着海峽兩岸的學術文化交流盡出一連串的貢獻，儼然成爲文化出版界的先鋒與重鎭，復刊迄今不過短短一年，却已引起海峽兩岸廣大知識份子的極大興趣與關注。光就這一點說，《文星》雜誌的復刊，以及該刊發行人蕭孟能先生的東山再起，可以說是中國文化出版界值得大書特書的一件盛事。

蕭孟能先生與我在六十年代並不相識，我那時不過是臺大哲學系的一介無名講師，也不是《文星》的作者。去年參加國建會直後準備返美

---

❷ 參閱拙作〈審美意識的再生—評介李澤厚與劉綱紀主編《中國美學史》第一卷〉（第一百期，頁六十三），〈李澤厚的荆棘之路—大陸學術界的「苦悶的象徵」〉（第一〇一期，頁九十），以及〈「文化中國」與海峽兩岸的學術交流〉（第一〇五期，頁七十）。

的前夜，在蕭先生家與他夫婦（王劍芬女士是臺大哲學系以來的好友）暢敍之際，我當場贈他剛剛出版的兩本拙著（卽《從西方哲學到禪佛教》與《批判的繼承與創造的發展》）。他說，他們夫婦在一九八三年訪問費城近郊的我家時，就極力鼓勵我「捲土重來」，再以中文寫作著書；因此，促我中文寫作的第一位應該算他，而不是韋政通兄（《中國論壇》召集人）或金恒煒兄（當時的中國時報人間副刊主編）。他又提到，他對《文星》復刊的決意，也與那時在我家的促膝交談很有關聯；我那時確曾敦促他東山再起，而他看到我的書房堆滿着數千册的東西思想文化書籍，也確頓時引起躍躍欲試的內心激盪云云。這就是主持《文星》的蕭先生與《文星》作者的我之間的一段奇巧的因緣；而這段因緣也有助於催生一年來《文星》與我共同促進海峽兩岸文化學術交流的分工合作。

《文星》復刊第二號刊載拙文〈審美意識的再生—評介李澤厚與劉綱紀主編《中國美學史》第一卷〉，據說引起了相當强烈的讀者反應，不久便有此書的三種翻印版本。我於去年年底在東海大學演講大陸學術研究現況之後，就有一位學生讓我看他剛買的最新翻印版，重新排成繁體字，分成精裝兩册，還附印前月在《文星》復刊第三號刊載的李澤厚自傳〈走我自己的路〉。我在九月間函告中國（大陸）社會科學院哲學研究所資深所員李澤厚教授說，我已答應爲《文星》撰寫一篇〈李澤厚的荊棘之路—大陸學術界的「苦悶的象徵」〉，希望他能早日寄來生活近照與自傳之類，以便一起同時刊登。他卽寄我相片與〈走我自己的路〉，但在信中表示，不太相信臺灣的雜誌敢予刊登。我回答說，以《文星》發行人的膽識魄力與我毫無政治問題的海外華裔學者身份，保證辦成。果然，復刊第三號不但刊載我論介李澤厚的全文，也附加他的〈走我自己的路〉，以及生活近照。本來，臺灣的地下書商已翻印過他的兩三本書，他在臺灣已有一點「知名度」；《文星》刊登拙文以及他的自傳之後，他在臺灣的名聲更加高升，書商也開始爭相翻印他的所有著作，在臺灣讀者的心目中他變成了中國大陸哲學思想界的頭號人物。同時，拙文與《文星》復刊第三號也經由一些大陸學者，在大陸各地校園與研究機構流傳，無形中又旁助了李澤厚更加「鞏固」他在大陸的學術地位。

我在上述拙文「前言」說道：「做爲海外華裔學者，我無權無力去干預政治，但我深深感到，海外學者以其較有自由發言的實際方便，應該挺身負起『文化橋樑』的責任。一方面，繼續批評馬列敎條的獨斷無益，旁助大陸開明改革派（如李澤厚、湯一介等資深學者或金觀濤夫婦等後起之秀），貫徹他們對馬列敎條的全面突破；另一方面，同時提醒並鼓勵正在朝向已開發國家目標前進的臺灣，必須百尺竿頭更進一步，在經濟科技、政治社會、思想文化等等層面，徹底發揮多元開放的新時代精神，而予大陸以正面衝擊與楷模示範。如此經由公平競賽，才有所謂『統一中國』的眞實意義，數千年來的老大中國，也才有迎頭趕上歐美日等先進國家，且與之爭長競短的希望。」這是我在《文星》公開主張海峽兩岸必須促進文化學術交流的第一步；而蕭先生也抱着同樣的看法，開始籌劃有關兩岸的一些專輯，《文星》的編輯方針也逐漸明朗化，重點擺在兩岸之間的文化學術問題上面，對於今年戒嚴法解除以後的「大陸熱」，可說具有「開拓者」的大功。

我接論介李澤厚的那篇文章之後，又在今年的《文星》元月號撰登了一篇〈「走向未來」的金觀濤與劉青峰—大陸學術界的前衞象徵〉，介紹大陸學術界的新一代奇才金觀濤及其夫人，特別標榜他們主著《興盛與危機—論中國封建社會的超穩定結構》所展現着的史學創見，「不禁令人感嘆作者在方法運用的自如，科學推論的嚴整，史料分析的細密，宏觀考察的深透，以及組織力的高强與想像力的豐富。」此文在臺灣引起的讀者反應，恐怕遠比論介李澤厚的那篇更加熱烈。由於我們政府往年的過份保守政策，大陸純學術性書刊始終無法進來，臺灣讀者對於後文革時期大陸新一代學者的學術研究情況毫無了解，對於大陸「四大思想領袖」之一的金觀濤聽都沒聽過，遑論《興盛與危機》這本著作。因此，讀了拙文之後產生好奇與驚訝雙重心情，當然是很難免的。有趣的是，中國大陸的不少知識份子也是透過《文星》上的拙文，才了解到金觀濤夫婦的學術貢獻是如此驚人。

《興盛與危機》在臺灣已有精緻的翻版，我最近也弄到一册，轉寄給已回北京的金觀濤夫婦。此書的日譯本也在今年五月由東京研文出版社印行，譯者是東京大學副教授若林正丈及其文學院助手村田雄二郎。譯者受金觀濤之託，以航空寄贈了我一册；我也以投桃報李的方式，寄贈他們《文星》元月號一册，引起了他們以及其他日本學者對於《文星》的注意與興趣。今年五月，我應邀再度訪問大陸講學之時，曾赴成都，在四川省社會科學院演講一場「邊緣科學理論與創造性思維」，介紹我的就是金觀濤的內兄劉茂才院長。由於劉院長與金觀濤的親戚關係，該院各所所員都事先讀過我在《文星》上論介金觀濤的文章。六月初，又自桂林飛往杭州，在浙江省社會科學院哲學研究所與幾位所員座談，又在杭州大學演講一次。該校校長沈善洪教授又兼浙江省社會科學院院長，由於金觀濤的父親原任該校化學系系主任，退休之後仍與沈校長關係甚切；聽到我已來到杭大，請我到他家吃飯暢敍，沈校長也陪同在場。大家談到正在費城賓州大學訪問的金觀濤夫婦，也自然涉及《文星》上的拙文。由於這些緣故，杭州一帶的研究機構人員與杭大師生對於拙文與《文星》的存在相當熟悉，也以出身杭州的奇才金觀濤爲傲。

去年十二月二十三日早晨，我自紐約飛抵臺北直後，蕭先生即來家兄處向我透露籌劃「五四專輯」的構想，希望能有臺灣、海外以及大陸三方面的教授學者代表分別撰文，藉此開導一條海內外以及海峽兩岸之間文化學術交流的道路。當時我深爲蕭先生的遠見與文化熱誠感動，立即同意盡力協助，完成此一籌劃。我自動提出充當海外連絡人的意願，負責邀請海外與中國大陸的教授學者專爲「五四專輯」撰文，通過紀念五四的集思廣益方式，共同探索未來中國學術文化發展的大方向。當天下午，韋政通兄亦來參加討論蕭先生的基本構想。我們都同意，此一專輯當有重要的象徵意義，事後證明，確實如此，容後敍述。

蕭先生又與我商談《文星》將要主辦的系列演講，希望我能公開演講一次。今年元月十二日晚，我在耕莘文教院大講堂主講「『文化中國』與海峽兩岸的學術交流」，由蕭先生親自主持介紹，並由韋政通兄擔任講評。講稿經我自己事後整理之後，在《文星》三月號發表，另附政通兄的講評，在海峽兩岸產生極大的反應與影響。我在講稿開頭便說:「『文化中國』代表種種意涵，其中之一是: 海峽兩岸已經無法套用過去幾十年那種純粹政治（尤其政治統戰）的老辦法，來解決中國能否統一的艱難問題，因爲兩邊分離太久，已有老子所云『鄰國相望，雞犬之聲相聞，民至老死不相往來』的永別危機；譬如海峽兩岸的人民之間，到底還有甚麼自然感情的連繫，大家都有心照不宣的奇妙感覺吧。如說今日臺灣和大陸還有一點點連繫，而兩邊還有『統一』的一點理據與一縷希望的話，恐怕祇不過剩下『文化（中國)』這個概念可以依賴了，其他一無所有。這是兩岸學者和一般知識分子都能感覺到的，是極其嚴重的問題，已不能由一、兩個人的力量去改變整個局勢。我今晚專爲《文星》雜誌演講這個主題的必要性與迫切性，即在於此。」

次日下午我離華返美直前，曾到敦化南路《文星》雜誌社向蕭先生告別，他又提及「五四專輯」的籌劃工作。由於十二月二十三日爲此專輯聚談時，政通兄並不太贊成我建議的總題「中國文化往何處去？」，認爲醒目不足，因此蕭先生與我又重加思索。當時我忽然想出以「文化中國與中國文化」（Cultural China and Chinese Culture）爲此專輯的主題，蕭先生立卽拍案叫絕，蓋此主題攝有字語倒轉的一對重要名詞，能兼涵當前海峽兩岸之間非政治性或超政治性的文化線索，以及中國歷史文化的賡續發展雙層意義之故。「文化中國」指謂貫通海峽兩岸的橫面線索，警告我們文化斷層可能造成「永別」危機；「中國文化」則指綿延流長的文化縱層，提醒我們祖國的歷史文化傳統不容任意割斷。縱橫雙層合起來說，乃意味着：「中國目前雖仍處於『一分爲二』的政治局面，但是海峽兩岸的知識分子都應具有『文化中國』的共識共認，爲了祖國傳統思想文化的繼往開來承擔一份責任。」❸

今年《文星》的「五四專輯」就用了上述主題，收錄八篇，包括代表大陸學者的金觀濤所撰〈科學：文化研究中被忽略的主題〉，與我自己的〈中國文化往何處去？——一個宏觀的哲學反思與建議〉。五月號除此專輯之外，又收一篇梁漱溟的〈試說明毛澤東晚年許多過錯的根源〉，並由政通兄特撰一篇〈「文化中國」的象徵——梁漱溟的生平與思想〉。最令人注目的是，封面人物就是年紀近百仍在大陸的梁漱溟，確實具有「文化中國」的象徵意義。此期又設特輯「不死的理想主義者」，開始連載劉青峰交我帶回臺北的自著中篇小說《公開的情書》，作者靳凡卽是劉青峰的筆名。此特輯另附劉青峰應我之請撰寫的〈致臺灣的讀者們〉，這恐怕是大陸作家親致臺灣讀者而在臺灣報章雜誌刊載的第一封信，意義不凡。爲此特輯，蕭先生又請王德威先生與我分別撰登一篇評介，我以〈理想與現實之間——靳凡《公開的情書》解說〉爲題，評

❸ 此係韋政通兄與我主編的《世界哲學家叢書》（臺北東大圖書公司）總序結語。

此小說，末尾寫道：「雖然，《公開的情書》還不能說是登峯造極的文藝創作，但是，我們不應忽略它所代表的時代意義。也就是說，針對一九六六年（文革爆發）直至一九七九年（文革過後）這一段充滿荊棘與苦難的中國大陸，及其老少兩代（甚至三代）的知識分子而言，《公開的情書》儼然構成一部極其重要，且不容忽視的時代見證的作品。靳凡在她的〈彷徨·思考·創造——致《公開的情書》的讀者〉這一篇後記裡說：『你們問我爲什麼要寫這部小說，我並不是在寫小說。我只是獻出了一顆不說謊的心。』親愛的臺灣讀者們，你們讀完《公開的情書》之後，也會欣然同意作者的自評與我旁觀者的評價吧！」王先生的評介文章，則以〈時代心靈的記錄〉爲題，評謂：「第一、靳凡採用書信寫作的方式，以四十三封信簡（另有二封附信）構成全書敍述，不惟延續了西方十八世紀書信體小說（epistolary novel）的傳統，亦爲現代中國小說所鮮見。如此寫作方式所可能蘊涵的動機及其延伸的社會文化意義，可以深思。第二、靳凡藉小說所喚起的浪漫人文精神，實爲文革後文學的重要關目。它與五四以來的浪漫傳統有何種絕續異同關係，也是有心讀者探索的好材料。」

我爲《文星》徵得的大陸學者專文，共有十餘篇，其中陳俊民（陝西師範大學副校長）的〈中西文化衝突的歷史反思——談中國學者的現代思考〉，以及金春峰（人民出版社哲學編輯部主任）的〈五四文化討論的回顧與展望〉都在六月號同時刊載。金氏在末尾特別寫道：「這篇文章實際是海峽兩岸學者或中外學者對中國文化『共識共認』的成果。海峽分隔近四十年了，海天遼闊，歲月悠悠。但炎黃子孫的一顆中國心，是同樣火熱的。這次應傅教授和《文星》雜誌社蕭孟能先生的邀請，對『文化中國』問題發表意見，心情眞是十分激動。文化中國的討論和建設，五四以來一直在引起國人和學術界的熱烈關注。它的深入展開，必將爲中國民族新文化的繁榮昌盛，爲它的世界化與現代化，作出巨大的貢獻。乘此機會，謹向傅教授、蕭先生及《文星》雜誌的同仁表示衷心的感謝。」在最近的十月號，《文星》又刊載了《朱熹思想研究》（臺灣已有翻印本）的作者張立文（中國人民大學哲學系教授）所撰〈中國傳統文化及其形成和演變〉，結語亦云：「希望海峽兩岸能不斷地進行文化交流，目前可就『文化中國與中國文化』爲主題相訪問、研究、講學，以求共通共識。」我們從上面金、張二氏的結語不難窺知，促進海峽兩岸文化學術交流的時機已經成熟，兩岸的知識份子都已認識到，爲了「文化中國與中國文化」的未來發展積極進行此一交流的時代意義。爲此充當「始作俑者」的蕭先生與我，今天看到臺灣報章雜誌乃至學術文化界的一片「大陸熱」，也足堪自我欣慰的了。

今年八月間，我回國參加三項研討會，月底離華返美之前，在《文星》雜誌社辦公室接受「民生報」記者齊怡小姐的採訪（見該報八月三十日文化新聞版）。我對她提到，這兩年來我經常影印國內的文化學術性刊物，如《文星》、《中國論壇》、《當代》、《哲學與文化》、《鵝湖月刊》、《傳習錄（東吳大學哲學年刊）》等等，自美寄贈大陸學者們。他們又將這些影印稿一印再印，轉手流傳不止百千，大陸各地校園以及研究機構的不少學者學生都看過。基於個人經驗，我通過該報公開建議，國內不妨採取主動文化「出擊」的方式，由各種文化基金會出錢購買國內書刊，透過第三者（如香港）的管道，贈送大陸各處的圖書館與學府，這對海峽兩岸的學術文化交流會有很大的意義與貢獻。

由於我年來專爲《文星》撰寫了多篇有關兩岸交流的文章，並爲此交流以及「文化中國與中國文化」的未來發展公開演講，因此我在今年五月再次應邀訪問大陸各地講學期間（前後三十五天），經常携帶多册《文星》，並分發給教授學者參閱，引起了熱烈的反應。我在訪問邀請單位中國（大陸）社會科學院世界宗教所之前，特向該所提議，我在該所的第一場演講主題定為「文化中國與中國文化」，並請該所事先通知湯一介（北大哲學系教授）、金春峰等等著名學者都來旁聽。五月初旬在該所首次演講此題，環繞着「文化中國」的概念抒發己論，並引《文星》上的拙文激發大陸學者共同響應，效果甚佳。本來，我不準備繼續演講此題，但欲罷不能，中國人民大學哲學系的張立文教授，主持中國文化書院的湯一介教授，以及其他幾位，都紛紛要求我重講此題。經過數次有關「文化中國」的演講，據說大陸各地學府與研究機構這幾個月來一直熱烈討論此一概念，《文星》上的幾篇拙文以及其他有關的文章也常被引用討論。

五月下旬，我自成都飛往重慶，湯氏的中國文化書院已經專派人員在那裡的四川省外語學院租了一個大講堂，等待我去演講一場「中國文化與文化中國」。當天聽講的知識份子據說有些坐了一天火車，從幾百里外的遠地跑來參加，令我深深感動。我演講完後休息十分鐘，就有七、八十個紙條紛紛遞來，要我在下半場一一回答。我翻查這些紙條，有不少聽衆問我對於柏楊《醜陋的中國人》的看法，但更多的聽衆質問都集中到一點：「您對這次反資產階級自由化運動的犧牲者方勵之、劉賓雁等人的看法如何？您上半場的演講，對於馬列教條的批評那麼激烈，為何不提提你對這次運動的看法？」於是，我在下半場專就方、劉事件評論中共領導層處理的不當，並將隨身携帶的《文星》三月號高擧之後，當場唸了該期有關「中國的良心系列之一——方勵之」的內容預告，來說明以《文星》為首要代表的臺灣報章雜誌對於方勵之、劉賓雁等人的關懷與支持，現場聽衆立即爆發如雷掌聲，持續兩三分之久，場景令人感動。演講完後，有幾十位年輕聽衆自動排隊，各持手册要我簽名留念，令我感到應接不暇，對他們說：「我是學者，不是鄧麗君或電影明星。」我生平演講不下百次，從未受到如此熱烈的歡迎，這倒不是由於我的演講特別有吸引力，而是由於我引用《文星》，表示臺灣知識分子分享他們對於反資產階級自由化運動的犧牲者十分關懷的緣故。

蕭孟能先生所主持的《文星》與《文星》作者的我，這一年來爲了海峽兩岸的文化學術交流以及「文化中國與中國文化」的前途共同奮鬪，合作無間，而在海峽的此岸（臺灣）與彼岸（大陸）引起相當强烈的共鳴與響應，算是值得我們回憶的一件事。去年七月，我的兩本姊妹書「哲學與宗教」一集與二集由東大圖書公司出版，分別獻予曾經鼓勵我再以中文寫作著書的韋政通兄與金恒煒兄。拙著「哲學與宗教」三集行將問世，冠以「文化中國與中國文化」的書名，準備獻予蕭孟能先生，而以本文置於此書首篇，以爲歷史性的留念。

（一九八七年十月十日於費城近郊）

「文化中國」與海峽兩岸的學術交流

前年（一九八五）三月，我在美國費城接到《中國論壇》編輯委員會的來函，邀我寫一篇專論有關三十五年來中國大陸哲學研究的文章，以便收在該刊十週年慶祝專輯「(一九四九年以後）海峽兩岸的學術研究發展」。此專輯的旨趣，是在促使「海內外中國人及國際學術界更深刻認識中國學術研究的不同發展」。邀請函尤其指出，「自從一九四九年政府遷臺後，海峽兩岸學術研究卽分別在兩種政治體系下，各自發展。影響所及，不祇方法論大有差異，亦形成不同的風貌。惟基於文化中國的立場，雙方學術研究發展各有其特殊意義，殊值重視」。

我不知道「文化中國」（Cultural China）的概念與名辭係由那位人士最先提出，何時出現；我自己是從這邀請函首次學到這四個字的，當時頓感極有深刻的時代意義。「文化中國」代表種種意涵，其中之一是：海峽兩岸已經無法套用過去幾十年那種純粹政治（尤其政治統戰）的老辦法，來解決中國能否統一的艱難問題，因為兩邊分離太久，已有老子所云「鄰國相望，雞犬之聲相聞，民至老死不相往來」的永別危機；譬如海峽兩岸的人民之間，到底還有什麼自然感情的連繫，大家都有心照不宣的奇妙應覺吧。如說今日臺灣和大陸還有一點點連繫，而兩邊還有「統一」的一點理據與一縷希望的話，恐怕祇不過剩下「文化（中國）」

這個概念可以依賴了，其他一無所有。這是兩岸學者和一般知識分子都能感覺到的，是極其嚴重的問題，已不能由一、兩個人的力量去改變整個局勢。我今晚（一月十二日）專爲《文星》雜誌公開演講這個主題的必要性與迫切性，卽在於此。

捨「文化中國」之路，別無「統一中國」他途

首先讓我們比較一下海峽兩岸在經濟、政治、敎育、學術等等層面的各別現況。就經濟發展而言，臺灣已進入了邁向已開發國家的現代化階段，日日儘求科技資訊化，而最近的外滙存底已經超越西德，躍居世界首位。臺灣的企業界擁有最前進、最優秀的人才，足以繼續擔當經濟發展的種種重責。在政治方面，我們政府這一年來有伸縮性地適予處理黨禁、戒嚴法等棘手問題的種種事實，連偏向大陸的海外報章雜誌，如紐約的「中報」，或香港的《九十年代》，都不得不加以讚許。在敎育方面，雖仍存在著師資、待遇等等一些有待改進的問題，大致說來，臺灣人民的敎育水準已與歐美日等先進國家相當接近，所謂「文盲」幾已不見；敎育程度的不斷提高，可以說是促使臺灣經濟急速發展的一大因素。再就學術研究而言，我們要趕上歐美日等先進國家，還有一段距離，但我們至少有自覺地配合經濟方面的科技資訊化，與政治方面的民主法治化，在學術研究上已開始要求多元開放化，可以期待研究水準更進一步的提高與突破的。

相比之下，整個大陸在後文革時期，從經濟、政治到敎育、學術等等層面，始終擧棋不定，甚至朝令暮改，仍無方向可循，基本上還是由於無力突破馬列敎條而造成的。這一個月來的大陸學潮與北京政局的一大轉變（保守派的擡頭與改革派如胡耀邦、方勵之、劉賓雁等人的失

勢），更令人感到「山雨欲來風滿樓」，深怕類似文革的局面行將出現。這幾年來的所謂「資產階級自由化」運動，經過這一次保守派的反擊與改革派的大受整肅，已遭極大挫折，今後十年，甚至二十年，北京在政治、經濟方面很可能會在社會主義與資本主義的十字路口逡巡不前而牛籌莫展。經濟與政治的動盪不定，自然也影響及於教育改革與學術研究改革的遲延或失誤。大陸目前的文盲仍不下於兩億，而中小學教師的薪資最低，生活最苦，據說很難找到對象。「斯文掃地」到如此地步，還談什麼教育改革？至於學術研究，大陸這幾年來所推行的所謂「學術研究無禁區」的開放政策，由於馬列教條的枷鎖未除，本就困難重重，再經此次改革派的受挫與整肅，也令人感到此後數年可能凶多吉少。

從上面簡略的現況比較，我們不難猜知與我們接觸過的大陸學者如何「感慨萬千」，如何羨慕臺灣今天的成就了。我覺得，我們應該（有限度地）歡迎旅遊海外的大陸學者來臺灣看看，與臺灣的知識分子自由自在地討論中國文化問題、經濟問題、學術研究問題等等，一方面讓他們了解，臺灣日日自求（經濟上）科技資訊化、（政治上）民主法治化、（學術文化上）多元開放化的進步情形，一方面也讓我們「此岸」的知識分子有直接了解大陸知識分子的想法、做法的適當機會。我們應該儘量避免老套的政治統戰，反而應以光明正大的開放態度歡迎較有開放精神的大陸學者，與我們面對著面討論問題，經由相互衝擊與意見交換，去影響他們的想法、做法。我所以向大家如此建議，是想指出，如果我們在臺灣只是口口聲聲要統一中國，事實上却始終杜絕任何「知己知彼」的機會或管道，我們如何向我們自己以及臺灣的下一代交代？臺灣今天在經濟、政治、教育、學術等等層面已有如此成就，我們就更應該在思想上、意識型態上進一步配合這些成就，逐步走向多元開放，大無畏地歡迎較開明的大陸學者，進行公開的討論與辯論，慢慢說服對方，而使整個中國能够走向具有共識共認的思想文化之路；捨此「文化中國」之路，別無「統一中國」的他途。我深信，就此一點說，臺灣是有資格對大陸作示範的，因爲臺灣在上述各方面確比大陸進步多多。這是我所見過的不少大陸學者私下承認的。

從表面上看，中國大陸與蘇聯都是馬列教條控制下的社會，但至少有一點根本殊異之處。大陸社會是被迫承繼著兩千五百年以上綿延流長的中國思想文化遺產，而蘇聯社會則不過是自野蠻民族的狀態，中經東正教和沙皇專制時代，而進入馬列主義社會的。換句話說，在所有共產主義社會之中，獨獨中共不得不面對中國思想與文化的繼承課題設法解決。這更顯示了如果臺灣（此岸）與大陸（彼岸）還有絲毫聯繫的話，那就祇剩下「文化中國」這一點點了。雖因將近四十年的政治異化，此一線索未曾適予建立，但海峽兩岸的知識分子對這一點，可以說有相當清楚的共識共認。我今天就是以較有自由發言餘地的海外華裔學者身份，來向在座的各位，以及我們的政府與民間機構，誠懇提出更具體的建議。我們已沒有多少時間可讓我們拖延，因爲再拖五年十年下去，海峽兩岸的統一更是渺茫，兩岸所唱不同論調的「統一中國」口號也將失去任何意義。我的眞正意思是，問題並不在唱不唱「統一中國」的口號；問題的關鍵是在，我們是否了解到在高唱「統一中國」口號的同時，我們在「文化中國」的原則指導下，以具體的表現方式積極推動海峽兩岸之間的學術文化交流，乃是任何「統一中國」論調的先決條件？一旦我們如此了解，則應該採取甚麼具體有效的辦法去推動學術與文化的交流呢？

「統一中國」的首要程序

與此問題相關聯的另一問題，當然是：中國大陸本身有否全面突破馬列教條而走向多元開放的任何希望？關於這一點，請各位先讀一讀我在《文星》復刊第三號（十一月一日）與第五號（一月一日）分別登過的兩篇專論，即〈李澤厚的荊棘之路——大陸學術界的「苦悶的象徵」〉，以及〈「走向未來」的金觀濤與劉青峰——大陸學術界的前衞象徵〉。尤其代表新一代大陸知識分子心聲的《走向未來》叢書主編金觀濤這位奇才，很值得我們注目。我在上述那篇專論中提到，金觀濤（與他夫人劉青峰）兩年前出版了一本在大陸與海外相當轟動的書，書名《興盛與危機——論中國封建社會的超穩定結構》。任何讀過此書的讀者都會發現到，此書的論點幾乎是推翻了馬列教條（歷史唯物論），應用現代西方的「三論」（控制論、系統論與信息論）等新的科學方法，來重新解釋傳統中國的興盛危機，尤其中國封建社會的超穩定結構。馬克思以來的教條化唯物史觀（書中的慣用語是「經典決定論」）無法解釋，以儒釋道三家爲文化主流的中國社會，它的大一統意識型態爲甚麼沒有隨著生產力與生產關係的改變而有所改變？中國封建社會自秦漢至清末，爲何延續兩千多年而無甚改變？爲何面臨歷史的危機之時，總是經過短暫的周期性震盪，終又回歸大一統社會的原狀？表面上雖有曲折、有變遷，實際上所謂「超穩定結構」却根本沒有改變？金觀濤夫婦的這本書，就是借用「三論」方法，採取宏觀的考察，而以經濟結構、政治結構與意識型態結構三者之間的相互作用、相互調節，來探討這個超穩定結構的歷史成因。我讀完此書之後曾對金觀濤表示我的感想說：「表面上看，你們似乎是在應用三論探尋超穩定結構的成因。但深一層地看，你們的眞正用意難道不是在理論上反映出，當前大陸政治體制有它形成另一種超穩定結構的僵化危機嗎？」金君對我的感想不作回答，反把話題扯到蘇聯去，說道：「我倒關心的是，像蘇聯那樣的社會，很可能變成一種維持五百年，甚至一千年無甚變化的超穩定結構，而使整個蘇聯的社會與人民停滯不前。這是很可怕的。」金君祇提到蘇聯社會的「超穩定」問題，但我覺得中國大陸也有類似的危機，容易導致不可想像的歷史悲劇。無論如何，我所以特別提到金觀濤夫婦的這本書，就是要指出，即使在馬列教條的黑雲籠罩下，後文革時期的中國大陸，還是有它足够的潛力產生出以金觀濤夫婦爲前衞象徵的一大批具有遠見而「走向未來」的知識分子的。據我所知，大陸知識分子目前有三代差別，馮友蘭等人的老一代仍能緊守中國傳統思想與文化的本根，馬列教條取代不了他們內心深處藏有的本根。李澤厚等五十歲到七十歲左右的一代，曾受正規的蘇聯式馬列主義教育，比較難於完全擺脫馬列枷鎖。以李澤厚本人爲例，那麼開明豪爽而「走自己的路」的他，在哲學思考上仍無法徹底排除偏生產力論或偏社會存在論的影響，與願意接受嚴格的西方科學方法論訓練而勇敢地「走向未來」的金觀濤等新生一代，還是有意識型態的相當差距的。金觀濤等人所代表的新一代大陸知識分子，恐怕是與臺灣的知識分子可以進行學術文化交流的適當人選。不過，我們如要誠心誠意打開「文化中國」性質的學術文化交流之門，則應該與較有開放精神的大陸任何一代學者進行非政治性的公開討論才對。金觀濤夫婦曾對我說，他們希望能有機會訪問臺灣，了解臺灣社會的種種現況，且與臺灣的知識分子交換意見。我衷心盼望，我們的政府或民間機構能够依照「文化中國」的原則，接受他們的意思，來臺灣參觀，也與我們這裏的知識分子進行純學術性的討論。對於日日多元開放化的臺灣來說，這應該是有百益而無一害的漂亮做法。

我認爲，中國如要統一，光喊統戰口號是無濟於事的。時代已經變了，最重要的一點是海峽兩岸的知識分子能不能對談，能不能溝通。對談與溝通都需要有適當的機會，有了機會才有下一步的臺灣或大陸那邊的統一問題更好的辦法。我已提到，金觀濤夫婦在美國第一次見到我時就表示了想來臺灣看看的興趣。我想，像金觀濤夫婦這樣具有科學頭腦與開放精神的大陸學者，如能訪問臺灣，一定可以帶來一些不同於馬列敎條的新觀念，也可以受到臺灣學術界的某些影響。他們如來臺灣看看，我們對他們的去留不作任何强迫，讓他們自由自在地與我們的知識分子公開對談，這也正好向他們表現出臺灣是道道地地的自由社會，有多元開放的學術環境。這種學術交流的事絕不能拖延，因爲十年就是一個世代，再拖十年下去，下一個世代的兩岸知識分子沒有半點「知己知彼」的能力，彼此也無甚（自然的或文化的）感情存在，則如何去溝通交流，遑論「統一中國」？我們如果能找出一些具體可行的溝通辦法，旣不影響臺灣政治上的尊嚴，又能促使大陸逐漸擺脫馬列敎條的框框而跟著我們走向更有民主自由、更有多元開放的未來中國道路，那就是最理想的了。擧個最簡單的例子吧，由於我是兼爲《文星》與《當代》兩大雜誌的編輯顧問，能按期收到各一份，就立刻給金觀濤夫婦及其他在美國東部的大陸學者看看。他們都對臺灣印刷水準與開放程度之高，大表驚訝，一致稱讚這些雜誌的豐富內容。我們通過這類正當的溝通方式，多讓大陸學者了解臺灣，算是最起碼的步驟，有助於推動海峽兩岸的學術文化交流，而此交流正是「統一中國」的首要程序，構成「統一」交響曲的前奏部分。

去年四月，我應中國大陸社會科學院之邀，到該院世界宗敎研究所與哲學研究所，以及幾個大學作了爲期三週的學術演講。在南開大學（敝校天普大學的姊妹學校）與人民大學的演講，我都牽涉到了馬列敎條的問題。不過眞正開始批評馬列主義的是北京十次演講的最後一次，即在北京大學應中國文化書院之邀所作的演講，主題是:「科學、哲學與宗教的概念分辨——馬克思主義與非馬克思主義的對立看法」。在這個演講，我不但指摘（科學的、哲學的以及意識型態的）三種馬克思主義的混淆不淸，也批評了馬列主義者由此混淆而對科學、哲學與宗教三者所產生的種種無謂的概念混淆；希望藉此批評，能够旁助大陸的開明改革派步步突破保守派的敎條主義，同時對於他們的學術研究有些幫助。從演講之後收到的聽衆發問紙條，我發現有些年青人相當懷念中國文化，有些則充滿困惑，也有些仍深受馬列敎條的影響，認爲我的馬列批評未免「反動」。後文革時期的一般大陸學生所表現著的意義型態的混亂不一，由此可見一斑。

四月中旬我自北京轉往南京，在社會科學院哲學研究所演講有關大乘佛學的繼承課題。由於遠離京都，我的言論也就比較大膽起來，在演講中毫不客氣地批判馬克思主義的反宗敎論調。馬克思主義一向認爲宗敎是人民的鴉片烟，是統治者用來迷亂人民心志的手段。馬克思主義從未分辨淸楚，宗敎制度在歷史上所造成的某些負面作用是一回事，宗敎本身的意義與價値却是另一回事。我演講的當時，如果不先指出馬克思主義反宗敎的獨斷無理，就不可能講到如何繼承並發展大乘佛學的課題。最後，我在上海社會科學院哲學研究所演講「哲學方法論及其他」，藉此總結了我在北京與南京的十幾次演講，大大批判馬列敎條對於學術研究所形成的死牢結。在座的年青所員多半同意我的看法，腦筋已經僵化的一些資深所員則似乎聽得相當痛苦，我就看到其中一位上了廁所至少有五次之多。通過這些個人訪問大陸講學的親身經驗，我深深感到，如果大陸改革派還有一點希望突破馬列敎條，則他們實在需要來自大陸以外的雙層旁助：一是海外學人的公道話，因爲他們最有自由，也最有實際上的方便，不但有旁觀者清的能力，而且言者無罪，可以發揮海外輿論的效用；另一是臺灣的幫忙，就是要設法幫忙大陸的開明改革派順著目前臺灣日求科技資訊化、民主法治化與多元開放化的已開發國家方向隨後趕上，有此「一脈相通」的可能，也才有「統一中國」的一縷希望。在這一點，臺灣確實握有好幾張王牌，可以做出更多努力的，其中「文化中國」意義的學術交流，可以說是最緊要且最具體的一項工作了。

正面積極的「文化出擊」政策

去年七月，我也應邀回到臺北參加國建會的社會文化組討論，也提出了有關學術交流問題的一些管見。二十年前再度離國赴美以來，沒有足夠的時間去看報章雜誌上的許多新的中文名詞。但是在陳奇祿先生主持的一次社會文化組會議上，我學到了「文化出擊」這個名詞。我覺得這個名詞很有意思，問題却是：「出擊」祇是個口頭上的名詞，大家都知道，實際上我們並沒有做甚麼，反而令海外人士感到，我們對中國大陸難免自我退縮了些。那時我在會上正式提出三項建議，並要求紀錄下來。第一是，與政治無關的大陸純學術性書刊，應該有限度地開放。如果怕開放會有問題，則不妨設一審查委員會，如可開放的書刊內容有不適當處，該會可以加印一篇評語，但毋需更改書刊文字。臺灣的經濟、政治、教育、學術等等方面已進步到如此程度，我們還怕我們的年青一代由於看到大陸（純學術性）書刊，就會「誤入歧途」嗎？關於這項建議，我曾經向不少年青朋友，以及包括《文星》在內的臺北各大報章雜誌負責人士探問過，他們都一致贊成我的著想。尤其輔大校長羅光先生，爲了聽取我的意見，特別召集了輔大、政大的哲學系教授團體，他們也一致贊成。羅校長還自告奮勇地說，他很願意充當審查委員之一。

我在十二月二十九日，自佛光山北上東海大學，那晚演講「大陸學術界的最近動向」之後，有位哲學系的男生告訴我說，我在《文星》復刊第二期（十月一日）登過一篇評介李澤厚主編的《中國美學史》第一卷之後不久，在臺灣各地書攤就出現了三種不同的該書翻印本，第三種版本不但原文一字不改，還把《文星》上的李澤厚相片，以及他的自傳〈走我自己的路〉通通收進去。這位學生還讓我看過第三種翻印本，分成兩册，印刷很精美，當然遠勝大陸印行的原版。我一月四日去新加坡時買了一部去，託人交給一月下旬將去新加坡訪問一年半的李澤厚，做爲紀念。可是，我們何必讓無名書商去作這種偸偸摸摸的「熱門」生意呢？既然臺灣各地的書攤都看得到朱光潛、李澤厚、馮友蘭等等大陸名流學者的著書翻印，我們爲何不能光明正大地准許大陸純學術性書刊的有限度開放呢？如果我的建議能够變成政策而執行，我們不是更可以向大陸學者宣揚我們學術研究的多元開放精神嗎？不是足以旁助大陸改革派設法突破馬列教條的艱苦奮鬥，隨順我們朝著民主自由的大方向努力前進嗎？我們如此做法，還有甚麼政治上的損失可言呢？

第二項建議是，同時開放自五四直至一九四九年爲止在大陸出版過的文藝作品，包括魯迅、巴金、老舍等人的老作品在內，俾使生長在臺灣的年輕一代，對於我國文藝傳統從近代到現代的發展與延續，有一現實客觀的了解機會。現在大陸上的年青一代鬧著「金庸熱」(武俠小說)、「瓊瑤熱」（純情小說）之類，巴金等人的老作品早已不流行，而在號稱民主自由、多元開放的我們臺灣社會，却仍不能公開這些老作品，豈不是不合時代的笑話嗎？我們有何理由，懼怕我們的年青一代閱讀巴金等人的老作品而「中毒」呢？再者，我們今天討論臺灣或者未來中國的文學發展，除了臺灣的本土意識與西方、日本文學的兩方面影響之外，還有綿延流長的中國文學史、藝術史，乃至五四以後的現代中國文藝思潮，也是不可忽視、不可或缺的因素。我們如忽略了此一中國傳統的因素，就會造成嚴重的文化斷層，終至於助長臺獨意識的滋生蔓延。難道强調「三民主義統一中國」的我們政府，還覺察不到文化斷層的危機嗎？

第三項建議是，我們利用現有外滙存底的一小部分，委託民間機構或海外學術團體，在美國、香港或新加坡等地舉辦學術討論會，邀請包括大陸學者在內的海內外中國學者參加，一律使用中文討論，不但我們可以握有開會程序的主動權，亦可藉此機會影響大陸學者。用這一點點錢，所能收到的效果是很大的。但是，我們給人的印象是，我們總在避免與大陸學者直接碰頭的機會。以我參加過的國際中國哲學會每隔一年的學術討論會來說，大陸學者的參加人數愈來愈多，代表臺灣的學者人數則愈來愈少。今年七月將在加州聖地亞哥市擧行第五屆中國哲學討論會，據我所知，報名參加主講的大陸學者已有三十位以上，我這些日子在臺灣勸說老朋友們儘量參加，多半的回應却很消極，說是很難獲得敎育部的旅費補助。做爲國際中國哲學會的常務委員之一，我深怕在不久的將來大陸學者在參加人數的比例上會壓倒臺灣學者，實在令人不堪設想。基於此故，我不得不呼籲我們的敎育部以及其他有關單位，早日設法挽救這個局勢，鼓勵並支助我們的學者多多參加國際性學術會議，面對著面與大陸學者進行公開辯論。基於「文化出擊」的原則，我更要建議，我們採取主動，用我們的一小部分經費主辦學術討論會，也邀請大陸學者參加，這樣我們就能够向中國大陸大大宣傳我們的經濟發展所帶來的「濶氣」，以及學術研究所表現出來的開放精神。否則，所謂「文化出擊」祇不過變成空空洞洞的口號而已。

最後，我想稍稍介紹一下海峽兩岸的留美學生、學者之間的交往現況。目前在美國，留學生之中來自臺灣的人數最多，起碼有兩萬人；其次是伊朗；第三是印度；第四就是中國大陸，也約有一萬三千左右。照目前的趨勢發展下去，不出幾年海峽兩岸的留學生人數差不多會拉平，面對面接觸交往的機會有增無減，根本無法避免此一現實。卽使海峽兩岸的政府都不願或不能直接溝通，至少在海外，尤其美國，兩岸留學生的日日交往，還是極有助於「文化中國」意義的學術交流的。美國政府與一般學術機構，也經常提供海峽兩岸的教授學者平等的機會訪問進修或考察。也就是說，海峽兩岸的教授學者在美國碰面接觸的機會將更頻繁不已。面對此一現實，我們的政府應該採取正面積極的「出擊」政策，在學術文化的兩岸交流打出一張王牌出來。我今晚演講的主題，以及所提到的一些具體建議，就是爲了引起大家對於「文化中國」的關注，幫助我們的政府與民間機構早日打出這張王牌。我們如能通過光明正大的學術文化交流，步步影響大陸捨離馬列教條，而隨著臺灣的經驗朝著已開發國家的後現代方向（the post-modern direction）前進，當可期待「統一中國」的一天。謝謝大家。

（民國七十六年一月十二日演講稿，經自己整理之後刊於《文星》第一〇五期）

〔附文1〕韋政通先生講評

謝謝傅教授精采的演講。對于今天的題目，關于海峽兩岸的學術交流，我只能說贊成，而沒有什麼批評，我贊成的理由是：

第一，文化中國是與政治中國相對而言。文化中國代表理想；政治中國代表現實。文化中國應該是永遠超越于政治中國的。

第二，臺灣有許多方面可以影響中國大陸的變化，但是我們却未能有計畫地運用我們的力量。最近臺灣政治上的變化對大陸顯然產生了立卽的反應，他們現在對于民主自由的追求是愈來愈熱烈了。我們試設想：臺灣過去三、四十年來文化、思想、學術上的成就，如果都能够和大陸交流的話，我們是不是就有更大的力量去使他們向民主自由這個方向去轉變？

第三，現在臺灣有一個熱門的話題，就是所謂臺灣結與中國結，說得較政治化一點，就是「獨」與「統」——臺獨與統一問題。但是我們看到我們的第二代，他們很自然地具有臺灣意識，他們既無實際生活經驗，對現狀也非常隔閡。這樣發展下去，如果現在不加强文化交流，試問將來統一的基礎在那裏？怎麼樣去抑制這種臺灣意識普遍化的趨勢？目前能做的就是加强學術與文化交流的工作。

第四，雖然大陸在文革之後學術方面進步緩慢，但是他們的人多勢衆。如果他們繼續在這種開放的情況下發展下去，十年後的成就一定可觀。尤其是中國科學史的研究，卽使在文革期間也沒有完全中斷，成果極其可觀。假使要作中國科學史的研究，而不參考大陸文獻，就不可能作出好的論文，此外古史的研究也很可觀，二十多年來大陸的挖掘工作一直在進行，現在作考古、作上古史研究，如果沒有大陸的資料就根本不可能。所以這方面的資料，如果不開放，則臺灣這一類的論文就永遠沒有國際的地位。以我自己作十九世紀思想史的研究而言，大陸資料也非常多。我只能偶而到中研院近史所的特藏室去看點資料，但是我不能影印，所以我只能看看目錄，看看誰做了些什麼工作，卻不能詳細引用資料，利用他們的成果。這是臺灣學界深受其痛的經驗。傅教授是「遠來的和尚好唸經」，近年一直爲我們向當局作呼籲。所謂開放，並不一定立卽做到在社會上自由買賣，而是至少有限制地開放，使學界想使用資料的人都能夠順利獲得。

最後我想順便提一下：傅教授開始的時候提到「文化中國」的觀念是來自《中國論壇》前年雙十特刊的邀稿信中，據我所知，這個觀念是來自六、七年前一羣馬來西亞僑生所辦的《青年中國》雜誌，其中有一期是「文化中國」的專號。他們是否另有依據，我就不知道了。

（原載《文星》第一〇五期）

〔附文2〕資料蒐羅豐富，難脫馬列思路

一九八六年七月國建會開會期間《中國論壇》總編輯蔡詩萍採訪於環亞大飯店

問：由於共產主義社會堅信馬克斯學說，而馬克斯的理論又有著相當程度的哲學理論，因此哲學研究反而是中國大陸極活躍的學科。目前大陸的哲學研究現況如何？

傅： 在共產主義國家裡，很少有像中國大陸必須面對悠久傳統文化的例子。無論是文革之前或之後，如何調和馬列主義思想與中國傳統文化，的確一直是學術界必須思考的課題。文革後，中國大陸走的方向，就是希望能從馬列主義教條中，稍稍走出開放的路子。像北大教授湯一介便提出「開放的馬克思主義」觀點，重新探討哲學與宗教的關係，而這就牽涉到如何批判地繼承傳統的問題。

所以，以目前的情況來看，中國大陸的哲學界確實比文革時期開放得多，但畢竟還是局限於所謂「開放的馬克思主義」，祇是相對於「教條化馬克思主義」的開放，要談到徹底開放恐怕不容易。雖然最近有學者呼籲應該開放到「學術研究無禁忌」「學術研究無禁區」的地步，我對這個可能性很懷疑。因爲卽便是採取開放的馬克思主義態度，一旦碰到了學術研究結果與馬克思主義相矛盾時，該如何解決？對這個問題至今還沒有學者提出正面答案。譬如說吧，像非常有名的李澤厚教授，是位曾經被點名批判的開明改革派，在他的《中國古代思想史論》裡主張「西體中用論」，還是堅持馬克思主義中國化的路向。李澤厚已經算是

極前進開放的學者了，遇到思想繼承問題，仍然不能擺脫馬列教條，其他的學者可想而知。

大致說來，中國大陸哲學界目前較大的成就還是以對西方哲學的翻譯介紹爲主，從柏拉圖到存在主義、現象學都有大量翻譯。朱光潛先生的黑格爾《美學》三卷、《西方美學史》等成就有目共睹；李澤厚的大作《批判哲學的批判》，雖然仍帶有馬列思想，但也有自己系統化的批評見解。

我們可以說在翻譯、介紹的層次上，中國大陸做的工作還算不壞，但祇要一涉及高層次的學術研究問題便出來了。第一個經常難以擺脫的困難是「馬列主義解釋學」的有色眼鏡，總是要用馬列思想對每種學說做批判的總結，不能客觀讓哲學家們自己說話。

因此，冀望大陸的哲學能有徹底開放的一天，祇有賴於政治環境的開放。（編按：傅教授曾於二四一期《中國論壇》發表〈大陸學者的哲學研究評論〉一文，對大陸的哲學發展勾勒清晰。）

問：依您這麼分析，中國大陸的哲學著作顯然是資料的蒐集、翻譯成就較大？對這些具有工具價值的資料，您認爲臺灣應以什麼態度來面對？

傅：由於馬列主義教條的限制，因此中國大陸哲學發展唯一比較有希望突破的是美學研究，因爲它不牽涉到禁忌。這方面的研究與資料蒐集成就相當不錯，像李澤厚主編的《中國美學史》第一卷，算是中國美學的開山之作；其次，像對西方美學資料的分析、搜集等，出版的熱絡是可以用汗牛充棟來形容的。這些作品，在臺灣聽說都可以買到翻印本，像朱光潛的黑格爾《美學》、《西方美學史》，李澤厚的《美的歷程》等，都是水準相當高的著作，而且不帶意識型態的教條。

對這些學術性的美學著作，我認爲應當開放給國內學者、國內年輕一代們閱讀。雖然我們强調「三民主義統一中國」，但這並不該意味臺灣的年輕一代對中國大陸的事務，保持陌生隔閡態度。我祇是個海外學者，不可能干預政治，但我却不能不問：如果在臺灣生長的年輕人對中國大陸不再有任何興趣的話，我們如何再進一步談統一中國呢？更何況，這麼做反而容易助長臺獨意識的滋長，因爲年輕人對中國大陸實在太陌生了。我認爲政府對純學術的著作，應該愼重考慮開放。

總結說來，我的意見有三點：

第一、我是旅居海外的學者，我希望能扮演文化橋樑的角色，發揮海外輿論的功能，對大陸政局的開放盡些努力，這個努力方向我想是所有中國人都樂於見到的。

第二、關於大陸的純學術性書刊，應考慮在謹愼的原則下開放。政府可先成立一個審查委員會，由執政黨主管文化人士配合學術界人士，組成這個委員會，廣泛的審訂各類可以適當開放的書籍，像美學、佛敎研究等都是不會有太大問題的。做到這一點，不但顧及到了對大陸學術瞭解的必要性；同時更能證明臺灣社會的多元開放已經不是宣傳口號。

第三、對於一九四九年以前的文學作品，我覺得也應該予以開放。我曾經聽過這樣的例子，有很多在臺灣長大的年輕人不知道魯迅和周樹人是同一個人，這實在是大笑話。我們談文學發展，如果忽略了文學傳統的延續，怎麼可能進而談創新與突破呢？

我總覺得臺灣在海峽兩岸未來的競爭裡，眞正可取得優勢的是我們能證明臺灣在思想文化上的多元開放性，而思想文化的多元開放正是海內外知識分子們衷心追求的目標。政府如果願意朝這個方向努力，開放大陸的學術性書籍不妨是開始的第一步。

（原載《中國論壇》第二六二期）

中國大陸講學三週後記

一、前　言

前年（一九八四）三月，中國大陸社會科學院世界宗教研究所任繼愈所長來函，謂:「先生研究佛教多年，倘有休假之便，有無興趣到中國作學術訪問，藉機會與中國同行交流學術，對中美雙方學術界都有好處」。同年夏天，《知識份子》主編梁恒兄盼我能為該刊撰寫有關現象學的專論。我回答說，甚願藉此撰文的機會總結多年來研究馬列主義與文革的種種問題所積下來的個人心得。❶經他同意之後，寫出了〈馬列主

❶ 我對馬列主義的英文專論共有以下數篇: (1) "Confucianism, Marxism-Leninism and Mao: A Critical Study," *Journal of Chinese Philosophy*, vol. 1 (1974), pp. 339-371: (2) "Rejoinder to Professor Howard Parsons' Critical Remarks," *Journal of Chinese Philosophy*, vol. 2 (1975), pp. 447-454; (3) "Marxism-Leninism-Maoism As an Ethical Theory," *Journal of Chinese Philosophy*, vol. 5 (1978), pp. 343-362; (4) "On Teitelman's Pragmatist-Marxist Critique of the Meta-theory of Justice," *Journal of Chinese Philosophy*, vol. 5 (1978), pp. 249-254; (5) "People's Republic of China; Maoism and Chinese Philosophy," in John R. Burr, ed., *Handbook of World Philosophy: Contemporary Developments Since 1945*, Greenwood Press, 1980, pp. 499-522. 這些

義的思想困局與未來中國的展望〉，並登在該刊第二期（一九八五年元月）。我對他與杜念中兄私下表示，由於拙文批判馬列主義的理論教條不遺餘力，恐將失去此生訪問中國大陸的任何機會，但我寧願付此「代價」，蓋因做爲一介華裔學者，該講想講的話藏在內心太久，不得不舒發出來。我也複印了拙文數份，分別寄給曾在國際學術會議場合謀面相識的大陸學者，包括任所長在內，老老實實讓他（們）知道我對馬列教條的個人管見。

去年六月任所長再度來函，云：「爲了增進海內外學者交往，促進文化交流，學者們互訪是十分必要的。一九八六年，我們將會盡量爭取實現這一願望。除國際機票外，在國內食宿交通由我們提供」。信中未提收到拙文與否，無從猜知他對拙文有何感想。

同一時候，台北的《中國論壇》半月刊基於「文化中國」的了解，開始籌劃「海峽兩岸學術研究的發展」這個專輯，而在十月十日出版《創刊十週年紀念》，包括自哲學至教育學等共有十項，〈大陸學者的哲學研究評論〉由我執筆。十月二十二日，「人民日報」海外版與「中報」等報提到此一專輯，亦引拙文中的一句：「大陸學者在文革結束以後從事於哲學研究所獲得的成績，遠遠超過文革以前和文革期間這兩個時期」。我當時猜想，「人民日報」祇引此句，目的恐怕是在否定文革，肯認當前的成績。然而拙文最吃緊的一段是在末尾：「我的結論很簡單：三種馬克思主義（科學的、哲學的與意識形態的）的混淆不清，以及誤認意識形態的馬克思主義（即幾近宗教狂信的馬列毛理論教條）爲兼具科學與

（續前）

英文專論已經過時，不能代表我對馬列主義的最近看法。讀者不妨參照拙文〈馬列主義的思想困局與未來中國的展望〉（《知識份子》第一卷第二期），已收在拙著《批判的繼承與創造的發展 —『哲學與宗教』二集》（一九八六年臺北東大圖書公司）。

哲學雙層眞理性的萬靈丹，這是大陸學者的哲學研究始終停滯不前的主要原因。但是，牽一髮則動全身，那位大陸學者敢有膽識試『牽一髮』呢？」。

我在此篇所作的馬列批判，筆鋒恐比《知識份子》的那一篇更爲强硬，且在文中三處點名批評任所長的自著與他主編的兩種中國哲學史書，但我還是寄了此篇複印給他，並附書信，大意是說：「這些批評，是做爲海外學者衷心之言，也同時表示個人對於中國思想文化繼承課題的深切關心，甚望先生平心靜氣審閱拙作，如有不當之處，亦望多多指教」。他在十月二十三日來信說：「先生來北京，即可以發現我們這裡沒有那麼多的禁忌，可以暢所欲言，與以前文革時大不相同。今年只剩下兩個月，明年先生如能來這邊講講學，結識一些學術界的朋友，爲發展佛教研究共同努力，我們將十分歡迎。」信中亦未提及收到拙作與否。

今年元月，該所唐逸教授代表任公（係北京學術界對他的敬稱）正式邀請我去，云：「經此一番努力，敝研究所已決定負擔足下全部路費及在此之費用。望居京二周，演講可四次，繼赴寧滬一周演講二次，其餘不過會見學人，觀光看戲之屬，時間亦頗充裕，並備專車代步，出入尙稱便利。」同時該所吳敏祕書亦來電話，要我寄去講題以及內容提要，我列出了下面十個講題，由該所適予定奪：「⑴創造的解釋學—中國哲學方法論建構試論之一；⑵儒家思想繼承課題的我見；⑶中國大乘佛學繼承課題的我見；⑷從中國佛教到日本佛教的發展路數分析；⑸兩百年來日本對於西學西潮的回應方式；⑹關於科學、哲學與宗教的概念分辨—馬克思主義與非馬克思主義的對立看法；⑺戰後的英美分析哲學與歐洲大陸哲學—從分歧對立到交流會通；⑻戰後美國倫理學三大研究部門的哲學考察；⑼中西哲學的交流會通課題；與⑽中國思想的學術研究在美國—現況與展望」。

三月三十日我帶著半信半疑而又十分好奇的複雜心情飛往北京。半信的是，該所邀我講學的條件如此優厚，對方的誠意怎可置疑；半疑的是，我對馬列教條的哲學批評已是公開的事實，北京怎可讓我自由自在地發揮己論。十分好奇的是，我這土生土長的「臺灣人」從未見過中國大陸的風土人情，對我這個「異鄉人」來說，大陸的一切不論好壞都是「新鮮」事物。我當然很想藉此機會，在短短三週之內多多了解大陸的形形色色，尤其是學術研究的最近動態，思想文化的當前氣氛，以及後文革時期一般知識份子的意識形態與價值取向。抵達北京之後，爲了調整時差，四月一日休息了一天，晚間任公率領該所重要所員來訪，就在北京飯店設宴歡迎，這樣開始了訪問講學的第一天。以下幾節扼要報導我在世界宗教研究所、北京大學、中國人民大學、（天津）南開大學，以及（南京）江蘇省社會科學院與上海社會科學院的兩個哲學研究所分別演講的大致內容，與聽衆的一些反應，並在結尾部分談談知識份子與代溝問題。

二、創造的解釋學

四月二日下午我在世界宗教研究所會議室首次演講的題目是：「創造的解釋學—中國哲學方法論建構試論之一」。該所科研處發出通知說：「爲了落實安排好此次接待美籍學者傅偉勳教授的講學安排，請通知下列各位同志准時出席」，並於通知點名指定該所以及哲學研究所爲主的社科院學者參加。還有一批聽衆則分別坐在其他研究室裡聽擴聲器播出的演講，擴聲筒上繫有大紅綢巾，大概是表示歡迎的意思。

我在開場白說，傳統中國哲學思想的一大缺點是在沒有嚴密的高層次方法論反省工夫，我們今天如要批判地繼承並創造地發展中國哲學的遺產，則必須認眞探討中國哲學方法論的建構課題。我認爲，此一課題的首要工作卽是解釋學（或稱詮釋學）的建立與應用。理由很簡單，以儒道佛三家爲主的中國哲學思想史乃是一部我所云創造的解釋學史（a history of creative hermeneutics），譬如儒家與中國大乘佛敎的思想發展，可以說是分別對於早期儒家的原先觀念（如仁義禮智、天命天道等）與原始佛敎的根本理法（如法印、四諦、緣起等）所作「解釋再解釋，建構再建構」的思維理路發展史。事實上，多半的傳統思想家，如二程、朱熹、王夫之、王弼、郭象、智顗、法藏、窺基等等，常以注釋體的寫作方式繼承與發展前哲的原有思想。我們今天的解釋學課題是，如何站在「中西互爲體用」的開放立場，吸納西方解釋學的精華，而建立我們中國本位的新解釋學傳統。我多年來逐步運思而成的一種「創造的解釋學」，便是針對此一迫切課題試予探討所獲致的方法論心得之一。❷

依我個人的了解，哲學方法論大致可以分爲兩種：一般方法論超過任何特定的哲學思想或學派，具有普遍應用的功能要求，譬如邏輯、語意學等是。一般方法論必須採取儘量客觀中立的立場，決不偏向任何特定的哲學思想，否則立卽失去普遍性的應用功能；特殊方法論則不然，它與具有實質內容的特定思想融爲一爐，無由强予分辨，譬如黑格爾或馬列主義的辯證法，胡塞爾的現象學方法，海德格的「解釋學」，牛津劍橋學派所倡導的日常語言分析等是。在黑格爾的哲學體系之中，辯證法卽是絕對觀念論（的形上學思想）；又在馬列主義，辯證法卽是唯物論（的形上學思想）。因此，黑格爾與馬列主義的辯證法乃是已具形上學實質內容的特殊方法論。我却以爲，如果除去特定思想的實質內容，辯證法可以變成一種一般方法論，有其普遍廣泛的應用功能。又如牛津學

---

❷ 我不久將撰寫一篇長論〈創造的詮釋學 — 中國哲學方法論建構試論之一〉，當做拙著《老子》（韋政通兄與我主編的《世界哲學家叢書》之一）的序論。

派的日常語言分析工夫原是此派特有的哲學主張，祇具特殊方法論的性格；但如除去牛津學派的特定主張，我們可有辦法提升日常語言分析訓練之爲具有普遍應用功能的一般方法論。以一般方法論形態成立的辯證法、日常語言分析、現象學方法等等西方一向擅長的哲學方法論可以吸納到中國哲學的傳統，以便經由一番現代化的自我轉折與充實，提高中國哲學的學術水平，使其能在世界哲學之中重新取得應該佔有的地位。

我自己所構想的「創造的解釋學」並不表現個人特有的哲學思想在內，故應屬於一般方法論的範圍，旨趣是在設法尋探並發現（中國哲學）研究者對於哲學原典的各別解釋，（哲學史上）前後思想的哲理關聯性，原有思想的再發現與再創造乃至思想傳統的新突破與新開拓等等所聯貫而成的「(中國）哲學的解釋學」的高低層次出來。「創造的解釋學」探現當有助於中國哲學工作者的方法論自覺與反省，俾能補正傳統中國哲學思想在方法論方面的理論缺失。我既規定「創造的解釋學」爲一種一般性的哲學方法論，當然不僅限用於中國哲學思想的解釋與發展，也同樣可適用於西方哲學的研究領域。不過，我構想此一解釋學的原先動機與根本旨趣是在中國哲學方法論的建構嘗試；事實上，我的構想源於十五年前針對「如何在汗牛充棟的老子注釋書中決定較爲客觀可取的哲理解釋」這個課題的苦心探索。經過幾次的修正，我今天認爲「創造的解釋學」應分五個辯證性的高低層次，不可隨意躐等越級。下面簡介的五個層次，可以說是對於任何中外哲學傳統之中從原典解釋到原有思想的深層結構之掘發乃至原有思想的進一步突破與發展所嘗試的一種儘求「客觀」的解釋學的描敍(a hermeneutic description)，亦可借來了解與說明，在任何時代或社會裡獨創性思想及其傳統所以形成發展的箇中道理，又可看成對於任何創造性的哲理解釋者轉變而爲獨創性哲學思想家的「心路歷程」的一種描述。這些年來進行創造的解釋學探討的結果，我已不再接受「哲學（尤指西方）乃是客觀眞理」的傳統成見。科學追求客觀眞理，需有事實的檢證，儘免事實的反證；哲學則講求我所云「可望人人共識共認的相互主體性意義的道理强制性」，哲學思想充其量祇能算是一種相互主體性的道理，而與所謂客觀眞理毫不相干。這就是爲甚麼哲學原典，如《老子》或《柏拉圖對話錄》，准許觀點不同的哲理解釋而不致引起勢不兩立的眞理衝突。總之，哲理解釋（philosophical interpretations）實有別於科學研究（scientific research），乃屬涉及觀點轉移的「道理」（human reason）之事，無所謂（純客觀性的）「眞不眞理」（truth or untruth）。包括我的「創造的解釋學」在內的任何哲學的解釋學（philosophical hermeneutics），皆應建立在「哲學講求道理而不追求（純客觀性）眞理」的基本了解上面。

「實謂」層次構成創造的解釋學最低的一層，關涉到「原思想家實際上說了甚麼」（What did the original thinker actually say？）的原典校勘，版本考證等等問題。如以《老子》爲例，兩千年來已有不少版本，一般傳統中國哲學家喜用王弼以來的通行本爲「標準」版本。版本的不同自然影響到哲理解釋或注解的差異。一九七三年十二月馬王堆三號漢墓出土的甲、乙兩種帛書本，據說是目前可以看到的最古老的《老子》版本，但錯簡脫落頗多，仍需對照其他版本予以校補。無論如何，我們無法斷定，此帛書本便是原原本本的眞正《老子》。更進一步說，我們恐怕永遠發現不了獨一無二的《老子》眞本；也許本來就沒有老子這個人存在，也許《老子》原是古代道家哲理性的格言之湊合，經過了數百年的傳承逐漸壓縮而成五千言的一部奇書。由於秦始皇的焚書坑儒，《論語》、《周易》等等古代典籍也有同樣的原典校勘與版本考證等難題存在。

在「實謂」層次產生的初步解釋學問題是，即使我們找到了《老子》眞本，即使我們知道了老子（假定有此單獨的作者）實際上說了甚麼，也不見得就有辦法原原本本了解老子實謂着的哲理內容，且予如實客觀的哲理解釋。校勘考證之學祇有助於「實謂」問題的適當解決，却無助於建立原典眞意的了解與解釋，因此我們必須踰越「實謂」層次而至第二層次，即「意謂」層次，設法解答「原思想家意謂甚麼」（What did the original thinker mean to say？）。「實謂」與「意謂」之間有一道解釋學的距離，即使原思想家（如老子）仍在人間，也不見得能够幫助我們解決他究竟意謂了甚麼，因爲經過一番公開討論，原思想家可能被迫改變口氣說「我原來不是那個意思」，或說「我原先所實說的，似乎不太清楚，甚至有表面上矛盾之處，我得仔細想想，設法重新表達我的意思」。德國哲學家海德格曾說：「沒有一個思想家了解他自己（的思想）。」❸海氏此語也許太重，但至少暗示着「實謂」與「意謂」之間的解釋學距離，有待解釋家的探索推敲，俾能幫助原思想家儘予澄清藏在「實謂」之中的「意謂」。

爲了要替代原思想家解決「意謂」問題，我們必須訴諸邏輯分析、語意探索、隨後體驗、哲理發現、傳記研究、脈絡澄清等等解釋學所需要的基本功夫。西方哲學家所擅長的日常語言分析、語意學、邏輯等等方法論訓練皆有助於我們儘量如實客觀地澄清（clarify）、了解（understand）與解釋（interpret）原思想家或原典的「意謂」眞諦。譬如邏輯分析的應用，常可幫助我們發現原典中的某些表面矛盾，進而設法除去這些表面矛盾，以便澄清原典的「意謂」，免於語言表達上的不一致或不整合。但是，原典如有深層矛盾，則無法祇靠邏輯分析去除矛盾，因爲此類矛盾涉及原有思想的內在難題，有待原有思想的修正或突破，祇

❸ Martin Heidegger, *Was heisst Denken?*, Max Niemeyer Verlag, 1961, p. 113.

有在創造的解釋學的更高層次才有辦法解決，容後討論。

在「意謂」層次產生的一個解釋學難題是，我們很難獲致獨一無二的「意謂」眞諦之了解與解釋；我們甚至可以說，這種純客觀的了解與解釋是不可能存在的。海德格說得好：「任何翻譯都是一種（非純客觀性的）解釋。」❹如說哲學原典的翻譯可以達到獨一無二的「如實客觀」程度，則《老子》、《論語》或佛教經論（如《攝大乘論》、《解深密經》《法華經》等）就根本毋需現存的多種英譯（據說《老子》的英譯之多僅次於聖經，已有七十種以上），漢譯（譬如現存的《攝大乘論》漢譯共有三種）或現代語譯了。我們所以需要保存各種不同的原典翻譯，乃是由於翻譯卽是一種解釋，而解釋決不可能絕對客觀。換句話說，「實謂」可以是絕對客觀，但還未涉及了解與解釋；「意謂」的了解與解釋祇具可望訴諸人人共識共認的相互主觀性意義，無所謂「客不客觀」。如以《老子》爲例，任繼愈譯解第四十二章的原文首句「道生一，一生二，二生三，三生萬物」爲：「『道』產生統一的事物，統一的事物分裂爲對立的兩個方面，對立的兩個方面產生新生的第三者，新生的第三者產生千差萬別的東西」，顯然借用馬列主義的對立統一律來譯解此一深晦之語。❺陳鼓應則偏取傳統以來的陰陽宇宙論說法，譯解之爲：「『道』是獨一無偶的，獨一無偶的『道』稟賦陰陽兩氣，陰陽兩氣相交而成一種適勻的的狀態，萬物都在這種狀態中產生的」。❻任、陳二位的譯解方式並不相同。

問題是在：如說「意謂」眞諦的了解與解釋無所謂「客不客觀」，則我們如何判定上述兩種譯解的高低優劣？如說不可能有解釋學上的純客

❹ 前揭第一〇七頁。
❺ 任繼愈《老子新解》（修訂本），一九八二年上海古籍出版社，第一五二頁。
❻ 陳鼓應《老子註釋及評介》，一九八四年北京中華書局，第二三五頁。

觀性標準可言，難道我們尋找不到，也不必尋找，較爲「如實客觀」或至少「公平可靠」的判定標準嗎？爲了適予解答此一解釋學的問題，我們無法祇停留在「意謂」層次，却須升高一層到「蘊謂」層次，於此層次設法了解「原思想家之所言所說可能蘊涵甚麼」（What could the original thinker's sayings imply?），這就涉及哲學史上的種種理路線索，亦卽新派解釋學家伽達瑪（Hans-Georg Gadamer）所云「史的傳統」（historical tradition）。❼於此層次，解釋學家必須接受嚴密紮實的學術研究訓練，徧讀份量較重的原典注釋，並通透傳承原典或原有思想而形成的種種哲理聯貫性線索，俾能多所了解原典或原有思想可能含藏着的種種豐富深刻的哲理蘊涵（rich and deep philosophical implications）。擧例來說，爲了重新發現《論語》的哲理蘊涵，我們不但要翻查何晏的《論語集解》，朱熹的《論語集注》與《論語或問》，乃至劉寶楠的《論語正義》等比較重要的歷代注釋書，以便了解兩漢魏晉、兩宋乃至淸代的儒家學者分別採取的解釋方式，還得進一步參照日韓等國的歷代學者（如日本德川儒學的主將伊藤仁齋）以及我國當代新儒家代表的個別解釋與哲理挖深；如此經過一番關涉「史的傳統」的解釋學訓練，我們了解與解釋《論語》的眼界當可大開，得以重新發現《論語》可能藏有的種種哲理蘊涵與深度出來。如此，通過「蘊謂」層次的解釋學與磨鍊，我們就可以克服在「意謂」層次祇靠自己一套單純的解釋工夫所形成的較爲片面主觀而淺陋的了解與解釋方式。

再以《老子》爲例，我們通讀王弼、河上公等等的注釋，以及《莊子》（不妨看成《老子》的哲理深化）、郭象《莊子注》、僧肇所著《肇論》等等哲學史的名著，當有助於我們從「史的傳統」觀點發現《老

❼ Hans-Georg Gadamer, *Truth and Method*, Crossroad Pub. Co., 1975, Foreword to the Second Edition.

子》的種種哲理蘊涵與解釋學上的理路線索，亦有助於我們培養一種我所云「解釋學的洞見」(hermeneutic insight) 這種殊特能力。事實上，上述任、陳二位所試《老子》第四十二章首句的各別譯解似已兼帶「蘊謂」層次的解釋學背景。這就是說，他們的譯解並不是完全脫離「史的傳統」而有的各別單面的了解與解釋，而是已預取了「史的傳統」之中的某些特殊觀點：馬列主義的唯物辯證法(對立統一律)觀點抑或陰陽二氣的宇宙生成論觀點。要比較這兩種譯解的高低深淺（而非純客觀性的孰是孰非），無法光靠「史的傳統」標準，因爲這個標準祇能平面列出哲學史的不同理路線索與有關原典解釋的種種可能蘊含，却未能提供我們適予評衡兩種（或以上）的原典解釋在相對意義下孰高孰低或孰深孰淺的一種解釋學上的「價值判斷」。此種解釋學的評價功能必須預設上面提過的解釋學的獨特洞見，爲此獨特洞見的培養與形成，我們必須辯證地越過「蘊謂」層次而臻「當謂」層次，於此層次我們設法解決「原思想家本來應當說甚麼」(What should the original thinker have said ?) 的評衡性問題。

在「當謂」層次，創造的解釋學家敢予跳過「史的傳統」，開始判定各種原典解釋的高低深淺，同時還進一步尋獲具有解釋學的最大强制性或優越性（hermeneutic overridingness or priority）的「當謂」判斷，替代或逼使原思想家說出他「本應」說出的話。爲此，創造的解釋學家必須能在原有思想的表面結構 (surface structure) 底下發現或挖掘其深層結構（deep structure）出來。我對「當謂」層次的構想靈感，源於海德格的「解釋學的存在論」與現代結構主義，以及美國語言學家喬姆斯基 (Chomsky) 的「語法結構」(syntactic structure) 論等等學說的影響，但把它們的特殊方法論性格除去，提升而爲一般性的哲學方法論。挖掘原有思想深層結構所必需的解釋學的獨特洞見如何形成，無法使用三言兩語輕輕說明。在這裡我祇想强調，創造的解釋學家（而非客觀性思想史家形態意義的一般解釋學家）在「當謂」層次必須徹底表現我所云「辯證的開放性」(dialectical openness) 態度與大無畏的「批判的超越」(critical transcendence) 精神。我最近在〈老莊、郭象與禪宗—禪道哲理聯貫性的詮釋學試探〉這篇專論說過：「莊子在〈齊物論〉篇對於老子的『道生一，一生二，二生三，三生萬物』這有關『道原』的弔詭語作了獨特的詮釋，云：『既已爲一矣，且得有言乎？既已謂之一矣，且得無言乎？一與言爲二，二與一爲三。自此以往，巧歷不能得，而況其凡乎！故自無適有以至於三，而況自有適有乎！無適焉，因是已』。莊子在這裡不但充當（東西哲學史上）第一位語言分析專家，消解『道原』爲『道言』(Tao as Language) 問題，同時已暗示著一種超形上學的突破，我們在這『突破』可以發現莊子哲學的深層結構。」❽我認爲，任、陳二位的《老子》第四十二章譯解並不具有創造的解釋學洞見，因爲他們並沒有分辨《老子》原典的「實謂」、「意謂」、「蘊謂」與「當謂」等四個辯證層序，步步探現老子哲學的深層結構出來，實與莊子消解「道原」爲「道言」的洞見不可同日而語。我從莊子獲取創造的解釋學靈感，而在上述拙論進一步聯貫《老子》第四十二章的「道原」問題到莊子所提「道言」問題，以及「超形上學與形上學之間的辯證性弔詭關係」問題，目的是在設法爲老子本人解決其形上學思想之中所存在着的深層矛盾或內在難題。一般解釋學家似乎不太關心此一難題，故對老子所云「道可道非常道，名可言非常名」（一章），「有無相生」（二章），「道常無爲而無不爲」（三十七章），「道法自然」（二十五章），「道之爲物，惟恍惟惚」（二十一章），「天下萬物生於有，有生於無」（四十

---

❽ 見拙著《從西方哲學到禪佛教—『哲學與宗教』一集》（一九八六年臺北東大圖書公司，第四〇九頁）。

章）乃至「道生一……」等弔詭之語隨意瞎猜，兩千多年來一直沒有解釋學上的徹底突破，徒增困惑或武斷而已。

做爲中國哲學史上第一位創造的解釋學家，莊子不但站在「當謂」層次還出「道原」的本來義諦之一，且經由一番超形上學的哲理突破，批判地超越老子而深化了道家哲學，儼然成爲道家傳統之中最重要的哲學家。如依創造的解釋學去看，莊子已從「當謂」層次躍臻「必謂」層次，解決了「批判地超越老子（原思想家）之後我必須爲他所開創的思想傳統說出甚麼」的嶄新課題。換句話說，充當創造的解釋學家的莊子，到了最高的「必謂」層次終於搖身一變而爲獨創性的思想家，在道家傳統踐行了繼往（批判的繼承）開來（創造的發展）的哲學使命。代表儒家傳統的孟子與宋明大儒，以及代表中國大乘佛學傳統的超級哲學家，如智顗、吉藏、法藏、慧能等位，亦可作如是觀。

簡介創造的解釋學模型之後，我順便批評一九五〇年代直至今日大陸學者所慣用的馬列主義「解釋學」的偏狹獨斷，雖在後文革時期漸有思想開放與學術研究的新趨向，依我觀察，還未完全超克馬列教條的理論束縛，在新近的中國哲學史著書之中仍然可以看到「不以人的主觀意志爲轉移的科學的內在邏輯規律」等等無謂套語。我衹能希望，大陸學者能從更加開放的「創造的解釋學」觀點關注中國哲學與宗教思想傳統的繼承課題。我這首次演講足足花了兩個小時，演講完後立卽散會，無人發問，以後一兩次也是如此。有人告訴我說，原因有三：⑴聽衆（尤其資深所員）深怕所發問題可能顯得幼稚，不太好看；⑵傳統以來中國人的客氣客套在作祟；⑶馬列教條與學術開放之間時鬆時緊而無一定尺度可循之故。無論如何，無人對於我的馬列批評表示抗議，算是差堪滿意的了。

三、佛教研究的現代課題

四月四日早上，我在世界宗教研究所演講兩個相關的題目：「佛教研究在戰後美國」與「日本一百年來的佛教研究」。次日上午接着演講有關佛教思想的兩個題目：「中印日三國佛教思想的比較」與「中國大乘佛學的繼承課題」。聽衆除了該所佛教研究室有關的學者之外，還包括來自中國大陸佛學院的一批佛教界人士。我在此節簡述有關佛教研究的兩個演講內容。❾

佛教研究的現代化課題之中最重要的一項是，如何適予分開傳統以來「信心爲本」的佛教圈內研修方式與純學術性的研究方式，以便改進學術研究的水平。依我十五年來主持天普大學宗教系中佛學與遠東思想博士班研究的個人教學經驗，我首先概述戰後美國學術機構在佛教研究方面的發展經過，並特別强調以下三點。第一，越戰結束以後包括佛教在內的整個亞洲研究一度陷於低潮，但近年來已有捲土重來之勢，尤其佛教研究格外盛行。佛教方面的翻譯與論著不論就質就量，在近年來相當可觀。光就佛教典籍的英譯言，哈佛出身的年青學者克黎亞利（Thomas Cleary）就已完成了好多部中國大藏經中的重要典籍之英譯，包括《碧巖錄》與《八十華嚴》等等，今後更不可限量。第二，佛教研究已進入了相當專業化的階段，以我目前指導的十二位博士班研究生（美國白人六位，來自南韓的有五位，以及來自台灣的林鎭國助教）來說，他們自選的論文專題相當精細，譬如「成唯識論的哲理研究」、「宗密的華嚴禪研究」、「（日本）時宗始祖一遍上人的生平與思想」、「天

❾ 至於〈中國大乘佛學繼承課題的我見〉，我已撰成三萬多字的專論，登在（臺北）東吳大學哲學年刊《傳習錄》第五期。

台宗山家山外兩派論戰的分析與批評」、「(新羅) 元曉大乘起信論義疏與別記研究」等是。佛教研究的日益專題化，充分證示這一方面的學術發展水平已提高了不少。第三，美國學府的佛教研究也刺激了耶教人士對於世界宗教彼此交流對談的濃厚興趣，此後佛教與耶教對談的機會當有增無減，實有助於東西思想與文化的相互了解。我個人也在主編一套姊妹論文集《戰後世界宗教運動及其爭端》(Postwar Movements and Issues in World Religions)，前後兩集的各別專題是「宗教、意識形態與政治」與「各大傳統的圈內爭論與交流對談」，將由供應國會資料的綠木出版社 (Greenwood Press) 出版。第二集特別强調佛教與耶教的戰後對談及其展望，以及佛教與中日印三大傳統的思想文化之關聯。由於傳統以來的中國知識份子常有「宗教就是迷信」的無謂偏見，加上馬列主義的反宗教論調，我們很難了解宗教在世界各國所扮演的重要角色。我們應該早日掃除此類偏見，應多關注多元世界裡的宗教對談課題，佛教研究的繼續發展對此課題的了解與探討當有裨益。

進行佛教研究的現代化最成功的國家是隣邦日本，經過一百多年的苦心努力，所獲成績實在驚人，遠遠超過世界其他國家佛教研究的總成績。佛教研究在日本各大學早已形成一個很重要的「學統」(學術傳統)，研究範圍廣及思想、文化、政治、社會、經濟、藝術等等關涉佛教自印度至日本的歷史發展的幾乎所有層面，編譯工作與專門論著之多之精實令人嘆爲觀止。我們今天如要講求佛教研究的現代化，不得不從日本吸取寶貴的經驗。去年五月我應邀參加高麗大學八十周年校慶有關的學術會議，順便訪問兩所南韓的佛教大學 (係綜合大學)，卽東國大學與圓光大學，發現那裡的教授學者已在雄心勃勃地學習日本的現代化佛教研究方式，以便早日迎頭趕上。曾以《大藏經》與大乘佛教各宗之興盛聞名於世且又長期影響過日韓兩國佛教之形成與發展的中國，在佛教研究豈可停留在中世紀階段，如此荒蕪下去？所以我不得不說，我們必須壓制過度虛榮的華夏優越感，重新好好學習日本的現代化佛教研究之經驗，藉以開拓一道中國本身的研究路向。

依我觀察，日本一百多年來的佛教研究至少有五點值得我們注目與參考。第一，明治維新以後，日本佛教各宗教團派遣不少海外留學生到歐洲、印度、錫蘭、泰國等地學習佛教哲學與佛教語言，包括梵文、巴利文、西藏文等，南條文雄、織田得能、高楠順次郎、荻原雲來、姉崎正治等人學成歸日之後建立佛教研究的新時代學統，首先注重的是佛教語言學與佛教原典的直接研究，不走捷徑，按部就班，鞏固了純學術性的佛教研究地盤。

第二，日本佛教學者懂得分工合作的治學道理，除了語言訓練之外，一開始就有許多專家從事於基層研究工作，包括辭典編纂、藏經整理、原典校勘等等，用力之勤之細，令人讚嘆。譬如織田得能傾其畢生之力獨自完成一部《佛教大辭典》，後來我國的丁福保所編《佛教大辭典》（共四卷）多半是織田原作的中文化而已。織田之後代代有人接棒，直至今日已出數十種大大小小的佛教辭典之類的基本工具書，如龍谷大學所編《佛教大辭彙》（共七卷）、望月信亨所主編的《望月佛教大辭典》（共十卷）、駒澤大學所編《禪學大辭典》（共三卷），以及中村元教授在一九七〇年完成的現代化《佛教語大辭典》（共三卷）等等，美不勝收。又有小野玄妙等監修而成的《佛書解說大辭典》（十三卷），解說幾乎所有佛教典籍以及近現代日本佛教學者的論著，十分方便。而高楠順次郎所監修完成的《大正新修大藏經》（百册），以及《大日本校訂大藏經》、《大日本續藏經》、《大日本佛教全書》乃至《國譯大藏經》、《國譯一切經》、《國譯禪學大成》、《國譯禪學叢書》等等經典編纂工作與日譯工作的順利完成，加上《大藏經》的幾十卷「索引」，處處證明了日本佛教學者舖基工作之紮實與集體合作之精神，祇令我們自我慚愧而已。不但如此，不少日本學者精通各種佛教語言之餘，更進一步完成原典校勘與經論解釋的現代化學術工作，亦令我們刮目相看。譬如宇井伯壽、山口益等第一流學者於中觀、唯識二宗所完成的（梵文、巴利文、西藏文或漢譯）原典研究，其學力之厚乃是佛教研究者所一致推許的事實。

第三，幾百位日本學者從事於自印度到日本的幾乎所有大小乘各宗各派的教義研究，代代傳承，且不斷踐行批判的超越，在教義研究所獲得的成績也一樣驚人可觀。光就中國大乘佛教各宗的教義研究言，戰後日本針對天台、華嚴、禪與淨土等宗所出版過的專門學術論著已是汗牛充棟，且有學術研究的評衡規準可循。以天台宗研究爲例，安藤俊雄的《天台性具思想論》（一九五三）、《天台思想史》（一九五九）、《天台學—根本思想及其開展》（一九六八）與《天台學論集》（一九七五），關口眞大的《天台止觀的研究》（一九六九）與《天台教學的研究》（一九七八），佐藤哲英的《天台大師的研究》（一九六一）與《續、天台大師的研究》（一九八一），玉城康四郎的《心把捉之開展—以天台實相觀爲中心》（一九六一），石津照璽的《天台實相論研究》（一九六七），以及新田雅章的《天台實相論研究》（一九八一）等著，皆係國際水準的第一流學術宏著。相比之下，我國到目前爲止，有關天台教義的巨著，祇有牟宗三先生的上下二卷《佛性與般若》而已，豈不令我國學者汗顏？又有一些具備高度哲學思考能力的日本佛教學者，還能更進一步探討佛教各宗教義教理的深層義諦，如此完成了佛教思想繼往開來的哲學使命，譬如上田義文教授在戰後所出版的《佛教思想史研究》、《唯識思想入門》、《大乘佛教思想的根本構造》等書，可以說是兼備佛教思想研究與佛教哲理創新的名著，實非中國佛教學者可企及之者。

第四，也有不少日本佛教學者從事於史的探討，涉及社會史、經濟史、文化史、藝術史等等佛教史學層面，所獲成就亦是世界各國之冠，譬如道端良秀的《佛教與儒教倫理》、《唐代佛教史研究》、《中國佛教與社會福祉事業》等書，對於中國佛教與國家政策、社會事業、民衆教化、經濟問題、倫理實踐等等的關聯表現深入獨到的觀察。其他橫超慧日的《中國佛教史研究》(三卷)、塚本善隆的《中國佛教通史》(已出二卷)、牧田諦亮的《中國佛教史研究》（二卷）等書，皆是上乘之作。尤其鬼才鎌田茂雄教授出版《中國華嚴思想史研究》、《中國佛教思想史研究》等巨著之後，自一九八二年開始幾乎以每年出版一大卷的寫作速度正在獨自完成《中國佛教史》（共分八卷），同時數次旅遊中國（以及南北韓）名剎古寺，最近出版了《中國佛寺及其歷史》與《朝鮮佛寺及其歷史》二書。

最後一點是，以京都學派為中心的近現代日本哲學的形成與發展，有其深厚的佛教思想根基，產生了西田幾多郎、和辻哲郎、田邊元（乃至戰後的西谷啓治等人）等等國際聞名的獨創性思想家，《大英百科全書》列有專欄一一介紹。又有鈴木大拙、久松眞一等禪宗大師開創日本現代禪之路，已有「鈴木禪」(Suzuki Zen)、「久松禪」(Hisamatsu Zen)等國際性的稱呼。「西田哲學」、「田邊哲學」、「鈴木禪學」等等開創性日本思想之一一產生，有其兩大因素：⑴佛教研究的學術傳統早已形成，且有輝煌的成績，有助於刺激思想家的哲理探討與創造；⑵日本佛教思想與西學西潮相激相盪而形成了一種我所云「日本本位的日西互為體用」意義的現代化思想合流。這一點對於我們探討批判地繼承並創造地發展中國思想與文化的新時代課題實構成了一大衝擊，不容我們忽視。

佛教研究的現代化與佛教思想的現代化不但並行不悖，且有相輔相成之效，上述日本之例可爲明證。我在另一次演講擧出中印日三國佛敎思想的殊異點時，特別强調日本佛敎的審美性格，譬如以禪爲主的日本佛敎與俳句、茶道、劍道、插花、建築、園林藝術的融合，構成日本傳統美的文化之一大要素，有其現代化的生活情調與藝術價値。中國禪宗曾與道家（尤其莊子）融爲禪道的自然主義，也在唐宋文學（如王維、蘇軾的詩）乃至山水畫等產生不可磨滅的影響，但是無可諱言，明代以後我國人士並沒有好好承繼佛敎藝術的寶貴遺產，遑論佛敎美學的發展，直令人慨嘆不已。在後文革時期的中國大陸哲學研究之中，最有突破希望的是李澤厚等一批學者所努力發展着的中國美學，却似未認眞肯認中國佛敎對於藝術與美學的一大貢獻，可能遠遠超過儒道二家。爲甚麼我們對待中國佛敎的文化遺產不像日本人那麼積極認眞？爲甚麼中國佛敎移植到日本之後，一千三百年來經過多次本土化或土著化的嘗試，日本終能徹底改造中國佛敎而爲五彩繽紛的它那獨特的美的文化（aesthetic culture）？相比之下，多半的中國知識份子直至今日仍對中國佛敎毫無了解，甚至擁護（新）儒家之餘，排拒佛敎於中國思想與文化的主流之外，當做外來的印度佛敎之自然延伸而已，這都是傳統以來過度的華夏優越感或「中體西用」的大國沙文主義自我作祟的不良後果，實與日本腳踏實地虛心吸納優良的外來思想與文化的基本態度無法比擬。如果中國還有希望迎頭趕上，甚至超越日本，知識份子就得以身作則，徹底克服「中體西用」之類的陳腔濫調。我們如何對待中國（大乘）佛敎，這便是一個最大的文化考驗。

四、中國思想與文化的繼承課題

我在四月五日演講的主題「中國大乘佛學的繼承課題」，算是七日我在世界宗教研究所所作的（最後一次）演講「中國思想與文化的繼承課題」之中的一環，後來我在江蘇省社科院哲學研究所合講這兩個題目，補充了一些有關「批判的繼承與創造的發展」課題的新觀點。

爲了徹底解決儒道佛三家爲主的中國思想與文化的繼往（批判的繼承）開來（創造的發展）課題，我最近提出自己的基本立場，共有不可分離的以下三點：⑴經由批判的繼承謀求創造的發展，亦即再發現與再創造；⑵建立我們的新時代所需求的我所云「中國本位的中西互爲體用論」，取代張之洞以來帶有過度華夏優越感（甚至自國中心的沙文主義）的「中學爲體，西學爲用」這個論調；以及⑶形成多元開放的思想文化胸襟，俾能徹底改正我們傳統以來的單元簡易心態惡化而成的單線條自我閉鎖心態（simplistic, self-closed mentality）。❿配合上述基本立場，我又構想了「生命的十大層面及其價值取向」這個模型；所謂「十大層面」指謂⑴身體活動（biological）層面，⑵心理活動（psychological）層面，⑶政治社會（politico-social）層面，⑷歷史文化（historico-cultural）層面，⑸知性探求（intellectual）層面，⑹審美經驗（aesthetic-experiential）層面，⑺人倫道德（moral）層面，⑻實存主體（existential）層面，⑼生死解脫（soteriological）層面，以及⑽終極存在（ontological）層面。⓫

依此模型，我們不難明白指摘任何化約主義的偏差過失（reductionist fallacies）。譬如五四運動以來，除了有關社會主義的論戰之外，我國曾產生過兩次學術文化論戰，即科玄論戰與西化論戰。在科玄論戰

---

❿ 見拙文〈儒家思想的時代課題及其解決線索〉(《知識份子》第二卷第四期)，已收在《批判的繼承與創造的發展—『哲學與宗教』二集》之中。

⓫ 參照拙文〈中國文化重建課題的哲學省察—從生命的十大層面與價值取向談起〉，已收在《批判的繼承與創造的發展》一書（第五十五至七十六頁）。

（亦稱「科學與人生觀」論戰）中，丁文江爲首的科學（萬能）主義者動輒化約生命的其他層面爲「（純科學的）知性探求」層面，而未能理會張君勱等所强調着的（超越科學知性）的「人生觀」或高層次的生命價值與意義，尤其是關涉生死解脫層面的宗教智慧（如孔子的「朝聞道，夕死可矣」或大乘佛學的「生死卽涅槃」）與終極存在層面的形上學洞見（如儒家的天命天道或大乘佛學的諸法實相）；反過來說，張氏强分科學與玄學（人生觀等等）或物質文明與精神文明之餘，容易抹殺科學知性對於生命更高層次的價值取向所能提供的正面資糧。科學萬能論者自然容易變成全盤西化論者，譬如早年的胡適充當科學主義的代言人，更是全盤西化論的中心人物，幾乎認爲「中體無用」；包括戰後新儒家代表在內的傳統主義者則反之，容易走回「中體西用」論的老路。總之，西化論戰與科玄論戰可以說是「中體西用」贊否爭論的一體兩面，論戰雙方多少犯有化約主義的偏失。西化論者偏重生命較低層面（如(1)、(2)、(3)與(5)）之餘，動輒忽略較高層面的重要性；傳統論者則與之相反。我相信「中國本位的（卽爲了中國思想與文化之批判的繼承與創造的發展着想的）中西互爲體用論」可以補正論戰雙方的理論偏差，且可以避免有關生命各層的化約主義過失，當有助於我們在生命各層的價值取向獲致中西互爲體用的現代化融合。我這個着想的原先靈感，來自隣邦日本從明治維新起開始採取的我所云「日本本位的日西互爲體用論」立場；日本從經濟生存到思想文化等等層面的驚人成就，實非一朝一夕之故，實有賴乎此一立場的貫徹始終。所以我不得不提醒大家，了解遙遠的歐美不如了解隣邦日本那麼重要，不論它是朋友還是敵人。我敢說，日本文化史乃是一部適予了解與吸納外來（尤其中國）思想與文化的精華而加以徹底本土化的歷史。相比之下，由於傳統以來的華夏優越感始終作祟，中國知識份子一向不屑於虛心了解日本，吸取日本一百多年來的成功經驗。數千年來的老大中國是否仍有迎頭趕上的希望，首先要看中國知識份子願否能否早日克服此一無謂的心理障礙，以便培養多元開放的思想文化胸襟。

由於開明改革派的率先示範，中國大陸這兩三年來確在醞釀「思想開放，學術研究無禁區」的新風氣，但馬列主義的理論敎條仍對開放胸襟的培養構成難於解開的死結。馬列主義動輒化約生命所有層面到「政治社會」層面，而以辯證法唯物論的有色眼鏡去處理有關人性、文化、學術、藝術、道德、宗敎與形上學等等問題的結果，產生了理論與實踐雙層的種種葛藤與矛盾而難於自拔。譬如說，馬列主義者稍有見於自然人性（(1)與(2)）與社會共性（(3)），而無見於涉及(7)至(10)等生命高層次的人性，雖在文革結束以後逐漸修正「沒有超階級的人性」這極左論調，却仍不敢或不願進一步承認儒家的道德本心本性之說，有其哲學道理的强制性，也仍未能積極肯定每一萬物之靈不可代替的自由、尊嚴與獨特性（man's irreplaceable freedom, dignity, and uniqueness），在學術研究（(5)）、藝術創造（(6)）、道德抉擇（(7)）、宗敎信仰（(9)）乃至世界觀（(10)）等等的價值取向有其超越政治管轄與社會約制的我所云「實存主體性」(existential subjectivity）意義。

所謂「實存」(existence)，具有「現實存在」(actual existence）與「眞實存在」(real existence）二義，現實存在着的每一實存主體於其價值取向始終要去尋探其生命高層次的眞實存在。我的「實存主體性」思維靈感源自沙特（Jean-Paul Sartre）的實存主義（又稱存在主義），但與沙特所倡不盡相同。沙特規定人的實存主體性爲絕對自由，我則不偏取純西方式的極端個人自由論調，但要强調我國傳統以來儒道佛三家哲理所倡導的「實存的自我覺醒與自我體現」(existential self-awakening and self-realization)，意即各別的實存主體於其非本然的

(inauthentic) 現實存在狀態自我覺醒，由是探求本然的 (authentic) 眞實存在，而在藝術創造、(張載所云) 變化氣質、(禪道所倡) 生死解脫、以及 (莊子爲例的) 辯證開放的形上學洞見與超形上學的性靈解放等等分別體現萬物之靈的眞實本然性出來。

演講完後，唐逸教授提出有關「中西互爲體用」一辭的質疑，深怕此辭容易引起誤會，以爲難免邏輯的矛盾。我回答說，我還找不出更適當的語辭來表達我的意思。此辭的眞意是，祇要有助於中國傳統思想與文化之批判的繼承與創造的發展，西學西潮不論體用，皆可吸納進來，而與中學融爲一爐。譬如在政治社會層面，依據「最低限度的倫理道德」觀建立而成的西方民主法治必須吸納進來，取代儒家的外王之道；又如在知性探求層面，西方知識論、哲學方法論乃至科學知識等等亦應一一適予吸納，以便補正傳統儒家忽視聞見之知有其獨立自主性的泛道德主義偏差；又如在人倫道德層面，我們亦應現代化地綜合傳統儒家的微 (小規) 模倫理 (家庭道德、日常倫理等等) 與西方的巨 (小規) 模倫理，前者的「行動中心的處境倫理」與後者的「規律中心的公正倫理」，以及前者的「偏重動機的良知倫理」與後者的「偏重結果的效益倫理」。⓬

曾被打成右派的余敦康教授，也問我對最近在中國大陸開始流行的「西體中用」之說。我回答說，我並不同意李澤厚教授在他新著《中國古代思想史論》(一九八五) 所主張的「西體中用」，他所說的「西體」指謂馬克思主義，所謂「西體中用」乃不外是「馬列主義中國化」或「中國化的社會主義道路」(該書第三百十七頁)，把「西體」限制於馬克思主義範圍之內，未免片面地縮小了「西體」，而「西體中用」也者，

⓬ 參照⓾所列拙文。

亦如張之洞以來的「中體西用」，形成另一極端邊見，並不像我所云「中國本位的中西互爲體用」那麼伸縮自如，具有多元開放的辯證綜合性格。余教授與在座的不少聽衆似乎表示同感共鳴。剛接任公所長職位的杜繼文教授代表世界宗教研究所（以及哲學研究所）同仁表示謝意，而唐逸教授私下也對我說，我這幾次演講對於該所學術研究更進一步的開放很有幫助。四月十四日早上我在江蘇省社科院哲學研究所演講完後，當地的佛教研究權威學者李安先生說：「北京的世界宗教研究所在佛教研究方面太保守，太教條化，祇有批判，沒有繼承，這怎麼行。所以我很贊成傅教授所主張的『批判的繼承與創造的發展』」。我回答說：「該所的學術氣氛最近很有開放的趨勢。杜所長在四月十一日到北京飯店送行時對我說：『上面（領導層）已鼓勵我們在學術研究儘量開放』。杜所長這一句話似乎例證，『開放』二字是該所以及其他各所的時髦用語」。

五、西方哲學的挑激與中國哲學的回應

四月八日我應中國人民大學哲學系之邀，演講「西方哲學的挑激與中國哲學的回應」，由張立文教授介紹。這四年來我們每年相見一次（夏威夷大學、西德漢堡大學、日本筑波大學與中國人民大學），算是奇遇。

西方哲學對於中國哲學的强烈衝擊與正面挑激，可做多方面的觀察與檢討。我在這次演講，特就以下四點予以考察，以便提醒聽衆，祇有抱着辯證開放的哲學胸襟去虛心學習西學之長，才能回過頭來徹底超克中國哲學的內在難題或缺點，而進一步謀求中西哲學的交流會通甚至辯證的綜合。

第一點是，中國哲學家的思維方式基本上具有單元簡易的特徵，故

在傳統儒家卽以王陽明的致良知教爲總結，而在中國大乘佛學乃以禪淨二宗爲盛，至於老莊到王郭的道家傳統則終被禪宗融消，形成臨濟等宗所代表的禪道自然主義。西方哲學家的思維方式則較有多元開放的基本性格，近代歐洲民族國家形成之後的西方哲學發展史更是如此，展現着五彩繽紛的各家各派哲學思想。馬克思主義的哲學，也是在文藝復興以來的歐洲人本主義的多元開放氣氛下發展而成的，但是經過馬列主義的步步教條化後終於變成自我封閉的「單元簡易」思想體系。中國傳統哲學思想的單元簡易型態，如無多元開放的思維衝擊，也很容易墮到自我閉鎖的地步。

我們如要講求傳統中國哲學的現代化發展與中西哲學的交流會通乃至辯證的綜合，則首先必須結合單元簡易的哲學信念與多元開放的思想胸襟。學例來說，自稱儒家的現代中國哲學工作者當然信守孔孟以來的心性論、道德論等等單元簡易的儒家根本哲理，但爲了儒家哲理的自我充實與發展，不得不虛心學習並吸納西方哲學之長，否則儒家思想的時代課題無由適予解決，遑論進一步的突破與創造了。孟子以來的儒家性善論與西方心性論，如弗洛依德（Freud）的精神分析學說，馬克思的社會共性（「人的本質是社會關係的總和」）之說等等，能否辯證地綜合而爲更廣更深而具哲理强制性的心性論？禪道的簡易哲理（如無心無念、自然無爲）與西方的現象學、存在主義、精神分析等等能否融合，而使禪道本身有其更加豐富的哲理蘊含？⓭無論如何，如無多元開放的思想胸襟，中國哲學不可能有現代化的突破與發展，而傳統以來的單元簡易的哲學信念也容易惡化，成爲自我封閉的保守觀念。中國大陸的知識份子如要培養多元開放的思想胸襟，首要步驟卽在袪除馬列教條的理

⓭ 參照拙文〈（禪）佛教、心理分析與實存分析〉，已收在《從西方哲學到禪佛教》一書。

論障礙，這就涉及中共本身的政治改革與教育改革，否則無濟於事。

第二點是，中國哲學傳統（尤其儒家）主張知行合一，並且强調「德性之知優於聞見之知」，偏重泛道德主義的實踐論，故常忽視知性探求的獨立自主性與經驗知識的理論性格。馬列毛的極左論調亦是如此，故在文革時期推行「先紅後專」甚至「寧紅不專」的教育政策，導致學術研究的一片空白。西方哲學自古希臘以來，一向尊重純粹理論的知性探求，儼然有別於道德實踐與社會實踐，故能產生邏輯、知識論、分析哲學等等與人的實踐沒有直接關係的純理論性分科研究，又對人的存在問題產生了完全免於泛道德主義干預的歷史哲學、政治社會哲學、經濟哲學等等分科探討，成果極其豐碩，這些都是中國哲學傳統之所缺。中國哲學工作者必須了解到，泛道德主義的實踐優位論，不論是傳統儒家的還是馬列毛的，對於上述哲學部門的分別探討，構成一種嚴重的阻礙，必須早日設法除去此一阻礙，否則這些分科研究難於生根發展。這並不等於說，知行合一論或實踐優位論毫無哲學的價值或意義。事實上，仍有某些哲學部門，如形上學、文化哲學、宗教哲學、倫理學、美學等等，不是純理論的知性探討所能濟事，中國哲學傳統在這些部門有其不可磨滅的貢獻，足與西方哲學傳統並駕齊驅，且較後者時顯殊勝之處。譬如說，莊子與中國大乘佛學的形上學洞見呈現之爲一種我所云「整全（顧及全面）的多層遠近觀」(holistic multiperspectivism)，不但極具辯證開放的理論性格，在實踐上又有超形上學（卽突破或超越一切形上學名言）的性靈解放功能，遠較古希臘哲學（如亞理斯多德）以來以「客觀實在的眞理命題表達方式」所形成的傳統西方形上學理論高妙得多，且能免於獨斷邊見。又如儒家的倫理學，雖無見於內聖（個人道德）與外王（政治社會道德）的異質性，但於內聖之道（心性涵養、家庭倫理、君子的日日奮勉等等）有其知行合一意義的道德主體性挺立功能，實非一般西方倫理學說所能企及之者。總之，對於西方哲學的挑激，中國哲學的回應方式應分爲二：⑴與人的實踐不具直接關係的（西方所擅長的）純理論性哲學部門，必須從西方哲學吸納進來，融化成爲中國哲學之「體」的重要成素；⑵涉及人的實踐或獨特洞見的哲學部門，則經由一番中西哲學的交流會通之後，繼續傳統以來的高度哲理創造與發展。無論如何，「培養多元開放的思想胸襟」乃是適予回應西方哲學的衝擊與挑激所不可或缺的心理條件。

第三點是，中國哲學一向擅於外在批評，却常缺乏內在批評，因此偏重道統的傳承而忽略哲學思想的突破與創新。譬如孟子能闢楊墨，但對孔子的政治保守主義不敢進行正面的內在批評，藉以大無畏地超越孔子，重新奠定儒家思想的哲理根基。宋明大儒亦是如此，對於佛教（尤其禪宗）的外在批評不遺餘力，却不敢面對儒家本身的道統進行一種嚴格的內在批評，而謀求合乎時代需求的哲理創新。陸象山嘗云：「六經當註我，我何註六經」，但他的哲理創造超過了孟子多少？他也不過是跟隨孟子，自承「吾之學問與諸處異者，只是在我全無杜撰」，「除了『先立乎其大者』一句，別無技倆，簡易直截」罷了。又如王陽明，豈不亦自云：「夫學貴得之心，求之於心而非也，雖其言之出於孔子，不敢以爲是也，而況其未及孔子者乎？求之於心而是也，雖其言之出於庸常，不敢以爲非也，而況其出於孔子者乎？」但他在《傳習錄》中曾否表現嚴格的內在批評精神，經由孔孟之道的批判的超越，辯證地綜合儒家思想與所謂「異端」？他豈不是像其他傳統大儒一樣，以儒家道統爲自我充全而毋需內在批評的嗎？

相比之下，一般西方哲學家皆具雙管齊下的批判精神，一方面對於論敵進行外在批評，另一方面又對自己所繼承的學派施予內在批評，如此批判地繼承並創造地發展前哲的思想。譬如亞理斯多德，在他的《形上學》一書以四原因說一一指摘各家各派的理論局限性，同時以「我愛吾師，我更愛眞理」的批判精神突破乃師柏拉圖的理論限制，展開他自己的形上學體系。其他西方大哲，如休姆、康德、黑格爾、懷德黑、海德格等等，莫不皆然。爲了中國哲學的繼往開來，我們必須虛心學習西方哲學家雙管齊下的批判精神，俾能超克傳統以來大大阻礙思想突破與創新的「籠籠統統的調和」心態。

第四點是，傳統中國哲學雖有豐富的思想資料，却缺乏高層次的方法論反省工夫，因此不如西方哲學那樣，十分關注哲學思想（在問題設定上）的齊全性，（在問題解決上的）無瑕性，（在解決程序上的）嚴密性，以及（在語言表現上的）明晰性。西方哲學一向注重方法論的訓練，因此發展而至二十世紀，終能形成現象學、邏輯經驗論、日常語言分析、新詮釋學乃至種種後設理論（如後設倫理學、後設哲學之類）等等深具方法論基礎的嚴密學問，眞可說是百家齊鳴，各有千秋而相輔相成。這就是爲甚麼多年來我不得不一直强調吸納西方哲學方法論到中國哲學傳統的迫切性。我在世界宗教研究所的六場演講，所以自選「創造的詮釋學」爲第一場，用意卽在於此。

四月九日以社科院的專車馳往天津，在南開大學的階梯大敎室演講「中西哲學的交流會通課題」，由哲學系的方克立教授介紹。我在黑板上列出哲學方法論、知識論、形上學、語言哲學、宗敎哲學、心性論、倫理學、美學、政治社會哲學、敎育哲學、文化哲學、歷史哲學、哲學史的概念把握等等項目，但兩小時的演講祇能觸及哲學方法論的一部分。

在北京大學舉行的座談會（四月三日）後，魯軍等哲學系的三位年青講師希望我於暑假能去北大講學三個月；在人民大學演講完後，該系師生也問我能否來訪講學一年；到了南開大學，晚餐過後，該校副校長范恩滂更問我訪問二年如何。依我這些講學經驗，不難看出，後文革時期的一般大陸學者如何急切地關注學術研究的開放與發展，如何熱烈歡迎海外華裔學者的訪問講學了。做爲一介海外學者，我對一分爲二的政治局面無能爲力，我所能做到的，祇不過是一種文化橋樑（a cultural bridge）的間接作用而已。海峽兩岸皆一致强調（不同意義的）政治統一。依我管見，中國傳統以來的文化線索乃是目前溝通海峽兩岸的一縷希望，此一希望如果失去，則所謂「統一」恐怕將成難於兌現的一場美夢而已。⑭

六、馬列主義的內在難題

我在北京所作的幾場學術演講，處處涉及馬列毛理論的內在難題，但自覺不便於太過嚴厲的批評，因怕引起不良的反效果而影響不了學術研究的進一步開放之故。不過，我應中國文化書院之邀，在北京大學所作的一場演講（四月十日），由於講題關涉「科學、哲學與宗教的概念分辨—馬克思主義與非馬克思主義的對立看法」，故首次大膽地正面批評馬克思主義的理論局限性甚至獨斷性。四月十八日，我又在上海社會科學院哲學研究所演講「哲學方法論及其他」，總結了我在北京、天津與南京三地所作的學術演講，且藉此最後一次演講的機會，大大批判馬列毛理論所自我造成的種種敎條束縛，目的當然是在旁助大陸的開明改

⑭ 方克立教授在五月十七日來函說：「他們都說傅先生要是能多停留兩天，把黑板上列出的所有題目都講完就好了。……在改革和開放的思想方針指導下，關於中西文化的交流會通問題，國內學術界和廣大青年都很感興趣。您的講演如能寫成論文，『南開學報』願意發表。」我回答說，不久準備寫出至少十萬字的長篇，可在海峽兩岸同時發表。我這個着想，也是站在「文化中國」的純學術立場，稍盡一份海外學者的「文化橋樑」這小小責任而已。政治意義的中國統一談何容易，做爲海外華裔學者，能做這一點學術文化上的努力，也就不致「死不瞑目」了！

革派「百尺竿頭更進一步」，繼續推動「學術研究無禁區」的開放趨向。下面舉出我在這兩場演講所作馬列主義批判的幾個要點。

第一點是，由於科學的（scientific）、哲學的（philosophical）與意識形態的（ideological）三種馬克思主義在中國大陸一直混淆不清，學術研究極受限制，且效果不大，這在哲學與宗教研究部門尤其顯著，文革過後已經十載，情況仍無甚改變，難於期待突破或創新。依我看法，（自然）科學所追求的是客觀眞理（但不是絕對眞理），其所以「客觀」，端在經驗事實的檢證與反證之不存在，由是科學假設可提升之爲具有客觀眞理性格的科學理論。哲學則不然，其研究領域是在超越科學的高層次，呈現「可望人人共識共認的相互主體性脈絡意義的一種道理强制性」，而與科學的客觀眞理毫不相干。哲學研究當然不能違背經驗事實，却針對經驗事實進行高層次的道理探索，毋需經驗事實的直接檢證。馬列主義者混淆科學眞理（scientific truth）與哲學道理（philosophical reason）的結果，以辯證法唯物論爲兼具科學與哲學雙層「客觀眞理」的萬靈丹，進而强壓共產主義的「應然」信念於哲學層次與科學層次的馬克思主義理論，形成日後導致文革的一種「意識形態的馬克思主義」，以一棍子打死對方的獨裁方式進行學術研究，因此十年文革期間幾乎一事無成，表現思想文化的虛無主義。

第二點是，上述三種馬克思主義的混淆不清，三十多年來一直構成大陸學者解決中國傳統思想文化繼承課題的一大絆脚石，他們對於中國哲學的發展史動輒硬加「不以人的主觀意志爲轉移的科學的、哲學的內在邏輯規律」等無謂套語，任意曲解傳統思想家的原意。這種馬列主義的曲解方式在後文革時期稍有補正，但一般大陸學者仍未克服馬列教條的限制，自由自在地抒發己見。

第三點是，大陸學者承受蘇聯馬列主義者的「唯心」與「唯物」之硬性分辨，依此分辨討論中國思想文化繼承課題以及解釋中國哲學發展史的結果，產生單純幼稚而錯誤百出的論調。我在上海社科院演講時，特別提醒聽衆虛心吸納（英美）日常語言分析工夫與（歐洲）新詮釋學等西方新近方法論的必要性。我自已也擧出「唯心」與「唯物」二辭在不同語意層次或脈絡產生出來的種種涵意。譬如在知識論，「唯心」意謂有關外界的存在知識完全來自心或意識，「唯物」則指外界的存在知識預設外界本身的存在，獨立乎我們的心或意識；在形上學，「唯心」指謂無有離開心或精神的外界實在，「唯物」則指外界的實在獨立乎心或精神，而後者祇不過是前者的隨伴現象而已；在科學研究，所謂「唯心」、「唯物」祇不過是方法論上的分辨而已；又就社會的意識形態言，「唯心」常具反動落伍之意，「唯物」則表示革命性的進取之意。大陸學者籠統地套用「唯心」、「唯物」二辭於學術研究之餘，處處顯出心理糾結與思想葛藤，這是中國大陸的學術研究遲遲未能突破與創新的根本原因之一。

第四點是，大陸的開明改革派想盡辦法打出一條所謂「開放的馬克思主義」道路，以便逐漸超克馬列教條的理論限制，最近由北大哲學系的湯一介教授（係著名佛教史學者已故湯用彤先生的公子）帶頭組成的「中國文化書院」，便是開放的馬克思主義與（國際共產主義幻滅之後的）强烈的愛國主義之奇妙結合，旨趣是在重新探討如何適予繼承中國傳統思想與文化的寶貴遺產。問題是在：繼承的目的是否祇爲開放的馬克思主義舖一條路，還是同時有意創造地發展有別於馬克思主義的中國思想與文化？如說非馬克思主義必須批判，馬克思主義本身，無論如何開放，是否祇能視如萬靈丹，決不能予以任何批判？湯氏在他的近著《郭象與魏晉玄學》說：「馬克思主義要在一個國家（民族、地域）生根、發芽，從某種意義上說就必須與原有的傳統思想文化相結合，或者說必須通過對原有的傳統思想文化進行批判的繼承，否則就不能眞正起作用。因此，研究馬克思主義和我國傳統思想文化的關係，是不是也會豐富和發展馬克思主義呢？應該說是能够的」（該書第一一七頁）。又說：「馬克思主義不是排斥曾對人類社會作出貢獻的精神文明，而是應該吸收它，改造它，使馬克思主義不斷豐富和發展。我們不但應吸收過去的有價值的東西，而且特別應該注意吸收當前的科學成就和思想文化中一切有價值的東西。馬克思主義不是結束眞理，而是爲發展眞理開闢道路，因此它應該是一個開放性的思想體系，而不是一個封閉的思想體系」（第一一八頁）。湯氏之語模稜兩可，似有難言之隱；但從「馬克思主義不是結束眞理，而是爲發展眞理開闢道路」等語不難猜知，湯氏用心良苦，有意借用「開放的馬克思主義」去開闢未來中國的思想文化，不論是馬克思主義的或是非馬克思主義的形態。我祇能說，如果包括湯一介與李澤厚等在內的開明改革派不更進一步跳過所謂「開放的馬克思主義」，而正面提議「經由批判的繼承去創造地發展以儒道佛三家爲主的中國傳統思想與文化」，則何時才有突破與創新的可能？三月底剛在加拿大訪問的湯氏知我行將飛往北京訪問講學，寄了書信給我，謂「欲速則不達」。我在上海社科院演講時提及湯氏來函，並說：「我當然了解湯教授引孔子話語的用意。但是，當歐美日等先進國家正以幾何級數的快速發展的時候，中國大陸是否祇以算術級數的慢速就能『迎頭趕上』嗎？如開明改革派不敢大膽提出突破馬列教條的主張，則中國大陸的希望在那裡？」大概是我的馬列批判太過激烈的緣故吧，我在上海演講完後，主席看了看錶，說：「傅教授滔滔不絕講了兩個半小時，現已十一點半，我們就散會吧」，而不讓聽衆發問。後來我託人轉告他，我對他的消極辦法很不滿意；他回答說，下次願意改正。

七、結語：新一代知識份子與代溝問題

我雖始終忙於學術演講與名勝觀光，但也儘量利用空閒，與後文革時期的新一代知識份子交談，以便了解他們的價值觀念與意識形態。有趣的是，我在北京看戲時首次發現到大陸的代溝問題。四月二日晚上，世界宗教研究所的吳敏祕書（二十八歲）與他愛人（二十三歲）帶我去看老舍的話劇「茶館」，我發現戲院裡幾乎沒有三十歲以上的觀衆。翌日晚上，該所唐逸教授（北京人，五十多歲）陪我去看京戲「尉遲恭辭婚」，張立文教授（將近五十歲）為了看我，也從該所取得一張入場券，跑來陪座。我環顧四周，幾乎看不到四十五歲以下的年青人，忽然感受到代溝問題的嚴重：年青一代不喜歡京戲，老一代也少看話劇。四日晚上任公在北海公園的仿膳飯莊設宴招待時，我對在座的李澤厚、汝信（社科院副院長）等人提到我的代溝「觀察」，引得哄堂大笑。無論如何，代溝問題的儼然存在，乃是不可否認的事實。

後文革時期的大陸新一代知識份子所夢寐以求的，似乎與我在臺北所看到的年青一代一模一樣：物質欲强，喜歡消費享受；追求個人的生活理想；男女之間的交際逐漸接近西方標準，沒有老一代的保守顧忌。我也發現到，海峽兩岸的新一代知識份子至少有兩點不太相同。第一點是，臺灣的年青一代關心政治問題，喜看報章雜誌上有關臺灣政治動向的文章，自由民主化的問題、多元社會問題、黨外問題等等都引起他們的關注；大陸的年青一代則似乎對於政治問題表示「冷淡」，有位年青人就對我說：「他們（領導層）說他們的，我們想我們的」。大陸的新一代知識份子對於政治的冷漠，恐怕是蘇俄式民主集中制的官僚化與僵化，馬列教條的長期束縛，與十年文革的浩刼所帶來的一種反效果，令

人感嘆。我在王府井的新華書店看到，外國文學與科技經濟等部門擠滿了人，政治社會部門則無人問津。第二點是，後文革時期的年青一代（尤其江南一帶）信仰宗教（佛教或耶教）的愈來愈多，似乎反映著宗教爲主的精神寄託有逐漸取代馬列主義的傾向。我在上海參觀著名的玉佛寺時，與欣一法師暢談良久。他對我說，文革以前信仰佛教的，老一代佔七成，文革結束以後則年青一代佔七成，這是十分有趣的現象。相比之下，臺灣的年青一代對於宗教似乎沒有大陸的年青一代那麼狂熱。

從事於學術研究與教育工作的新一代知識份子，如北京大學哲學系的三位年青講師（魯軍、李仲華與王守常）與上海社科院哲學研究所年青所員商戈令君，都充滿着愛國主義的高昂情緒，很認眞地重新探索中國思想文化的（現代化）意義，似與臺灣的新一代學術工作者有一脈相通之處，但他們的洋文根柢較差，對於西學西潮的了解也不夠深，有待早日改善。就這一點說，臺灣的年青一代較佔便宜，足以提醒中共領導層，學術研究的開放尺度如果太緊，勢必大大影響學習並了解西學西潮的速度。我的意思是說，中共領導層必須接納開明改革派的意見，大膽突破馬列教條的種種框框，否則大陸學者的學術研究，在一鬆一緊的不穩定政策下決不可能有甚麼「突飛猛進」可言。

我在上海住在黃浦江畔的和平飯店，某晚觀看電視，有個短時間的「名人名言」節目。電視上的評論員引了一句魯迅的名言「自己思索，自己做主」，並加以解釋，說：「不論讀孔孟的書，或學習馬列主義，都應該通過自己的腦袋仔細思考，千萬不要盲從他人」。次日早上我在上海社科院演講時，提及這個節目，並說「這位評論員如果是在文革期間，恐怕他的腦袋早已沒了」。但是，有多少中共領導人具有膽識，繼續鼓勵新一代的知識份子「自己思索，自己做主」呢？

（一九八六年八月五日於費城郊外，原載紐約《知識份子》季刊一

九八七年元月冬季號，以及同年臺北《哲學與文化》月刊八月號與九月號）

中國大陸社會與學術的晚近發展

周陽山（問）
傅偉勳（答）

編者按：費城天普大學華裔學者傅偉勳教授，是國內外知名的哲學、佛學與馬列思潮專家，他的近著《馬列主義的思想困局與未來中國的展望》（刊於《知識份子》季刊第二期）頗受知識界的注目，現已收在《批判的繼承與創造的發展——哲學與宗教二集》，連同《從西方哲學到禪佛教——哲學與宗教一集》，剛由台北東大圖書公司一起出版。另外他主編的英文兩大册《戰後世界宗教運動與爭端》，以及與韋政通先生合編的《世界哲學家叢書》（百册以上），將分別在美國與台北分批出版。今年四月間，傅教授曾赴中國大陸作了一次學術訪問，對於大陸宗教與哲學界的發展，有很深的感觸與心得。另外對於中文學術界的最近動向，也有獨到的見解。我們特請周陽山先生與傅教授做了以下的筆談錄，將這些相關的問題做了釐清與整理。

●問：首先我們想知道您此次大陸之行的動機與背景，以及您對大陸最近改革動向的基本印象。

答：兩年來中國大陸社會科學院世界宗教研究所任繼愈所長一直希望我能訪問該所，講講佛教研究。今年（一九八六）元月，他授意該所唐逸教授寄信給我，謂：「敝研究所已決定負擔足下全部路費及在此之費用。望居京二周，演講四、五次，繼赴寧滬一周演講二次。」

我這次應邀訪問大陸三週，純屬學術演講旅行性質，而我事先也講明，自己是一介教授學者，不願涉及任何政治問題。我也早先寄了〈馬列主義的思想困局〉與〈大陸學者的哲學研究評論〉（收在台北《中國論壇》專輯「海峽兩岸學術研究的發展」）這兩篇給任所長看，讓他知道我對馬列主義理論教條的批判是不遺餘力的。訪問期間，該所確實尊重了我的學術立場，讓我有自由抒發己見的機會。

我在該所演講了六個題目：⑴創造的解釋學——哲學方法論建構試論之一；⑵佛教研究在美國；⑶日本一百年來的佛教研究；⑷中印日三國佛教思想的比較；⑸中國大乘佛學繼承課題的我見；與⑹中國思想與文化的繼承課題。另外也在北京大學哲學系與張岱年等教授以及研究生等作了一次座談會，由我主講；又應中國文化書院之請，在該校演講「科學、哲學與宗教的概念辨析——馬克思主義與非馬克思主義的對立看法」。中國人民大學與南開大學的兩個哲學系也請我演講，分別選了「西方哲學的挑激與中國哲學的回應」與「關於中西哲學的交流會通」這兩個講題。最後一週，則在江蘇省社會科學院（南京）與上海社會科學院的兩個哲學研究所，分別演講了「中國哲學的繼承與發展」與「哲學方法論及其他」。

消費水準提高

關於大陸最近的改革動向，首先令我注目的當然是經濟改革，以及隨著經濟改革所引起的生活觀念與價值意識的急劇變化。據我初步觀察，一般人民所夢寐以求的，首先是彩色電視機，其次是電冰箱，然後是洗衣機，祇要持有現鈔，購買這些以及一般日常用品似乎無甚困難。在長城等地，私營的照相業與公營的相互競爭，本土旅客隨身攜帶的高級照相機與手提電唱機，相當普遍；南京街頭剛出現了幾家新設的咖啡廳；蘇州觀前街一帶的夜市如晝，餅乾肉乾店內的顧客特別擁擠，專售熱水瓶、鐘錶之類的店舖却無人問津。上海自由市場賣菜的男女小販，每日清晨三時起騎來回六小時的自行車，半天之內賣完蔬菜之後的收入是人民幣三十至五十元不等，要比一般公敎人員的固定薪水高好多倍。據說生活最清苦的還是大中小學校敎員等知識份子，類似一九五〇年代台灣公敎人員的情形。大致說來，在較有經濟發展的大陸城市，和我參觀過的北京、南京、蘇州與上海，一般生活程度與經濟起飛直前的台灣差可相比。

代溝問題嚴重

小型資本主義的抬頭與滋長，自然會逐漸改變人們（尤其年輕一代）的意識型態。我在北京飯店旁邊王府井的新華書店發現到，科技經濟、外國文學等等部門的讀者擁擠不堪；政治社會部門則幾無讀者，擺滿的是周恩來、劉少奇、陳雲、鄧小平等人的著作，《毛選》四册則缺一册，又破舊不堪。我的專車每天都要經過長安路，却從未有人問我看過毛澤東紀念堂沒有，有位學者還勸我不必去看，他自已就從不屑於參觀云云，可見毛在大陸已經變成完全被遺忘的人物。我在北京祇看到一個有關馬列毛的宣傳標誌；到了上海，所看到的街頭標誌都是商業廣告，似乎反映著後文革時代的一般人民意識形態。跟我交談的大陸年輕一代大致都有「他們（領導層）講他們的，我們想我們的」這種思維傾向。令我最驚異的是，代溝問題相當嚴重，而二、三十歲左右的一代所想所做的，與台北街頭的年輕一代幾乎一模一樣。

文化政策放鬆

音樂卡帶上印出的男女流行歌星或吉他獨奏者的打扮，使我一時誤認為來自港台一帶。有一夜晚，我在牯蘇飯店二樓酒吧獨酌自樂，聽到了類似鄧麗君歌喉的流行歌聲，問了服務生，才知道是青島最近竄紅的十九歲女歌星段品章，據說是本土自製的「鄧麗君」。我沒有時間看電影，但從車窗看到帶有「路下雨濛濛」「嫌疑犯」「啼笑姻緣」「德克薩斯州的巴黎」等等標題的電影廣告，又一時產生幻覺，以為自己是在香港或台北。有人告訴我說，港台的娛樂事業這兩三年來似對大陸帶來某些影響。

每天我總要花一兩小時觀看電視節目（三個中央電視台，還有地方電視台），一大半的節目已以彩色出現，品質似與港台無甚差別。白天的節目集中在知識教育方面，如各種外國語言、計算機、工場管理之類。晚間節目娛樂成份較重，我看過「孫武將軍」「鄭板橋」「西遊記」（有京戲的與話劇的兩種）、「莎士比亞戲劇」（購自英國，改由國語發音）等等連續劇，足堪雅俗共賞，多少反映著這一兩年來中共文化政策的進一步放鬆與調整。

南北差異不小

我在上海住和平飯店，就在黃浦江邊，三更半夜走近江邊，果然名不虛傳，看到數不清的年輕男女佔滿所有「可利用」之地，都祇能站著邊眺江上船舫，邊談戀愛。年輕男女熱中於性愛，既是自然本能，亦是一種解決苦悶的辦法，但在上海一帶由於住宅問題十分嚴重，要找到一席之地談情說愛就很困難。我的年輕司機說，他談戀愛就在自己車裡，我半開玩笑地說：「你這個作風不是很像美國年輕男女的辦法嗎？」大體上說，上海地區的生活氣氛確與北京的嚴肅質樸大大不同，從娛樂享受到思想文化海派十足，洋化味道頗爲明顯。江南與江北還有一點不同之處，就是宗教信徒在江南遠遠多過江北。在著名的上海玉佛寺，欣一法師對我說，後文革時期信仰宗教（尤指佛教）的越來越多，以前信佛教的有七成是年老的，今天則相反，有七成是年輕的。我聽了之後自行猜測，也許對於馬列教條感到厭倦的新一代容易在宗教信仰尋找個人的精神安慰吧。

思想掙扎明顯

有一晚上我在和平飯店觀看「名人名言」的小節目，主持人介紹了魯迅的名言「自己思索，自己做主」，並講解這句名言說，不論讀孔孟的書，或學馬列理論，都要依靠自己的獨立思考，不應盲從他人。翌日早上我在上海社會科學院演講時提到這一點，並說看來最近似乎更有思想開放的傾向，如在文革時期這位主持人恐怕生命不保。我在這次（最後一次）演講特別加重語氣，大大批判馬列教條，並說最近所看到的大陸學者的哲學著作裡似乎仍存在著馬列教條或文革留下的後遺症，動不動就想一棍子打死被討論的傳統思想家。我講了兩個多小時之後，主席看了看錶，說已無時間發問，就宣佈解散。我叫人事後轉告他，我不滿意這種不讓聽衆發問的死辦法。在座的一位年輕所員那晚來飯店訪我，談到深夜，表示他的感想說，早上在座的聽衆之中年輕的多半會有同感共鳴，但老一代（尤其主席那樣做官的）腦袋多半已經僵化，我的馬列批判絕聽不進去。與這位年輕所員一夕話後，我深深感到，大陸知識份子的代溝問題相當嚴重，要眞正超越馬列教條的框框，恐怕要等到他這一代的知識份子上台才有希望。

仍難擺脫教條

總之，我對大陸最近改革動向的基本印象是，最重要的政治改革與教育改革都涉及馬列教條的剷除問題，如果不够徹底，則中共領導層的所有政策仍會停留在時鬆時緊的不穩定狀態，而自經濟、科技乃至學術、文化方面的種種改革也就隨著受到相當的限制，進步會很緩慢。依我看來，這是中共領導層的開明改革派與較有見識的大陸知識份子最憂心如焚的一點，這當然關涉到最棘手的政治體制（如馬列主義的民主集中制）改革問題。有位教授問我：「我剛讀了你那篇〈馬列主義的思想困局與未來中國的展望〉，覺得應該讓胡耀邦看看。我內人與他女兒是竹馬之友，通過她們轉呈老胡，你反不反對？我相信他够開明，會了解你的批評。」我說：「我並不反對。不過我此刻還在大陸，不太方便。還是等我回美之後，再轉呈他吧，免得遭遇不必要的麻煩。」我不知道胡耀邦現已閱過拙論沒有。

●問：**就改革派的基本立場來看，他們顯然想以廣大的獲益群衆做爲支持改革的根柢，以抵拒保守派與教條主義者的反對力量。但是由於馬列的教條性傳統太過深重，而中共官方的意識形態立場又太過僵滯，使得海外研究中共問題的人，總感覺大陸意識形態的發展與彈性，遠遠趕不上政策方面的調整步伐。就您做爲一個批判性的馬列思潮專家的立場來看，您覺得最近在大陸哲學界與思想界裡的發展，有沒有改善的跡象，其中主要局限在那裡？**

答：這一兩年來在大陸哲學界與思想界裡的發展，確有改善而又稍進一步開放的顯著跡象。舉例來說，這次邀請我去的後台人物是剛卸去所長職位（已屆七十歲）而爲名譽所長的任繼愈，據說是個「不倒翁」，也一向以擁護馬列教條而著名。但我訪問大陸之前已聽說他這兩年來思想上稍有開放的傾向。去年十月拙作〈大陸學者的哲學研究評論〉出版之後曾寄了一份給他。我在此篇點名批評他三處。第一，他在文革後期主編的《中國哲學史簡編》套上了教條化的馬列解釋與評價，或不如說，馬列的評價取代了客觀的解釋，沒有甚麼學術價值可言。第二，最近他主編而成的《中國哲學發展史》首卷仍然慣用哲學史的「內在邏輯」或「科學的必然規律」等語；我批評說，此類神化馬列教條的解釋學方法難免獨斷先入之見，無甚意義。第三，我又提到他在一九八一年付印的自著《漢唐佛教思想論集》第三版（他在四年前參加檀島學行的國際朱子討論會時親自贈我），批評說：「對於中國佛教的否定態度無甚改變，………仍攻擊禪宗『從客觀唯心主義向主觀主義的轉化，使它更深地陷入唯心主義的泥坑』。」我在信中說：「做爲海外學者，不得不關心中國傳統思想與文化的繼承與發展，讀拙作時希望先生平心靜氣，如有批評不當之處，望請指教。」他在十月底回信，對於拙作隻字不提，却云：「先生來北京，卽可以發現我們這裡沒有那末多的禁忌，可以暢所欲言，與以前文革時大不相同。」如果是在三、四年前，別說供給全部旅費，恐怕根本不會邀我訪問。

學術步向開放

我在世界宗教研究所的頭幾次演講，幾乎等於唱獨角戲，無人發問，講完就散會。我問該所陪伴我的吳敏祕書（二十八歲），爲何無人發問。他回答說，一是多半資深所員怕問題問得太幼稚，很不好看；二是傳統以來中國人習慣上的客氣；三是馬列教條與思想開放之間仍有顧忌，因無一定規準可循。

我在該所最後一次的講題是「中國思想與文化的繼承課題」，這次演講完後倒是有兩三位發問，其中一位是過去曾被打成右派的余敦康教授。他說日日爲中國思想的繼承與發展憂心如焚，希望我能進一步談談如何積極地繼承發展。我就以孟子性善論爲例，說明馬列主義的「解釋學」套用唯心、唯物兩橛觀解釋孟子性善論爲「主觀唯心論」的不當，如果好好講活孟子的心性論，不難發現其中千古不朽的哲理。包括余教授在內的不少聽衆聽了似乎都很興奮。唐逸教授那天下午陪我開車遊玩頤和園時頗有感觸地說:「我仔細觀察杜繼文所長聽這幾次演講的神情，發現有些變化，好像稍開放了些，不像以前那麼保守。」四月十一日早上杜所長來北京飯店送行時，與我談了一個多小時，承認大陸還有百分之二十的人民是文盲、住宿問題仍很嚴重等等，不過領導層已注意到學術開放的重要性，「叫我們從事於學術研究的，儘量開放下去」。當然，杜所長的一時之言，不論如何坦誠，仍不足爲憑，因爲今天「儘量開放」，也很難保證明天不會再度收緊，退回老路。不過，杜所長敢於如此直截道出，至少還反映著這一年來的新轉變。我在北京時，不少學者告訴我說，我訪問的時機正好，不但氣候奇佳，也剛看到最近半年以內開放政策的「更進一步」。

譬如「精神汙染」清除運動，搞到去年春季已呈衰頹不振之勢，我在北京期間，根本無人談起，算是無影無踪了，可見在後文革時期帶有馬列教條的任何「群衆」運動難於推行到底，令人厭倦。最近又有所謂「點名批評，越批越香」的奇妙現象。就是說，由於文革時期的反面教訓，領導層帶頭批判的人自己也不敢批鬥對方到底，而被點名批判的著名學者或作家，反受一般知識份子更加擁護，聲名日隆。加上海外中文報刊雜誌的大事報導與評論，也無形中積成一種輿論壓力，有助於被批鬥者的「起死回生」。著名作家劉賓雁的事件就是一個例證。

改革派的苦悶

大陸哲學思想界目前最有號召力的一位是李澤厚教授，四年前朱子學會議期間，中國時報的金恆煒宴請參加該會的海內外中國學者，我與他鄰座，由於性格接近而又相互豪飲而結成好友。這次在北京，他在家特別請我吃八、九碟道地的北京小菜，又送我兩瓶他的湖南家鄉特產的龜蛇酒。暢飲暢敍之間，我忽然問他：「來此之前剛讀了《九十年代》，除了有關劉賓雁的報導，也提到了你的大名。聽說你被點名，是眞的嗎？」他哈哈大笑說：「點名並不稀奇啊，已經好幾次了。我不是黨員，又不做官，想寫甚麼就寫甚麼，毫無疑懼」。他去年出版的《中國古代思想史論》很有影響力，書中處處閃現新時代的開放思想。譬如他說：「我沒有講唯物唯心之事，也不同意以孔孟程朱或孔孟陸王爲『正宗』。我以爲這兩者都太狹隘，不能很好地說明中國思想傳統、民族性格或文化心理結構。」但是，他又提倡「西體中用」，取代張之洞以來的「中體西用」。「西體」指謂「現代化，就是馬克思主義」，而「西體中用」卽不外是「馬列主義中國化」。我在世界宗教研究所最後一次演講完後，有人問我：「您提倡『中國本位的中西互爲體用論』，我們北京最近有人主張『西體中用』，您不知如何看法？」我回答說：「我昨晚才在李澤厚家吃飯，所謂『西體中用』大概指的是他的主張吧。我昨晚是他客人，不好當面問他。不過，我並不同意『西體中用』的說法，這還不能完全解決如何積極地繼承與發展中國傳統思想與文化的時代課題。」我在李澤厚家不便問他：他所了解的「馬列主義中國化」究竟是甚麼，與官方敎條差距多大。我祇對他半開玩笑地說：「我差一點寫了一篇〈《中國古代思想史論》讀後——大陸知識份子的『苦悶的象徵』〉，但我沒有進一步說明我的用意。我的眞意是，要迎頭趕上先進國家，必須培養多元開放的思想胸襟，他的「西體中用論」恐怕貫徹不了馬列敎條的突破，所以祇能說是代表「苦悶的象徵」。《苦悶的象徵》是日本廚川白村所著一本近代文藝思潮論的書名，魯迅曾譯爲中文。我想，我們可以借用這個書名描敘包括李澤厚在內的大陸當前開明改革派的心理狀態。我却無從猜透他是否如此體會我的意思。

政治顧忌很大

大陸目前的學術思想界正流行著「好人不做官」的新風氣，尤其中年以上的教授學者祇想默默耕耘，早日彌補文革造成的十年損失。我在人民大學演講時由哲學系張立文教授介紹，我們四年來每年相見一次（檀島、西德、日本與北京），算是老相識了。他在家裡拿出不久以前寫成的一大本「中國哲學的邏輯結構」講義讓我看，並說：「還有好多東西待寫。我的朋友要推荐我去當江蘇省社會科學院院長。我拒絕了，做官實在痲煩得很，還是關起門搞學問好，無憂無慮，自由自在。」去年七月在紐約州立大學石溪分校擧行第四屆國際中國哲學討論會，陝西師範大學副校長陳俊民敎授也從西安趕來參加，曾對我說：「做副校長浪費時間。年輕人喜歡做官，我實在不喜歡，搞搞學問要緊」。

「好人不做官」的風尙，當然不等於說「做官的都是差勁」。我認識的任繼愈（兼任政協委員）、汝信（中國大陸社會科學院副院長）等位都是大陸學術界的佼佼者，風度亦佳。問題是在，一旦做官，（至少表面上）不得不遵循馬列敎條，在公開場合當然顧忌很多，不敢過份「開放」，自惹痲煩。據說任公邀請我訪問大陸之前，特別交代吳敏祕書仔細研究拙作〈馬列主義的思想困局〉全部內容，由於我的馬列批判基本上是學術性的，沒有實際的政治麻煩，這才放心請我去。汝信與我四年前在哈佛開會時初遇而相識，那時他還未做大官，人又在外國，因此無甚顧忌，彼此自由談笑。這次（四月四日晚）任公在北海公園漪瀾堂內的仿膳飯莊（以烹製清廷御膳房的菜點著名）宴請我時，除李澤厚等位之外，汝信也剛從香港開會趕回來參加，任公安排我們鄰座，我却發現彼此談話，已不像四年前那麼自由自在，又是另一道「神祕的距離」隔開我們。在座的祇有李澤厚一人與我高談闊論，任公則似乎忌我講話太多，不時要我「多多喝湯」。過了兩天到李澤厚家吃飯時，我透露我的感想。他說：「汝信與我是老友，私下兩人甚麼都可以談。但他是做官的，顧忌就多了」。據說汝信前幾年在《人民日報》登了一篇〈人道主義就是修正主義嗎？〉，思路有點開放，相當轟動，但不久有關人道主義與社會主義異化問題的學術討論開始受限制，汝信也被迫補寫一篇「悔過書」，如此度過難關云云。

仰仗海外聲浪

總之，大陸哲學界與思想界裡的發展，最近確有進一步的改善或開放跡象，但仍有相當限制，說來說去，還是涉及領導層能否願否公開承認馬列教條有其內在難題，必須徹底突破。依我個人的經驗，海外學者與海外中文報章雜誌經常發表的有益批評，是可以形成一種極具正面針砭作用的外在壓力，多少有助於中共領導層對於馬列教條的步步突破的。我們祇能如此希望著。我回美之後有時自我猜想：任公明知我對馬列教條的批評不遺餘力，仍願破費邀請我去訪問講學，是否帶有「多藉海外華裔學者的間接批評，從中設法逐漸改善哲學研究與思想討論的沈悶氣氛」這種暗中的期望呢？

●問：與馬列哲學思潮發展息息相關的，是當代西方與日本思潮的譯介與分析工作。近年來大陸學者在這方面做了一些基本的翻譯工作，也做了比較粗淺的批判分析（其中對西方馬克斯主義的批判，尤其顯得粗糙）。您曾著有《西洋哲學史》等書，對日本思想的發展，也有第一手的了解，您覺得在外來思潮的引介工作上，大陸學界的主要成績有那些，限制在那裡，應該加强的是什麼？

答：就主要成績言，最令人注目的是外國思潮的大量譯介，以及更進一步的專題研究。光是西方哲學方面，可以說是包羅萬象，從古希臘的柏拉圖與亞理斯多德到現代哲學，幾乎應有盡有。

思潮譯介與限制

大陸學者與台灣學者有一共通的研究趨尙，就是特別關注二十世紀（尤其戰後）的西方（哲學）思潮，包括存在主義，結構主義、科學的哲學、西方（新派）馬克思主義，新解釋學理論等等，而這兩三年來在現代西方哲學（甚至古代到近代西方哲學）方面出現了相當可觀的專輯專著。就專輯言，我至少可以擧出「外國哲學」「美學論叢」「外國哲學史研究集刊」「外國美學」「現代外國哲學」等等，都已出現好多集册。到目前爲止，份量最重的算是汝信等人主編的一套《西方著名哲學家評傳》，包括從古希臘到二十世紀上半葉西方各國九十多位著名哲學家的生平與哲學思想的評述，分八卷出版，已差不多出齊，洋洋五千頁以上。日本思想方面的譯介工作比較少些，如永田廣志的《日本哲學思想史》、《近代日本思想史》（日本學者集體撰成）以及岩崎允胤等人所著《科學認識論》的中譯等等，多半還停留在譯介階段，大規模的深層研究似未開始，就成果言遠遠不及日本文學方面的研究工作。這可能是由於通曉日文的大陸學者（以東北籍為數最多），專長多半集中在文學藝術，而不在哲學思想方面的緣故。

就限制言，我想可以舉出三點：⑴外文譯名的精確性（accuracy）與可讀性（intelligibility）問題；⑵哲學原著的消化不良問題；以及⑶馬列教條的束縛問題。依我個人的了解，研究西方哲學思想的大陸學者之中有眞正成就的祇有一個，就是最近逝世的朱光潛教授。任何讀過他的《西方美學史》《黑格爾美學》中譯等書的讀者，都不難點頭同意我的評價。朱光潛所以能够避免上述三個問題，乃是由於他不但精通西方語言，又有深厚的哲學根柢，且又從未染上極左的馬列色彩之故。我在上海社科院演講時提到，我多年前翻查《馬克思恩格斯全集》中譯本（人民出版社）時，發現馬克思《關於費爾巴哈的提綱》最後一條的中譯「哲學家們只是用不同的方式解釋世界，而問題在於改變世界」，並不太妥當，回查東德版原文之後覺得「問題」二字應該改為「問題的關鍵」；最近翻閱《朱光潛美學文集》第三卷中的一篇〈對『關於費爾巴哈的提綱』譯文的商榷〉，結語說，「原文 es kömmt aber drauf an 譯為『問題』似不够。解釋世界也還是問題，但改變世界是最重要的事。建議把『問題』改為『關鍵』」，覺得「英雄所見略同」，也覺得朱先生對於外文中譯的精確性與可讀性特別注意，這在學術研究的水平提高是最起碼的條件。無論如何，馬恩原典的中譯都成問題，其他西方思潮的譯介當然更成問題，主要原因是大陸學者之中旣通曉英、法、德等西文而又深透西方哲學的人才目前還不够多，恐怕還得等好幾年後一批大陸派出的留學生學成回去，才會開始有大大的轉機。我這裡祇舉一例就可大致說明問題的所在。

杜任之主編的《現代西方著名哲學家述評》算是代表社科院哲學研究所研究現代西方哲學的一個成果，書中有一短篇〈馬丁・海德格

(Martin Heidegger, 1889-1976)〉, 作者是熊偉, 解釋海德格的哲學說: 「海德格認爲只有『我』是這種在者, 只有『我』是連在成什麼樣都不清楚的時候它的『在』已經恬然澄明了。因此, 海德格認爲『我』就是『在』,『在』就是『我』。往下, 海德格就談論『我』的『在』就是『在世』; 一切在者, 也就是整個世界, 都是『在世』的結果, 也就是『我』的『在』的結果。」此類比海德格的原文更「艱深」好幾倍的譯介文字, 在該書比比皆是, 都是因爲作者西文不强, 又對原著與原思想家缺少通盤的了解而有的。

馬列框框問題大

上述三個問題之中, 第一、二兩個問題較容易解決, 但第三個問題涉及馬列主義的意識形態能否早日克服, 否則一大批派出的留學生回大陸之後仍無法大大提高西方哲學思潮的學術研究水平。上面所提熊偉的短篇又可借來說明這一點。他的結論是: 「海德格認爲, 不從『在』的問題入手, 哲學的整個問題都不能解決。他就是這樣目空一切, 氣焰萬丈, 把從古至今全部哲學史上的哲學家壓制一番, 抬高自己, 神乎其神地抬出所謂『在的意義的問題』來創立存在主義。……海德格是爲垂死掙扎的帝國主義服務的, 因而更加猖狂狡詐一些罷了。」熊偉處處使用此類「一棍子打死人」的馬列套語濫罵海德格, 徒增讀者對於海德格與存在主義的誤解之外, 一無是處。

如說杜任之主編的那本書已在一九八〇年出版, 無法說明大陸學者近五年來的西學研究有否進步, 我不妨再擧最近出現的八卷《西方著名哲學家評傳》爲例, 說明馬列教條的理論枷鎖仍然構成西學研究的根本阻礙。負責主編此套叢書的汝信在他「序」中提及, 對於非馬克思主義的西方哲學理論, 必須採取「辯證的否定或揚棄」辦法 (而非「全盤否定」)，俾使「馬克思主義哲學吸收充分的營養而豐富和發展起來」；同時對於非馬克思主義哲學理論的批判，「不應該從一些簡單的條條框框出發，而必須實事求是地從具體的歷史情況出發。」但是，編寫的目的既然祇是爲了馬克思主義的豐富化或進一步發展，而毫不考慮非馬克思主義的哲學理論在許多方面是否足與馬克思主義互相抗衡，甚或具有超越馬克思主義本身的理論局限性的種種優點，則豈不是違反「實事求是」的研究態度，又豈不是犯了解釋與評價雙層的獨斷偏執嗎？爲甚麼非馬克思主義可以批評，馬克思主義就不能批評呢？難道馬克思主義是永恆的萬靈丹嗎？我手邊沒有第六卷，但還記得在王府井的新華書店看到此卷之中汝信自撰的〈齊克果〉(Kierkegaard)，一方面似乎有意表現一下解釋學的開放精神，另一方面又忍不住要以馬列理論對這位存在主義的祖師爺來個「批判的總結」。所以我不得不說，光靠西文訓練與西學研究的加強，仍無法提高眞正的學術水平，問題的關鍵還是在能否願否除去馬列主義「解釋學」的有色眼鏡。

●問：近年來大陸宗教活動有很大的轉變契機，宗教研究也已復甦。但是做爲一個馬列政體，中共基本上並不會鼓舞扮演「鴉片」功能的宗教有太快的發展，而强調宗教與「愛國」的關係，尤爲其必然的舉措。但就您實際參觀所得的經歷，官方的干預企圖對民間宗教活動的實際發展，是否有相衝突之處；而知識界的宗教研究，是否也與官方意識形態的立場，有所扞格？

答：至少在表面上我看不到官方對於民間宗教活動的干預企圖，這是令人驚異的奇妙現象。目前在所有共黨國家，對於宗教採取高壓政策的，首先是北韓，其次可能是蘇俄，在政策與態度最寬容的恐怕算是中共了。海內外人士對這一點似乎都不太瞭解。我自己是以純粹哲學的原有專長轉到天普大學宗教系執教，這次特以佛教研究的專長應邀到世界宗教研究所訪問講學，又以專家的特殊身份參觀過好多個佛教名寺的，因此大家可以相信我的觀感足够公平客觀。

宗教政策趨寬容

首先讓我分析中共近年來採取愈來愈寬容的宗教政策的基本原因。

第一是國際政治與外交的實際需要。中共格外了解到應付歐美各國必須研究耶教，也必須在中國大陸容忍耶教活動的賡續；要與那麼多的回教國家打交道，必須鼓勵回教研究，同時大陸本身已有兩千萬以上的回教徒，不得不對回教「寬宏大量」；鄰邦日本以及錫蘭等國，都是佛教國家，加上傳統以來的中國佛教徒之衆多，也絕對需要採取「實事求是」的新政策，處理佛教事務。一般地說，在所有共黨國家之中，後文革時期（尤其最近一兩年）的中共所採取的宗教政策算是最成功有效的，從中共國務院中宗教事務所的日日繁忙不難窺知其中一二。

愛國主義的影響

第二是愛國主義的萌芽與滋長，無形中衝破了文革以前與文革時期的極左作風，這也當然有助於佛教研究與道教研究的急速發展。尤其文革結束以後，一般知識份子乃至中共上下官員覺醒於國際共產主義噩夢之餘，在感情上與思想上都容易傾向愛國主義，這就有了重新探索儒道佛三家爲主的傳統思想與文化的精神需求。在這種半空虛的精神狀態下，開明改革派的主張容易壓倒敎條守成派而佔上風，有助於本土宗教（尤其中國佛教）的死灰復燃，在趙樸初領導下的中國（大陸）佛學院這兩三年來大事活躍，就是一個顯明的例子。我在蘇州靈岩山寺由住持貫徹法師講解該寺概況之後，曾參觀過該寺般若堂中上課的實況，當時正由常德法師向幾十位寺內學生講授《遺教經》，聲調朗然，極有宗教氣氛。據說，在中國（大陸）佛學院領導下各省各地的佛寺這兩三年來開始招生，最多可到兩百個，經過一番入學考試之後留寺進修四年，成績優秀者，四年之後再送到北京深造，然後派到各地佛寺服務。我在南京棲霞寺參觀時，介如法師也給我一張該寺的招生簡章，課程還包括外國語文與史地等等，沒有任何政治干預。我在南京也有機會參觀過著名的金陵刻經處，親眼看到幾萬片的木刻保存完整，也看到幾十位女工勤於線裝印刻。我自己在這裡也買了《大乘起信論》《成唯識論》《中論》等線裝書做紀念。與該處有關係的佛教界名人李安先生還特別當場代贈一本《瑜伽眞實品》，並在書上揮筆留字。李安先生那天早晨也來聽我在江蘇省社科院的演講，我一講完，他就接著說:「我就是信佛，我就是覺得佛教比馬列主義還要高明。北京的世界宗教研究所搞的佛教，祇有批判，沒有繼承，這怎麼行？所以我絕對贊成傅教授提倡的『批判的繼承與創造的發展』。」我問他說:「您講話如此大膽，文革期間您在那裡？」他說:「十年勞改啊！」引得哄堂大笑不已。

觀光外匯的魅力

第三，近年來大陸觀光事業的急速發達，使中共領導層開始注意到名刹大寺修建工作的重要性，也開放了不少新觀光區，百分之八九十以上都與佛教（或道教）有關係。我在北京參觀過法源寺、臥佛寺、雍和宮與碧雲寺，在南京除棲霞寺外也看過古老的靈谷寺，（專為魏武帝老師的寶誌禪師蓋建），在蘇州當然參觀了以張繼那首唐詩「楓橋夜泊」出名的寒山寺，最後又在上海拜訪了另一著名的玉佛寺，在這些佛寺燒香拜佛的善男信女不計其數，日本遊客也為數甚多。據說去歲大除夕時，在冰天雪地下有三千左右的日本遊客來到寒山寺，靜聽夜半鐘聲直至清晨，藉以洗盡一年來的心中罪疚云云。玉佛寺的欣一法師也對我說，前一天剛來了幾百個日本各大學的佛教學者，還在大雄寶殿前演奏一場唐朝時代的雅樂。名剎大寺的觀光事業既有如此豐盛的外滙收入，連教條守成派也祇好「退讓一步」了。

傳統文化潛力大

總之，中國大陸的宗教力量，尤其佛教活動，此後多半有進無退，我們不能低估。知識界的宗教研究雖與馬列教條扞格不入，由於上述原因，仍會繼續發展，亦有可能迫使中共官方逐漸改變對於宗教的看法。這當然不等於說，中共會自願放棄馬列教條，而祇是說，會重新改變對於宗教的解釋，謀求一種意識形態的妥協(an ideological compromise)。社科院副院長趙復三（原任世界宗教研究所基督教研究室主任）最近就擬了一篇〈宗教、精神文明、民族團結〉，貼在所有寺廟牆壁上面，當做宗教徒學習資料，我在靈岩山寺看到，也向貫徹法師要了一份。這篇結語說:「我們重視宗教在各民族歷史文化中影響，肯定我國各族人民在宗教形式下的文化遺產是建設社會主義精神文明所應分析繼承的，我們又確認宗教徒可以全心全意地參加建設社會主義精神文明。這樣，就可以更有助於對宗教信仰自由政策的理解和貫徹，有利於團結廣大宗教徒建設社會主義。」我讀此篇之後深深感到中國傳統思想與文化的深厚潛力，足以迫使中共在後文革時期自求與之妥協，這在其他傳統文化薄弱的共黨國家，如蘇聯，是不太可能的。近年來以「開放的馬克思主義」方式，重尋中國思想與文化之根於孔子以來的傳統儒家而逐漸形成的新趨勢，如北大哲學系湯一介教授等人所發起設立的「中國文化書院」，也多少例證我這裡的觀察。有趣的是，三月間正在加拿大一所大學訪問的湯氏，讀了拙文〈從貧窮到開發、從閉鎖到開放〉（見台北《中國時報》二月十七日人間副刊）之後寫信給我，說:「欲速則不達」。也許孔子此語正是描述開明改革派當前心境的最佳寫照吧。

●**問：以您一貫批判馬列，熱愛中華的知識份子立場來看，海內外知識界應該如何在上列各個問題層次上，做基本的建設性努力呢？從自省的角度看來，您自己今後最想做的工作有那些，期待後繼者能參與努力的工作又有那些？**

答：首先，我想引述《世界哲學家叢書》（台北，三民書局）總序的結語：「我們應該强調，中國雖仍處於『一分爲二』的政治局面，但是海峽兩岸的每一知識份子都應具有「文化中國」的共識共認，爲了祖國傳統思想與文化的繼往開來承擔一份小小的責任」。

重建「文化中國」

上述湯一介等大陸的開明改革派所做重尋中國思想與文化之根的一切努力應予肯定，因我相信極有助於馬列敎條的「價值轉換」（transvaluation）。台灣的知識份子這些年來隨著經濟、科技等等方面的急速發展，已在熱烈討論「傳統與現代化」問題，以及「多元社會的民主自由化」問題，且有相當豐碩的討論成果，對於大陸的開明改革派以及一般知識份子當可構成一種有益的挑激（challenge）與衝擊（impact），更有助於海峽兩岸純學術研究意義的交流會通。事實上，在國際性的大規模學術會議，如四年前的朱子學國際會議，如去夏的第四屆國際中國哲學會討論會，我都親自看到兩邊學者聚集一堂，面對著面互相討論，彼此抗衡，站在「文化中國」的立場這是很有意義的事。做爲海外學者，我也像學術界的其他朋友一樣，充當一種「文化橋樑」（a cultural bridge），促進中國傳統思想與文化之「批判的繼承與創造的發展」，亦即「再發現與再創造」。我自己的學術研究與論著基本上會循著這方向繼續下去。

再探「大乘佛學」

其次，談到中國思想與文化的再發現與再創造，絕不能忽略中國大乘佛學的繼承課題。在台灣，在美國，多半的中國哲學研究工作者偏重儒家而規避此一課題，這樣走捷徑，成績就很有限。我這次訪問大陸的世界宗教研究所，發現那邊對於佛教研究很重視，如無馬列教條的理論束縛，在不久的將來可望收到相當可觀的成績。世界宗教研究所的佛教研究學者，與日本佛教界保持密切的聯繫，也在認眞學習並參考日本佛教學者的研究方針與方法。該所這次邀請我去講學，事先大概也特別考慮到我的佛學專長與「日本通」的學術背景。相比之下，台灣的知識份子似乎對於日本方面無甚了解，也無熱烈的研究興趣。去年九月初旬，我在耕莘文教院公開演講「中日兩國對於西學西潮的回應方式」時，就提醒過台北的聽衆「了解遙遠的美國，沒有了解鄰邦日本的重要，不論它是敵人還是朋友」。日本徹底吸收中國佛教的精華，經由長期的努力轉化而爲日本文化的主要成素。相比之下，我國的傳統思想與文化原以儒道佛三家爲主，爲何今天的新儒家，在價值取向上仍視中國佛教若有若無，而以儒家道統爲自我充足？我自己藉通曉日文與日本佛教研究情況之便，很想繼續探索中國大乘佛學的現代化繼承課題，也希望新一代的學術工作者關注，並接棒下去。

重視「中西會通」

最後，中國思想與文化的再發現與再創造，需要經過一番中西哲學交流會通的曲折歷程，否則成績極其有限。我既反對張之洞以來帶有過度華夏優越感的「中體西用論」，也不同意李澤厚的「西體中用論」，因爲我主張的是「中國本位（即專爲批判地繼承並創造地發展中國思想與文化著想）的中西互爲體用論」。因此，我不得不特別强調中西哲學交流會通的重要性。南開大學請我演講時特別指定了這個講題，我演講時在黑板上寫了下面一系列課題：哲學方法論、知識論、語言哲學、形上學、心性論、倫理學、政治社會哲學、教育哲學、文化哲學、歷史哲學、宗教哲學、美學，以及哲學史概念的把握。結果兩小時的演講，祇講到哲學方法論的一點點，但也引起聽衆的熱烈反應，可以看出那裡哲學系師生對於西方哲學知識的强烈欲求。

演講時介紹我的是以《中國哲學史上的知行觀》（一九八二）出名的方克立教授。他在五月十七日來函說：「他們都說傅先生要是能多停留兩天，把黑板上列出的所有題目都講完就好了。……在改革和開放的思想方針指導下，關於中西文化的交流會通問題，國內學術界和廣大青年都很感興趣。您的講演如能寫成論文，《南開學報》願意發表。」我回答說，我不久準備寫出至少十萬字的長篇，可在海峽兩岸同時發表。我這個著想，也是站在「文化中國」的純學術立場，稍盡一份海外學者的「文化橋樑」這小小責任而已。政治意義的中國統一談何容易，做爲海外學者，能做這一點學術文化上的努力，也就不致「死不瞑目」了！

（一九八六年六月十四日晨六時於費城郊外，原載《中國論壇》第二六八與第二六九期）

中國文化往何處去？
——宏觀的哲學反思與建議

一、前　言

去年（一九八六）十二月二十三日我自美國飛抵臺北直後，《文星》雜誌發行人蕭孟能先生即與我商談，透露擬設「五四專輯」之意，我當時便覺蕭先生的着想實有深刻的時代意義，立即表示强力支持。當日下午，《中國論壇》編輯委員會召集人韋政通兄亦加入討論，當時我提議以「中國文化往何處去？」（Whither Chinese Culture?）爲專輯總題，但政通認爲醒目不足，應可找到更有吸引力的總題。今年元月十二日晚，《文星》雜誌社於臺北耕莘文教院首次主辦一項公開演講，由我主講〈「文化中國」與海峽兩岸的學術交流〉，並由政通兄講評，算是有關「文化中國」的一項新突破。❶

翌日（回美之前一日）我到《文星》雜誌社告別之時，蕭先生又談及「五四專輯」的籌劃事宜，他那時的一兩句話忽然促動我的靈機，想

❶ 講稿經我親自整理之後，連同政通兄的講評，登在《文星》復刊第七號（三月一日），頁六十六至七十一。

出「文化中國與中國文化」(Cultural China and Chinese Culture) 此一主題，蕭先生亦即時拍案叫絕，蓋此主題攝有字語倒轉的一對重要名詞，能予兼涵當前海峽兩岸之間非政治性或超政治性的文化線索，以及中國歷史文化的賡續發展雙層意義之故。「文化中國」指謂貫通海峽兩岸的橫面線索，警告我們文化斷層可能造成「永別」危機；「中國文化」則指綿延流長的文化縱層，提醒我們祖國的歷史文化傳統不容任意割斷。縱橫雙層合起來說，乃意味着：「中國目前雖仍處於『一分為二』的政治局面，但是海峽兩岸的每一知識份子都應具有『文化中國』的共識共認，爲了祖國傳統思想文化的繼往開來承擔一份責任」。❷

拙文將依「文化中國與中國文化」的專輯總綱，而以帶有問號的原先題目「中國文化往何處去？」爲本題，進行宏觀的哲學反思，同時應用我曾構想的「生命十大層面及其價值取向」模型，比觀評較中、印、日三國文化傳統的優劣功過，藉此進而重新探討中國思想與文化的繼往開來課題，提出一些哲學性的建議，聊供國人參考與關注。

二、「生命十大層面及其價值取向」模型的再提出

〈中國文化重建課題的哲學省察〉，是一九八四年三月十五日晚我在耕莘文教院公開演講的主題，我在這個演講首次提出多年來構思苦索而成的「生命十大層面及其價值取向」模型，藉此模型的應用探討中國文化的重建課題。❸兩三年來時常就此模型再三考察，以便繼續補充或

❷ 此係政通兄與我主編的《世界哲學家叢書》(臺北東大圖書公司) 總序結語。
❸ 此一演講整理之後登在《哲學與文化》月刊第十二卷第十期，現已收在拙著《批判的繼承與創造的發展》(一九八六年東大圖書公司)，頁五十五至七十六頁。

深化它的哲理蘊含與應用意義。我在這裡重新提出，稍做概念調整與內容的細密化，一方面總結多年來的模型構想，另一方面藉以重新檢討中國傳統思想與文化的得失所在，進而探索重新拓開合乎新時代要求的一條未來中國文化之路。

依我看法，萬物之靈的價值取向大體涉及下列十大層面：⑴身體活動（physical activities）層面；⑵心理活動（psychological activities）層面；⑶政治社會（politicosocial life）層面；⑷歷史文化（historico-cultural development）層面；⑸知性探索（intellectual pursuit）層面；⑹美感經驗（aesthetic experience）層面；⑺人倫道德（ethics and morality）層面；⑻實存主體（existential subjectivity）層面；⑼終極關懷（ultimate concern）層面；以及⑽終極眞實（ultimate reality/truth）層面。大體上說，這十大層面構成我們生命存在的諸般意義高低層序與自下往上的價值取向。身心活動構成最起碼而必要的生命存在，舉凡個體生存、體育活動、日常生計、養生壽老、欲望需求、醫藥治療、生活改善等等皆屬此最低兩層。第三、第四兩層關涉群體生命的共同組織與價值取向，而使個別生命在特定社會或國家獲得集體生活與精神的安頓。有些動物亦具社會共性（social nature），但祇有人類才算（亞理斯多德所云）「政治的動物」。政治社會層面是集體生命最基層的外在表現；集體生命在更高一層所表現的存在意義與價值取向可以總括之爲歷史文化層面，乃是政治社會層面的內在化或精神深化。歷史文化層面更可以看成群己（社會與個人）所共有的精神基盤或共命慧，貫通並統合其他上下九層的群己存在意義與價值取向的具體表現與實際成果，實較政治社會層面爲高爲貴，但政治社會層面是歷史文化的形成與發展所不可或缺的根本條件。歷史文化的形成與發展，可以說成群己生命的意義探索與價值取向所呈現出來的長期「內化、凝聚和積

澱」。❹

知性探索（第五）、美感經驗（第六）、人倫道德（第七）與終極關懷（第九）四大層面分別構成「眞」（truth）、「美」（beauty）、「善」（goodness）和「聖」（holiness）等四種精神價值。知性探索涉及格物致知、科學知識、哲學思維、學術發展、科技發明等等；美感經驗則涉及文學音樂美術等等的創作與鑑賞，審美理念的形成與積澱，自然美的欣賞乃至傳統美的再發現與再創造等等。我所以把美感經驗層面放在知性探索層面之上，惟一的理由是，多半的人並不直接從事於科學或哲學的研究，但在日常生活裡却常享有審美感受。這當然不等於看輕知性探索的重要性。我不得不承認，「眞」與「美」兩種價值的高低層序很難衡定。但我深信，無人敢於反對我把「善」的價值放在更高一層。也就是說，人類有史以來，人倫道德始終高過知性探索和美感經驗，必要時寧爲前者犧牲後者，甚至到犧牲個我生命的程度。這是人人具有的共識，不可推翻，誠如孟子所云，「生亦我所欲也，義亦我所欲也，二者不可得兼，舍（捨）生而取義者也」（〈告子〉篇上）。

實存主體性（existential subjectivity）指涉每一萬物之靈的人格尊嚴、基本人權、生命獨特性乃至實存（現實存在、眞實存在）的本然性。此一層面的特別標出，旨意是在强調身心活動與政治社會活動乃至眞善美三大價值的創造，終究是爲了每一生命的實存主體，而非其他。我對實存主體性層面的思維靈感，源於西方存在主義（又稱實存主義），

❹ 李澤厚教授在他的「主體性實踐哲學」建構嘗試，以「文化—心理結構」這名辭取代傳統馬克思主義的「（意識形態的）上層建築」，指出分別內化、凝聚和積澱而有的知情意三大方面及其內容。我在這裡借用他的用辭，尤其「積澱」一辭就歷史文化的形成與發展而言，極有深意。讀者不妨參閱拙文〈李澤厚的荆棘之路——大陸學術界的「苦悶的象徵」〉（《文星》復刊第三號，頁九十三至九十六）。

尤其是沙特的思想，但不採取他那過度强調個人「絕對自由」的論點，却取實存的抉擇（existential choice）、實存的承諾（existential commitment）等等概念，蘊涵獨立自主的健全精神與全面性的自我責任感。一九六〇年代，存在主義開始影響臺灣學術文化界，自然觸發了關心傳統儒家思想文化的學者去探討並深化儒家本身原有的實存主體性觀念。有趣的是，在後文革時期的中國大陸，存在主義也變成了大大影響新一代知識份子的一股强有力的現代西方思潮。無論如何，實存主體性概念的特別標出，實有助於提醒我們，生命意義的探索，眞善美價值的創造，政治、社會、職業、宗教寄託等等的抉擇，處處涉及個別實存的獨特主體性有否能否挺起或呈現的問題。

實存主體層面之上所以設定終極關懷層面，乃是爲了特別强調，生死解脫問題或宗教救濟問題，是群己生命的價值取向最後不得不歸宿的終極問題，也就是傳統所謂「聖」的價值問題。我借用了新派耶教神學家田立克（Paul Tillich）的名辭「終極關懷」(ultimate concern)，旨趣是在提醒我們，涉及生死之謎的宗教探索乃是有史以來人類所無法避免的最重要的價值取向之事，實存主體的一切人生抉擇與信守，歸根究底，乃是「生死態度應該如何」的問題，亦是「生命的終極意義（ultimate meaning）或終極目標（ultimate goal）究竟爲何」的宗教問題。人人皆有探問人生的終極意義抑或終極目標的終極關懷，如果藉此重新界定「宗教」一辭，則可以說，人人皆有宗教，或可以說，人是宗教（性）的動物。連反對（傳統）宗教的無神論存在主義者沙特，精神分析鼻祖弗洛依德，甚至追隨馬克思的所有共產主義者，就爲了追求人生的終極意義或終極目標而抱有田立克所云「終極關懷」這一點說，都可以看成「宗教（性）的動物」。問題祇在每一生命所找到的「宗教」或肯定的「宗教性」是否合情合理，非屬所謂「迷信」，而不是在該不該有宗教。反宗教論者有見於傳統宗教（尤其制度宗教）在歷史上所曾造成的負面影響，却無見於宗教本身在萬物之靈的價值取向上所佔有的最高生命意義。我們甚至可說，「反宗教」(anti-religion) 本身就是一種「宗教」; 這就是爲甚麼不少西方學者認爲尼采是極有宗教性的十九世紀思想家了。❺

實存主體的終極關懷必然觸發生命終極意義的探索，探索的結果就有終極眞實 (ultimate reality/truth) 的自我發現與肯認，有此肯認就隨之而有終極目標的定立，依此終極目標而隨之而有我所說的「終極承諾」(ultimate commitment) 甚至「終極獻身」(ultimate devotion)。一切人生抉擇與活動皆以終極眞實爲依歸，爲準則。因此，終極眞實（終極實在或終極眞理）形成生命十大層面之中的最高層面。在耶教，終極眞實是神或創造主，終極目標則是由於神（或耶穌）的恩典而所可獲致的永恒淨福，亦卽所謂「永生天國」。在大乘佛教，終極眞實乃指佛法 (Dharma) 而言，無所謂（存在論意義的）本體與（知識論意義的）眞理之分，「一切法空」、「諸法實相」、「法性」、「眞如」、「二諦中道」、「空假中三諦」等等名辭祇是蘊涵稍異，指謂 (reference) 則同; 而終極目標卽不外是「生死卽是涅槃」、「見性成佛」甚或「日日是好日」的體現。其實，終極「存在」、終極「眞理」與終極「目標」原是「三事一時並了」(借程明道語)，本無所謂存不存在（一切法空故)，眞不眞理（一切不可得故)，目不目標（平常無事故)。在意識形態化了的馬克思主義或毛思想（以反宗教爲「宗教」)，終極「眞實」卽是辯證法的以及歷史的唯物論所主張者，而終極目標則是依此唯物論改變世界

❺ 關於我近年來對於宗教的哲理探討，請參看拙文《從終極關懷到終極承諾——大乘佛教的眞諦新探〉，《當代》雜誌第十一期（一九八七年三月一日)，頁十六至二十六。

而爲階級消滅的高度共產主義社會。意識形態的馬克思主義乃是非普通意義的一種政治宗教（a political religion），祇是馬列主義者從不願意如此自承而已。

三、中印日三國文化傳統的評較

上面簡介了我所構想的「生命十大層面及其價值取向」模型。依此模型，我們應可再進一步設定，適予評較各種文化傳統所必需的基本條件。如果一開始就標出所謂「圓善」（完善完美）的文化藍圖，而毫不顧慮時代與社會的現實條件，則文化理想無法落實，祇會變成孤芳自賞的空中樓閣而已。在現存的各大文化傳統之中，中印兩國最有此一毛病。依我這些年來對於文化評較的哲學反思，我認爲下列三點是足以決定一個文化傳統健全與否的基本條件，如果既有的文化傳統不能滿足這些條件，就有此一傳統本身的自我失調（self-maladjustment）、危機（crisis）甚至崩潰（collapse）等等問題產生。

第一個基本條件是，生命十大層面能够獲得平均或較充份的發展，無有顧此失彼的化約主義之過失（a reductionist fallacy）。譬如政治社會層面動盪不安之時，高談個人的修心養性或生死解脫，如此眼高手低，祇顧及高層次生命問題而廻避低層次的政治社會問題，就會產生文化傳統的危機意識。又如一味追求身心活動層面的個人快感快樂而把高層次的生命問題統統化約到最低二層的享樂問題，也會產生不同意義的另一危機；美國在八十年代已面臨這個難題，祇是還未釀成嚴重危機而已。

第二個基本條件是，各大層面之間存在着大小遠近的種種關聯性，我們處理某一層面的生命問題時，不應隨意割斷此層與其他有關的各層之間的相關聯性，而把此層的問題當做孤立問題去看待處理。舉例來說，我們觀察複雜的人性之種種，必須至少顧及生命的最低二層（身心活動，多指自然本能）、第三層（社會共性）、第七層（道德心性）、第八層（實存主體性）與第九層（宗教心性）。弗洛依德的古典心理分析理論所建立的人性論局限於最低二層；馬列主義除此二層，亦有見於社會性（但偏重階級性）；沙特倡導的存在主義有見於實存主體性，却無見於第七層的道德心性與第九層的宗教心性。不論是由於化約主義的過失，或是由於生命各層相關聯性的忽略，這些人性論都有各自不同的偏見，依此人性的偏見去處理政治社會、歷史文化、知性發展乃至道德、宗教等等生命問題，很容易產生種種矛盾與獨斷。

第三個基本條件是，生命各層的相互關聯並不意味着各層一律平等，無有主從關係。事實上，各大文化傳統的殊異與特色不得不涉及生命各層主從關係的分別呈現。譬如在歐洲中世紀，生命最高二層構成了主導原理，其他各層皆依此原理獲得個別的發展。在共產主義社會，政治社會層面形成主導原理，其他生命各層皆在第三層控制之下。生命各層的主從關係如不適宜或一旦失調，則不得不重新調整主從關係，原有的文化傳統也隨着必經一番轉化（transformation）、重建（reconstruction）或革新（renovation）。

總結上述三個基本條件，我們實可以說，一個健全的文化傳統必能儘量避免化約主義的偏差或過失，適予保持生命各層的相關聯性，而又維持生命各層之間適宜融洽的主從關係，由是充分表現它本身的獨特性與優越性，進而正面影響其他文化傳統的形成與發展。古代希臘的文化傳統，在生命各層有其輝煌的發展，且調和了各層的平均發展與相關聯性，而以眞善美的價值取向（第五、第六、第七三層的合致）爲主導原理。近世以前的印度與中國也分別建立了極其可觀的文化傳統，印度佛敎甚至移植到亞洲各國，尤其中土，而以儒道佛三家爲主的中國文化也輸入到朝鮮與日本。這些都足以證實中印兩大文化傳統的偉大貢獻與深遠影響。但是，爲何近現代的中日兩國從政治社會到文化創造等等，處處瞠乎落在日本之後，而無顯著創新的繼往開來跡象呢？我們針對中印日三大文化傳統做一公平客觀的評較，是否可以從中獲取一些正反敎訓與反思靈感呢？我想是可以的。

大致說來，印度文化的主導原理是在强調宗敎解脫的生命第九層面與肯認宇宙梵我或神我的第十層面之結合，其他各大層面皆依此主導原理而有所定位。印度敎徒一方面基於業（karma）與生死輪廻（samsāra）的觀念鄙視現實的一切爲虛幻無謂，另一方面又以梵我或大梵天爲終極依歸，自然無心於積極改善有關身心活動（第一、二層面）的生活條件以及政治社會（第三層面）的世俗體制；對於實際的歷史賡續問題（第四層）亦無多大興趣，因此不屑於多所保留歷史文件，這是撰著印度史書遭遇到的一大困難。又印度敎所傳承下來的種姓等級制度（the caste system）、禁慾或苦行主義（asceticism）的盛行等等，皆不外例證，以生命最上二層爲主導原理的印度（宗敎）文化實有否定現世生活（life-negating）的價值取向偏差，犯有化約主義的過失，因此直到今天種種生命較低層面的現實問題無法適予解決。而知性探索、美感經驗、人倫道德、實存主體等等生命層面，由於受到印度敎的主導影響，也常呈現價值取向上的偏差，譬如印度因明的形成與發展，基本上是爲了攻破對方論點以便顯揚己方的宗敎眞理，故未演變成爲（西方特有的）形式邏輯、語意學、科學方法論等等研究部門，如此充分發揮純粹知性的特長而不受宗敎眞理的干預。

印度文化雖有上述偏差，但在近代印度很「幸運」地被英國統治，而學到西學的體用。印度文化與西學體用溝通的結果，至少在政治社會、知性探索、人倫道德、實存主體等等層面上的價值取向，有了相當顯著的轉機與轉化。可惜的是，印度教本身的種種弊病，如種姓制度，並未因採納英國議會民主政體而獲徹底的解決。這是印度文化的根本難題，如無印度教的脫胎換骨，則實不易解決。

與印度文化的超現實宗教偏向相比，以儒家帶頭的中國文化傳統似乎較能保持出世與入世、理想與現實或生命高低層面的一種平衡或中道，如「極高明而道中庸」等語所示。馮友蘭在他的《新原道》緒論說：「中國哲學有一個主要底傳統，有一個思想的主流。這個傳統就是求一種最高底境界。這種境界是最高底，但又是不離乎人倫日用底。這種境界，就是卽世間而出世間底。這種境界以及這種哲學，我們說它是『極高明而道中庸』。……中國哲學家以爲，哲學所求底最高底境界是卽世間底。有此等境界底人，謂之聖人。聖人的境界是超世間底。就其是超世間底說，中國的聖人的精神底成就，與印度所謂佛的，及西洋所謂聖人的，精神底成就，是同類底成就，但超世間並不是離世間，所以中國的聖人，不是高高在上，不問世務底聖人。他的人格是所謂內聖外王底人格。內聖是就其修養的成就說，外王是就其在社會上底功用說。」

馮氏此語多少反映出中國思想與文化的價值取向，不能不說有相當程度的洞見慧識。但馮氏的看法祇能說是觸及中國傳統的表面結構而已，還不能說是透視了其深層結構；如果透視了此層結構，就可以發現中國文化本身（卽所謂「中體」）的優劣功過，同時擺陳出來。清末以來環繞着「中學爲體，西學爲用」的種種論辯及其流產，便是其中一個顯著的佳例；唐宋以來擁儒排佛之論又是另一佐證。

牟宗三先生以「道德的理想主義」稱謂規定儒家傳統的特質，乃由孟子一系心性論（性善論或良知論）的主觀性原則與易庸一系「道德的形上學」這客觀性原則融合構成。我們如用生命十大層面的模型予以哲學的宏觀考察，則可以說，人倫道德（第七層面）是整個儒家思想與文化的主導原理，依此原理而有「天命流行，生生之化」的泛道德主義形上學說（第十層面）；道德的本心本性論（第二、第五、第六、第八等層面的泛道德主義偏約化）；强調「憂道不憂貧」、「生於憂患而死於安樂」、「朝聞道，夕死可矣」等終極關懷的「道德的宗教」（第九層面）；着重「立其大者」、愼獨工夫等等的道德主體性論調（第八層面）；泛道德主義的美學理論（第六層面）；以德性之知爲本而聞見之知爲末的知行合一說（第五層面）；泛道德主義的歷史文化（第四層面）；以內聖爲根基的外王之道（第三層面）；以及極受道德約束的身心活動看法（第一、第二層面）。由是可知，儒家有見於道德生命的價值取向意義，却無見於生命上下各層泛道德化了的一種化約主義偏差。依此泛道德主義的價值取向所形成的所謂「中體」，容易導致單元簡易的道德自我之肯定，久而久之，亦容易惡化成爲一種自我封閉的文化心態，終會產生過度無謂的華夏優越感。也就是說，如無一番自我檢討與自我轉化的工夫，執守偏向泛道德的化約主義的儒家學者，就很可能動輒阻塞多元開放的價值取向，結果便是重覆「中體西用」之類的陳腔濫調，不願亦不能大量吸納西學西潮之中的正面資糧進來，轉化而爲中國文化之體之用；如此轉化，才能催生我所主張「中國本位的中西互爲體用」意義的新時代中國文化出來。

原屬外來思想與文化的大乘佛敎，經由長期的中國化（Sinification or Sinicization），終於演變而爲中國文化傳統的（儒道佛）三大成素之一。雖然如此，自唐朝韓愈等人的排佛論以來直至今日，執守泛道德主義立場的儒家學者從不屑於肯認大乘佛敎在生命第六、八、九、十等層面的思想文化成就，比儒家有過之無不及，且較儒家更具我所說「整全（顧及全面）的多層遠近觀」這種辯證的多元開放性格，而與莊子爲主的道家傳統頗有溝通契合之處，臨濟宗爲例的「禪道」(the Way of Zen) 自然主義之形成，便是最好的說明。大乘佛學與禪道在生命第十層面展現超形上學的性靈開放精神，在第九層面所建立的生死智慧，亦非宋明理學所可企及，難怪朱熹不時慨歎:「釋氏之敎，其盛如此，其勢如何拗得他轉。吾人家守得一世再世不崇尙他者，已自難得。三世之後，亦被他轉了」。❻又在第六層面，佛道二家對於中國文學藝術的影響，以及美感的創造等等，恐非講求道德約制的儒家所可匹敵。

但是，從宋明理學家直至當代新儒家代表，幾乎個個都在排拒佛敎，或至少貶低佛敎的地位，放在儒家傳統之下。程伊川豈不嘗云:「釋氏之說，若欲窮其說而去取之，則其說未能窮，固已化而爲佛矣。只且於迹上考之。……其言有合（儒家聖人之）處，則吾道固已有；有不合者，固所不取。如是立定，却省易。」❼伊川所云「只且於迹上考之」，對於（大乘）佛敎來說實不公平；而他勸止弟子們窮究佛敎之說，一方面暴露了儒家泛道德主義本身的局限性，另一方面又表現他自己的心理糾結，優越感與自卑感同時擺出。這種排拒佛敎的封閉心態，自張載、二程、朱熹、陸象山乃至王陽明，皆是如此，實與淸末中體西用之論祇不過是五十步與一百步之差而已。❽

當代新儒家代表應付佛敎的態度要比宋明理學家開放些，高明些，但視（大乘）佛敎永較儒家低劣的基本態度却無甚改變。已故徐復觀先

❻ 見《朱子語類》卷一二六。
❼ 《河南程氏遺書》卷十五。
❽ 關於宋明儒的評佛，以及我對此評佛論調的哲學考察，不妨參照拙論 "Morality or Beyond: The Neo-Confucian Confrontation with Mahāyāna Buddhism" (*Philosophy East and West*, vol. 23, No. 3, 1973, pp. 375-396)，以及"Chu Hsi on Buddhism", in Wing-tsit Chan, ed., *Chu Hsi and Neo-Confucianism* (University of Hawaii Press, 1986, pp. 377-407).

生的徹底排佛論且不說，唐君毅、牟宗三兩位大儒雖對大乘佛學下過很深的功夫，亦未能積極肯認大乘佛教有其殊勝之處。譬如唐先生在他的宏著《生命存在與心靈境界》，定立「生命存在之三向與心靈九境」，而規定大乘佛教爲「我法二空境」，即第八境，仍比儒家「天德流行境」（或稱「盡性立命境」）這生命存在的「最高」境界稍低一層，且云：「此九境可只由吾人最後一境（即指儒家）中主客感通境中開出」。[9]大家如果比較唐先生「生命存在之三向與心靈九境」說與我所構想的「生命十大層面及其價值取向」模型，當不難看出，前者一味肯定儒家境界爲最爲高，後者則採取辯證的開放立場，分就生命上下各層一一評較儒佛二家（以及其他東西思想文化系統）的優劣功過，並不偏袒儒家與佛家。

我們再看牟宗三先生的近著《圓善論》，他在這裡主張的儒家優位說，基本上仍承繼着《智的直覺與中國哲學》、《現象與物自身》等書的理路，故謂道家只講玄德，佛家只講清淨德，「此只是消極意義的德，非正物，潤物，生物之積極意義的道德創造之德。故仍非大中至正保住道德實踐之眞正圓教，實只是解脫之圓教。熊（十力）先生總不滿意于佛教而與居士和尙辯，千言萬語總在昭顯此意，其所爭者總在此創生性（即宇宙人生繼續不已的道德創造性）也。」[10]我在拙文〈儒家思想的時代課題及其解決線索〉說過：「傳統儒家的泛道德主義偏差，如用我的十大層面模型予以揭發，則不外是在混淆『知性探求』（第五層面）與『人倫道德』（第七層面），甚至以第七與泛道德化了（panmoralized）的第八、第九、第十等四個高層次面限制『知性探求』層面，使其無法

[9] 見該書下册（一九七七年學生書局出版），頁九四五。
[10] 見《圓善論》（一九八五年學生書局出版），頁三二七。

自由自在地展現，有如纏足一般。」⓫我的意思是說，（新）儒家執守偏向自我限制的泛道德主義立場的結果，祇不過藉諸個人的生命體驗，想去「證成」（justify）道德的形上學、道德的宗教、道德主體性、內聖外王之道、「德性之知」優位論等等，因此自然貶低任何不屬儒家一類泛道德主義的思想與文化。大乘佛教在儒家大一統的中國文化傳統所遭遇到的坎坷命運可爲例證。我們如果祛除不了以儒家泛道德主義爲主導原理的文化偏差，則類似中體西用之說的自我封閉論調仍會產生，仍會大大阻礙中國文化的（後）現代化發展。

日本文化傳統向以已故哲學家和辻哲郎所云「文化重層性」著名，遠較容易偏向泛道德主義或泛宗教主義的中印兩國更爲開放，且更富於多樣變化。日人一向對於任何優良的外來文化具有吸納彈性，且有足够的自信與能耐，去創造地轉化之爲純屬本土風味的自國文化。我們回溯日本文化史，而做一宏觀的考察，則可看出，日本自奈良時代的聖德太子攝政而定〈憲法十七條〉以來，一直借用外來文化的輸入與轉化而充實本身的文化傳統。「十七條憲法」的第一條宣言「以和爲貴」，可能兼涵儒佛二家的中和、中道等義；第二條提倡「篤敬三寶」，可以窺見佛教影響之一斑；第四條則倡導儒家，訓示「群卿百寮（僚），以禮爲本」。有趣的是，第十條勸誡全民絕忿棄瞋，不要執着己見，以己爲是，以彼爲非。所擧的理由是：我不必是聖人，對方亦不必是愚人，彼我其實都是凡人，是非之理，詎知孰有絕對合理的裁斷能力？就算我獨有理，也應從衆合群，共襄盛擧。我們在這一條可以發現，聖德太子以攝政之尊，自動提倡民主風氣，承認自上而下無一不是凡夫（顯係佛教影響），實與動輒離脫現實的中國式儒家內聖外王之道或泛道德的理想主

⓫ 見拙著《批判的繼承與創造的發展》（一九八六年東大圖書公司出版），頁二十九。

義大異其趣，對於誇張內聖的宋明理學與當代新儒家很有針砭作用。無論如何，日本吸納儒家思想與文化，並不是盲目的輸入，而是就體就用予以一番本土化的改造，使其變成日本文化傳統的主要成素之一，因此到了德川時代終能產生極有創新意義的種種日本儒學理論出來。

至於日本長期吸納佛教與西學之體之用，而予以徹底的本土化這一點，更是有目共睹的歷史事實。我最近在〈中國大陸講學三週後記〉說過:「為甚麼我們對待中國佛教的文化遺產不像日本人那麼積極認眞？為甚麼中國佛教移植到日本之後，一千三百年來經過多次本土化或土著化的嘗試，日本終能徹底改造中國佛教而為五彩繽紛的它那獨特的美的文化（aesthetic culture）？相比之下，多半的中國知識份子直至今日仍對中國佛教毫無了解，甚至擁護（新）儒家之餘，排拒佛教於中國思想與文化的主流之外，當做外來的印度佛教之自然延伸而已，這都是傳統以來過度的華夏優越感或『中體西用』的大國沙文主義自我作祟的不良後果，實與日本腳踏實地虛心吸納優良的外來思想與文化的基本態度無法比擬。如果中國還有希望迎頭趕上，甚至超越日本，知識份子就得以身作則，徹底克服『中體西用』之類的陳腔濫調。我們如何對待中國（大乘）佛教，這便是一個最大的文化考驗。」⑫

日本文化傳統的包容性、進取性與重層性，可用「生命十大層面」模型加以說明。最顯著而獨特的一點是，它沒有一個單元簡易的主導原理；換句話說，和辻所云「文化重層性」就是日本文化之體。譬如在第九、第十層面，我們所看到的是大乘佛教（如眞言宗、天台宗、禪宗、淨土眞宗、日蓮宗乃至戰後種種新興宗教）與固有神道的融合；在第七層面，德川儒學以來的世俗倫理、神道思想與大乘佛教的倫理思想（如

⑫ 見紐約《知識份子》季刊第三卷第二期（一九八七年冬季號），頁九十七。

菩薩道）形成日本特有的人倫道德觀念（如出家道與世間道的並重、義理管制人情之類）；在第六層面，神道、佛教、道家等等構成日本獨特的「審美文化」；在第五層面，西方純粹知性與傳統德性並存而不相犯，無有中國泛道德的理想主義强調德性之知優於聞見之知的無謂偏差；在第三層面，西方議會民主與祇具象徵性的天皇制，以及日本式的禮教又形成一種奇妙的融合。

如果偏重第六層面，我們可以規定日本文化爲一種「審美文化」，有別於中國的「（泛）道德主義文化」，亦有別於印度的「禁欲主義文化」。如果偏重生命最高二層，則日本文化乃是佛教爲主、神道爲副的宗教文化。同時，日本文化之中生命各層的價值取向大體上並行不悖，各自自由發展而無任何化約主義（如泛道德主義）的拘束約制，這是「日本爲何成功」的文化因素，意識形態上早已呈現多元開放的文化胸襟，加上戰後美軍的佔領，更使原具「日本本位的東西互爲體用」規模的日本文化傳統有其（後）現代化的新發展，不像中印兩國那樣仍面臨着相當嚴重的「傳統與現代化」難題。我無意長他人志氣，滅自己威風；我也深知，日本對於「傳統與現代化」課題的解決，並非盡善盡美。但是，我們今天所應學習的是，隣邦日本在思想文化上所表現的多元開放性與進取創新性。我們如要講求幾何級數而非算術級數的文化進步，則我們不必去管日本本身的內在難題；我們祇管如何從我們的隣邦（不論它是朋友還是敵人）吸取寶貴的經驗，當做我們解決「中國文化往何處去？」這個時代課題的正面資糧之一。這是我們中國知識份子今天應該抱有的文化態度，否則永遠在十字路口逡巡不前，超克不了「中體西用」與「全盤西化」的兩種極端論調。

四、我對「中國文化往何處去？」的建議

由於「一分為二」的政治局勢，海峽兩岸之間已有文化斷層的危機，故在「文化中國」的大前提下進行中國文化繼往開來課題的反思探討之前，必須考慮到海峽兩岸所面臨着的各別難題；各別難題的透視與克服，乃是全盤解決中國文化繼承課題的首要條件。

先就我們的「彼岸」來說，中國文化的原先地盤或本根是在大陸，不在臺灣，這是中共佔有的一項便宜。問題是在，馬列敎條與中國思想文化傳統在這地盤上始終對峙衝突，而在馬列敎條的思想統制下，中國文化繼承課題的任何試探屢遭挫折觸礁，仍無顯著的突破跡象。即使在後文革時期，由於愛國主義的情緒日漲，重尋中國文化本根的需求也日益强烈，近年來漸有「開放的馬克思主義」理路的發展趨向，但路途坎坷，十分不易。這半年來保守派的擡頭與改革派的失勢似乎反映着，「學術研究無禁區」的開放政策已受影響，可能正在緊縮。開放政策鬆緊無常的情況下，大陸學者根本就不能也不敢大膽討論中國文化繼承課題，更不可能嘗試馬克思主義與非屬馬克思主義的中國傳統思想與文化之間的一種辯證的揚棄綜合了。

這些年來中共一直設法解決經濟體制與政治體制雙重改革的難題，但我認為，中國大陸目前最需要的改革是思想改革和教育改革，尤其是教育改革。記得前年（一九八五）十一月底，我在加州大學（柏克萊校區）舉行的第二十七屆全美中國研究協會年會上，主講「以十年來的哲學研究為例，分析中國大陸當前的馬列主義兩難」之後，擔任評論的陳慶教授加以講評說：「魏京生等人所發起的自由民主運動祇涉及第五個現代化的問題，傅教授則更進一步提到第六個現代化的重要性」。我的

用意確是如此：如果有關學術研究、思想文化以及基層教育的「第六個現代化」推行不了，則「四個現代化」乃至「第五個現代化」等等，多半祇會變成換湯不換藥的表面性「改革」，而下一代的大陸知識份子由於突破不了馬列教條的意識形態，也多半會變成不懂得「自己思索，自己做主」（魯迅名言）的人，遑論發揮創造性的思考能力了。也就是說，「第六個現代化」（基層教育改革以及思想文化改革）是「第五個現代化」（關涉自由、民主、法治等等政治體制改革）的先決條件，而「第五個現代化」又是順利完成「四個現代化」的必需條件。中共領導層，無論是保守派還是改革派，皆未曾亦未能理解此一關鍵，完全顚倒了「現代化」（modernization）的改革層序，這都是由於沒有發現或無力解開馬列教條的死牢結所帶來的負面結果。⑬

去年十一月初，在紐約郊外的王浩教授家中，有一小規模的座談會，來自大陸的《走向未來》叢書主編金觀濤及其夫人劉青峰齊聲提到，大陸目前生活最清苦的是中小學老師，又窮又忙，幾乎找不到對象。當時我聽了，就立即表示我的意見說：「這就是爲甚麼我始終認爲，不但第五個現代化（政治體制改革）也像四個現代化一樣，都不能算是最根本的改革，因爲大陸此刻最應貫注的改革項目是在基層教育。如果中小學階段的基層教育搞不好，則下一代仍無法突破馬列教條，而思想文化的心態仍然自我封閉，腦筋也仍會僵化，這樣下去的話，其他甚麼改革或甚麼現代化都不用談了。因此我不得不向你們二位建議，主編《走向未來》叢書的啓蒙工作固然要緊，以大陸目前的教育程度來看，

---

⑬ 關於我對馬列教條的哲學批評，參看拙作〈馬列主義在中國大陸的思想困局〉、〈中國大陸學者的哲學研究評論〉、〈從貧窮到開發，從閉鎖到開放〉（以上三篇皆已收在拙著《批判的繼承與創造的發展》），以及〈中國大陸講學三週後記〉（《知識份子》一九八七年冬季號）。

眞正能够通過書本自動培養出有關科際整合（integration of interdisciplinary studies）的創造能力（creative ability）的年青讀者恐怕爲數極其有限，你們明夏回到北京之後，應該多花時間設想如何推動教育改革的課題研究，多花時間集會討論，訓練年青一代，「自己思索，自己做主」，如此通過直接對談、直接討論，步步層層產生波浪般的廣大影響，才有實際的啓蒙效果。我最近看了一個關於日本傳統與現代化的電視節目，其中一段涉及明治維新，節目主持人說，明治維新醞釀之時，日本全國的文盲祇有百分之十五。像我這樣的『日本通』，平常也不太想到這一點。日本的經濟成功，顯然與它教育改革的成功很有關係。依我的了解，臺灣經濟社會的迅速發展，也與敎育的成功很有關聯。希望你們多多關注這個問題。」後來金觀濤夫婦與我在費城多次謀面暢談時，我的話題總會轉到大陸的教育問題，提醒金觀濤等「走向未來」的新一代菁英千萬別忘教育改革或「第六個現代化」的迫切性。他們也深表同感共鳴之意。但在中共領導層，究竟有多少人有此見識呢？如果教育改革推動不了，思想文化的發展與學術研究的開放尺度就受極大限制，自然也培養不出更多的優良人材；隨之也大大影響政治體制改革的進度；如果「第五個現代化」完成不了，所謂「四個現代化」也就困難重重，無法順利完成，反有引起一種惡性循環之險，而對「第五個現代化」帶來負面影響。這半年來保守派的東山再起，豈不說明了這個道理？總之，中國文化的本來地盤雖在大陸，除非馬列教條能予袪除，除非「第六個現代化」有所推動踐行，否則關於中國文化繼承課題的任何反思或探討，終究變成紙上談兵，勞而無功。我想，爲此課題憂心如焚的大陸學者都有心照不宣的苦衷吧。

現在再就我們的「此岸」考察，至少有三點難題值得我們注目。第一點是，多年來關於「傳統與現代化」課題的熱烈討論，並沒有帶出極有創新意義的思想與文化雙重的徹底突破，但至少有助於廣大知識份子逐漸了解到，學術研究、思想文化與社會教育等等必須朝着多元開放的方向發展，俾能配合經濟方面的科技資訊化與政治社會方面的自由民主化。此一共識似已無法推翻。問題却是在，多元開放的現代社會與單元簡易的中國文化主流（卽儒家傳統），能否契接或融合？數年前李國鼎先生提倡傳統儒家的「五倫」之外的「第六倫」，卽超越個人與家庭的社會公共道德，也不過曇花一現，早就無影無踪。我們在這裡實有必要徹底檢討儒家傳統的功過成敗，以便超克容易導致泛道德主義偏差的儒家「道德的理想主義」，開拓一條足以適予包容儒道佛三家在內而又富於新時代多元開放精神的中國本位的思想出來。

第二點是，中國文化的一大弱點是在大傳統（精英承繼的哲學）與小傳統（民間流行的宗教）的罅隙太深，深受儒家思想影響的中國知識份子動輒擡高前者而貶低後者，總把宗教視如迷信，對於宗教的了解，遠遠不及印度、日本、韓國、南傳佛敎國家、回敎國家以及歐美澳等各地的耶敎國家，這是十分嚴重的負面文化現象。這些年來由於臺灣經濟的迅速發展，涉及精神需求的宗敎活動也就隨着日益繁盛，而關注宗敎問題的知識份子也日益增加，頗有助於我們重新探討哲學與宗敎的分合關係，以便融合大傳統與小傳統於新時代的中國文化之中，在生命高層（第八、九、十等層面）謀求中國文化的現代化充實與發展。這就涉及如何重新詮釋（re-interpret）儒道佛三家的眞諦，如何重新發現（re-discover）三家各別的宗敎深意，如何重新融貫（re-integrate）生命低層與高層的價值取向等等問題。

第三點是，西學西潮，不論體用，已侵襲並滲透到中國文化之中，這在日日自求（經濟上的）科技資訊化、（政治上的）自由民主化、（學術研究與思想文化上的）多元開放化的當前臺灣，乃是不可否認的事實，此後的大趨勢也必定是如此。問題是在，清末以來的「中體西用」論調所帶有的華夏沙文主義（過度自尊的心理糾結），與另一極端論調「全盤西化」所蘊涵着的崇洋心理（過度的自卑情結）構成一種不易解消的意理病態（ideological sickness）。為了祛除對於中國文化的現代化發展大有阻礙的此一無謂病態，我兩三年來極力主張，我們必須建立「中國本位的中西互為體用」立場，俾能適予超克「中體西用」與「全盤西化」（或所謂「西體中用」）的兩大偏見。⓮「中西互為體用」意味着，中國傳統與西方傳統，不論體用，祇要有價值取向的正面意義，皆可融為一爐，由是傳統以來長久習用的「體用」二辭及其嚴格分辨已無時代意義可言。「中國本位」則意謂，「中西互為體用」的旨趣是在，建立合乎我國國情以及實際需要且具有獨特風格（亦即他國所缺）的現代式本土文化。隣邦日本的成功祕訣，便是在：不斷探索東西方各別文化傳統的體用之中具有普遍性應用意義的正面資糧之後，依照日本本身的國情，適予融合探索所得的這些正面資糧，如此塑造成為徹頭徹尾「土著化」（即本土化）了的現代日本文化傳統，使其充分呈現普遍性（東西方體用之批判的統一）與獨特性（日本本位的特殊風格）之間的微妙結合。當然，這並不等於說，日本已完全解決了它本身的「傳統與現代化」課題。但是，日本文化的包容性、開放性、創新性與獨特性等等優點足資我們虛心觀摩學習；任何主觀偏見或心理糾結祇會遲延或阻礙我們自己的新文化建設工作，必須避免。

這裡我應再加强調，文化傳統的獨特性（如中國本位）與普遍性

⓮ 關於我所云「中國本位的中西互為體用論」，不妨參照拙作〈批判的繼承與創造的發展——關於中國學術文化重建的問答〉、〈儒家思想的時代課題及其解決線索〉、〈中國文化重建課題的哲學省察——從生命的十大層面與價值取向談起〉以及〈科技化資訊社會與價值取向問題〉，皆已收在拙著《批判的繼承與創造的發展》一書。

（中西互爲體用）之間構成一種辯證開放的融通關係，獨特性如被他國欣賞而吸納，就可提升之爲普遍性；而普遍性亦祇有通過特定文化傳統予以具現化，才能顯出它的深意。印度佛教經由長期的吸納與改造，終於形成大乘佛教的最大主流，卽中國大乘佛教思想與文化；西學西潮也在明治維新前後吸納到日本傳統，一百多年來繼續不斷地土著化的結果，多半已經變成現代日本文化傳統的主要成素。總之，依據「中國本位的中西互爲體用」觀點所可形成發展的中國新文化傳統，也應該同時表現它本身的普遍性與獨特性，而使這雙重性格永遠保持一種辯證開放的相互融通關係。以下借用「生命十大層面及其價值取向」模型，提出我對「中國文化往何處去？」這個艱巨課題的初步建議。

首先，構成中國文化核心部分的儒家傳統，必須自我修正泛道德主義的偏差，從單元簡易的自我充足心態解放出來，適予結合「道德的理想主義」簡易信念與多元開放的文化胸襟，而在生命各大層面儘與佛、道二家以及優良可取的西學西潮謀求交流融通，從中發展它本身的新理路出來。記得三年前，沈淸松敎授（現任政大哲學系系主任）聽了我的公開演講〈中國文化重建課題的哲學省察〉錄音內容之後，親自問我：「你所提出的生命十大層面需不需要有一根本原理予以貫通？譬如儒家所說的『良知』之類？」那時我覺得淸松兄的質問很新鮮，祇回答說：「說實話，到目前我祇想出十大層面的模型，倒還沒有考慮到有否需要貫通上下各層的一種根本原理」。今天我可以提出兩個正式的回答：第一個回答是，就各別思想家或具有簡易信念的人們來說，當然可用「良知」等等當做主導原理，但這主導原理的效用意義多半限於主體性範圍，充其量也祇能適用於具有共同信念、信仰的團體或社群這相互主體性脈絡之內，却不可能當做「放諸四海而皆準」的所謂「客觀眞理」。當代新儒家常有混淆道德主體性（儒家本心本性或良知）與客觀性原則，而把儒家形上學當做又主觀又客觀的「絕對眞理」，高高在上，優越於其他思想文化系統。如此自我標榜的泛道德主義必須拋棄，否則儒家的單元簡易信念容易墮爲自我閉鎖的偏狹心態。

第二個回答是，在多元開放的（後）現代社會裡，生命上下各層可有依據共識共認設定而成的各別主導原理，生命各層的主導原理不太可能成爲足以貫通其他九層的根本原理（有如「良知」般的萬靈丹）。同時，在不同的時代或社會，應許新的主導原理取代舊的主導原理，這就造成新的文化型式或傳統。

舉例來說，泛道德主義的偏差改正之後的現代化儒家，雖然仍可保持良知論或道德的理想主義爲第七層面（人倫道德）的主導原理，却已無法像傳統儒家那樣，繼續堅持它爲統攝貫通其他上下九層的根本原理。儒家必須承認「內聖」與「外王」沒有必然關聯，在多元開放的現代社會裡「內聖」應屬第七層面，頂多兼攝第八（實存主體）與第九（終極關懷）層面，「外王」則屬第三（政治社會）層面之事。如用我自創的倫理學名辭予以說明，則內聖乃屬微（小規）模倫理（micro-morality）之事，其範圍僅局限於個人修養、家庭道德、交友之道等等日常具體人格之間的關係；外王則屬巨（大規）模倫理（macro-morality）之事，所關涉的是超越日常各別具體人格的一種（巨大政治社會層面上的）抽象人格之間的關係。處理抽象人格之間的巨模關係所必需的倫理道德，乃是我所說的「規則中心的倫理道德」（rule-centered morality），有別於處理具體人格之間的微模關係所需要的「（個別）行爲中心的倫理道德」（act-centered morality）。在多元開放的現代化政治社會層面，儒家不但應該容忍非良知論的存在事實，更應培養多元開放的思想文化胸襟，承認功利主義、社會契約論等等近代歐洲產生出來的西方非良知論的巨模倫理學說，在外王方面遠較儒家的良知論更有應用實效，故在生命第三層面的價值取向必須取代良知論的「中體」。我們在這個層面不難體會「中國本位的中西互爲體用」意義出來。

又在第五層面（知性探索），儒家必須放棄「德性之知優於聞見之知」，甚至所謂「良知自我坎陷而爲科學知性」等等泛道德主義的知識論（panmoralistic theory of knowledge）。在第七層面採取德性之知優位立場並無妨害，但在第五層面仍要硬加德性之知於純粹知性探索之上，而爲統攝原理，不但牛頭不對馬嘴，反有帶着泛道德主義的有色眼鏡處處干預純粹知性的探索與發展之嫌，必須徹底避免。如此，西方自古代希臘以來所擅長的邏輯、知識論、科學方法、哲學方法論及純屬客觀知性能事的種種學問都可以一一吸納到中國思想文化傳統，經由一番創造的轉化與辯證的綜合，完全本土化爲中國新時代文化的成素。這是「中國本位的中西互爲體用論」的另一應用例證。

儒家學者在第六層面（美感經驗）亦應修正傳統以來的文學藝術泛道德化論調，承認莊子爲首的道家思想與大乘佛教（尤其禪宗），依其「自然無爲」或解放性靈的價值取向，於文學藝術的創造與鑑賞所產生過的深遠影響，實非儒家本身所能企及。現代儒家學者更應吸取日人以其多元開放的文化胸襟消化東西各種優良文藝形式與理論，發展成爲一種日本獨特的審美文化的成功經驗，而去主動設法謀求儒家特有的「爲（道德）人生而藝術」說與他家「爲（自然）人生而藝術」抑或「爲藝術而藝術」（如西方的唯美主義）等等文藝論調之間的綜合，藉以充實儒家本身的美感經驗與審美觀點。我們於此層面又可看到，泛道德主義的偏差修正之後的現代化儒家傳統可能自我發展或自我充實的另一線索。

總之，現代儒家學者如能徹底破除泛道德主義的傳統論調以及自我滿足的過度優越感，再進一步結合簡元簡易的儒家信念（但非「客觀眞理」）與多元開放的文化胸襟，這樣才有希望舖下創造地發展我所云「多層開展式的儒家」（multidimensional, open-ended Confucianism）道路。依此着想，我們不難一一展開多層多面的種種嶄新的儒家理論，諸如儒家的批判理論（Confucianism as a critical theory）、儒家的（規範）倫理學說（Confucianism as an ethical theory）、儒家「道德的宗教」（Confucianism as a moral religion）等是。爲此，我們不得不設法吸納西方的批判理論、詮釋學、倫理學等等進來，予以創造的消化轉化而爲儒家本身的實質內容。以「道德的宗教」爲例，我們可以重新發現原始儒家以來「天命」的深意與蘊涵，重新定立「天命」而爲儒家哲學兩大原則——卽主觀性原則（孟子一系的良知論）與「客觀」性原則（易庸一系的「道德的形上學」）——的宗教性源頭或根基，如此深化儒家的宗敎眞諦，則極有助於我們了解宗敎在第九、第十兩大層面的終極價值取向意義，更可進而探討儒敎（儒家宗敎）與其他世界宗敎（如耶敎、佛敎）之間相互對談、相互衝擊以及相互溝通的宗敎文化課題。

再就中國大乘佛敎說，我們在多元開放的現代化社會裡，亦可期待它在生命各大層面的進一步自我發展或自我轉化。我最近在拙文〈從終極關懷到終極承諾—大乘佛敎的眞諦新探〉，首次提出宗敎所由成立的四大要素，卽⑴終極關懷，⑵終極眞實，⑶終極目標，與⑷終極承諾，且建議說：「佛（宗）敎的本質彰顯極有助於澄清或重新詮釋宗敎一般（religion as such）的現代化意涵。……對於宗敎學（德文係 *Religionswissenschaft*）的學科建立以及超越諸般特定宗敎的『後設宗敎學』（metareligion）的建構，（做爲一大特定宗敎的）佛（宗）敎所能提供的思維靈感可說最多也最適宜，……從學理（宗敎學）的觀點來說，我們確有相當的理據提議，借用佛（宗）敎去重新探討宗敎一般的本質或詮釋宗教一般的眞實意涵」。⓯依此，我們如能進行大乘佛敎與儒家的討談，則依多元開放的文化觀點可以謀求兩者的相輔相成。也就是說，由於儒家「道德的理想主義」衝擊，大乘佛敎必須吸納儒家倫理的正面資糧進來，而在第七層面借用後者來充實本身的不足。同時由於大乘佛敎在宗敎（生死智慧）與形上學（基於超形上學的中道實相而形成的整全的多層遠近觀）所帶來的雙重衝擊，儒家亦應吸取大乘佛敎的理論優點，而在第九、第十兩大層面借用大乘佛敎的宗敎詮釋與哲理探索，來深化儒家本身的「道德的宗敎」與「道德的形上學」。

再者，我在上述拙文亦擧（中國）大乘佛敎的現代化繼承與發展的另一例子，說：「（大乘佛敎）必須跳過『個人苦』的狹小範圍，轉移我們的觀察點到我所云『社會苦』與『人際苦』等群己共苦（co-suffering）的層面，俾能擴充大乘佛敎的終極關懷到政治社會的巨視現象去。……我不但强調『社會苦』、『人際苦』等群己共苦的終極關懷，我更要强調，『一切皆苦』的永恒宗敎意義是在人類實存之有其終限性（finitude）與不够完全的生命條件（imperfect life-condition），包括人非不朽、社會改善永無止境、人非盡善盡美等等之條件。我的意思是說，佛敎原有的『苦』字更可蘊含『個人與社會的現實不可能完善完美』的新義；據此新義，大乘佛敎的終極關懷更能積極正面地具現化爲新時代的菩薩道精神，而大乘佛敎所要探索的終極眞實（眞如佛法），所要達到的終極目標（涅槃解脫），以及所要擔負的終極承諾（誓化衆生），也就隨著附有新義的終極關懷，可以獲得新時代意義的豐富化，充實化與深廣化。」⓰

⓯ 見《當代》雜誌第十一期，頁十七。
⓰ 前揭拙文，頁二十。

上面我引用了拙作中有關佛教「一切皆苦」的現代化重新詮釋的一段，旨在例示（中國）大乘佛教在生命第九、第十層面以下的生命其他各層自我充實的可能性，尤其在政治社會層面大乘佛教必須依其傳統以來的「生死即涅槃」、「煩惱即菩提」等等教義，「隨著時代的前進大大發展大乘佛教本身所亟需的社會倫理或世間道德；如此，大乘佛教的超道德層面（勝義諦）與道德層面（世俗諦）就會形成一體兩面，現代化地具現二諦中道的眞實意義出來。這是所有大乘佛教教徒應該關注的時代課題」。⑰

以上專就儒、佛二家簡要提出我對「中國文化往何處去？」的一些初步建議，旨在促使我們大家共識共認：重新建立足以形成一種群己「共命慧」的中國文化傳統的時代意義。拙文如有稍盡拋磚引玉之功，則於願已足矣！

（一九八七年四月四日晨三時於費城郊外，

原載《文星》雜誌第一〇七期）

---

⑰ 前揭，頁二十五。又參照東吳大學哲學年刊《傳習錄》第五期所載拙論〈中國大乘佛學繼承課題的我見〉。

馮友蘭的學思歷程與生命坎坷

前言

一九八二年七月六日，夏威夷大學東西文化中心舉行大規模的國際性朱子學會議，爲期十天，由年屆八十的陳榮捷先生親自主持，我也應邀參加，宣讀一篇論文。在會上首次見到馮友蘭，年已八十有七，精神尙可，但始終沈默寡言，有點呆滯，由他女兒在旁服侍。輔大校長羅光先生也是主講人之一，會後曾撰文談馮友蘭說：「會議開幕時，他的女兒代他讀他的一篇英文開幕詞，接著我是第一個宣讀論文的。在一週（應說十天）的會議中，我們常見面，但沒有談過話。我看他老態龍鍾，從未有過笑容，我料想他心中必有很深的感觸，只爲他悲哀。當年梁漱溟先生也被邀參加會議，中共沒有允許他出國，因爲梁先生拒絕接受馬克思思想，而不改變自己的思想，梁、馮兩人相比，人格的對照很明顯。若是梁先生那次出來了，我必定會找他領教，表示敬意。」❶

我對馮友蘭也有類似的負面印象。會後回家不久收到哥倫比亞大學

❶ 見羅光著《中國哲學思想史：民國篇》（一九八六年學生書局），頁四〇三。

狄百瑞教授（William Th. de Bary）書函，邀我參加該校頒授馮友蘭名譽博士頭銜的典禮，毫無興趣，藉故推辭。典禮完後，狄百瑞寄些報上消息與照片給我，我看了也提不起興緻。去年（一九八六）四月初，我應邀到中國（大陸）社會科學院訪問講學，也與北京大學哲學系的三位年輕講師暢談學問，又去過北大演講兩次。他們問我想不想見馮友蘭，我立即說：「不必了，他年紀那麼大，恐不太方便；說實話，我自己也沒有甚麼興趣見他。」

其實我對馮友蘭的興趣，不應低到如此程度的。在臺大哲學系讀書時，也曾一度捧讀過他的《中國哲學史》；到了美國之後也因讀了《新理學》、《新原人》、《新原道》、《新知言》等書，而對馮氏懷過極高敬意。那時讀《新知言》而共鳴他對哲學方法論的重視；讀了《新原人》同意他那人生四大境界的主張；讀了《新原道》也佩服他借用《中庸》所云「極高明而道中庸」的哲理顯揚中國哲學的探索精神。我此刻撰此專論馮友蘭的文章，捫心自問爲何如今對他無甚興趣，歸結起來，大致有三點：其一、由於我今天對於中國哲學（史）與大乘佛學已有一套自己的看法想法，故對馮氏的學術成就，已不像當年那麼看好；其二、我對馮氏未能眞正深透中國哲學之爲一種牟宗三先生所倡「生命的學問」而頗感失望；其三、馮氏把握不住「生命的學問」的結果，終於隨波逐流，造成了三十多年來學術與現實雙層生命的坎坷萎縮，更令我感到，他是欠缺眞實本然（true and authentic）的哲學家性格的悲劇人物。

但是，我個人今天對馮友蘭具有負面印象是一回事，肯認他畢生的學術業蹟而予以公平客觀的評價是另一回事，不應有所混淆。馮氏畢竟是那麼多近現代中國學人之中，曾在中國哲學史的領域開拓以及中國傳統哲學思想的再發現與再創造等兩項，留下學術貢獻的寥寥無幾的其中一位。下面進行的種種論評，當然也是預先假定他那不可抹煞的學術地位與貢獻的。拙文分爲上下兩篇，上篇先就馮氏早年的學思歷程做一鳥瞰，而後一一論評他的早期主著，《中國哲學史》、《新理學》、《新原人》、《新原道》、《新知言》等書的優劣成敗所在；下篇則首先評述馮氏晚年轉向馬列主義之後的學術生命與現實生命的雙重坎坷，然後分就他的「抽象繼承法」理論，《中國哲學史新編》的初寫重寫，以及文革之前之後的其他長篇短論，予以概括性的論評，結論部分則暗示超越馮友蘭等老前輩的一條未來中國哲學路向。

早年的學思歷程
（一八九五～一九四九）

馮友蘭的自傳《三松堂自序》書稿，一九八一年完成，三年之後北京三聯書店甫一出版，即告售罄，不易購得，臺灣更難看到。馮氏自序此書云：「本書所及之時代，起自十九世紀九十年代，迄於二十世紀八十年代，爲中國歷史急劇發展之時代，其波瀾之壯闊，變化之奇詭，爲前史所未有。書於其間，懷往思，述舊聞，懷古人，望來者。……揆之舊例，名曰《自序》。非一書之序，乃余以前著作之總序也。世之知人論世，知我罪我者，以觀覽焉。『三松堂』者，北京大學燕南園之一眷屬宿舍也，余家寓此凡三十年矣。庭中有三松，撫而盤桓，較淵明猶多其二焉。……書中所記，有歷歷在目，宛如昨日者，而俯仰之間，已爲陳迹，余亦屆耄耋，耳目喪其聰明，爲書幾不成字。除四、五、六章外，皆余口述。」以下大體依循馮氏此書，扼要描敍他前半生的學思歷程。

一八九五年十二月四日，馮氏生在河南省唐河縣祁儀鎭祖父的家裡。在祖父教育下，父親成了光緒戊戌（一八九八）科進士，伯父、叔父都是秀才；馮氏一家就成爲當地的書香之家，進入了「耕讀傳家」的行列。馮氏自七歲起，就讀《三字經》、《四書》、(朱子)《四書集注》、(黃宗羲)《明夷待訪錄》等書，十六歲時被河南省選拔，到上海讀中國公學，四年之後畢業，就在上海考進北京大學。當時北大的文科共分四門，卽中國哲學、中國文學、中國歷史和英文，馮氏自選了中國哲學門。

馮友蘭進北大哲學系的原先目的是攻讀西方哲學，但該系的三門之中印度哲學門根本沒人提，西方哲學門祇有名叫周慕西的敎授，不久就去世，所以也開不成，祇好學習中國哲學。中國哲學分爲三門：中國哲學史（攻兩年)、諸子學與宋學（卽宋明哲學史)。除此三門之外，還有些專家專題等課。講中國哲學史的那位敎授（馮氏沒有指名)，從三皇五帝講起，半年才講到周公，學生問他何時可以講完，他說：「無所謂講完講不完。若說講完，一句話可以講完。若說講不完，那就永遠講不完。」馮氏不過簡述如此，未加褒貶，但讀者不難想像，他對這位敎授一定大有反感。六〇年代我自己在臺大哲學系講授西洋哲學史三年有半，第一學期講完古代中世哲學史，第二學期也得講完整部近代哲學史，直至黑格爾爲止。我那現已九版的舊著《西洋哲學史》(三民書局)，所根據的就是當時的敎學經驗。今天海內外學術界大肆活躍的一些敎授學者，如石元康、蔡美麗、楊惠南、古正美、郭文夫、郭美渝、蔡信安、王曉波等位，都曾先後上過此課，如果我像馮氏所描敍的那位敎授，半年才講到蘇格拉底，這一批年輕一代的名流將來寫自傳時，恐怕筆下不會留情。我無意「標榜」自己，祇是藉此說說，馮氏當年的北大哲學系，除了「來去自由」的輕鬆氛圍之外，無甚可取之處，至少比我們臺大哲學系差得多。大家不難想見，當年名震全國的北大哲學系，也不過爾爾。俗諺有云「長江後浪推前浪」，學術發展的趨勢確是如此，也應該如此。

馮友蘭三年級時（一九一七），胡適來了北大，給一年級講中國哲學史，發的講義是《中國哲學史大綱》。給馮友蘭等三年級講授中國哲學史的上述那位教授，拿了一份胡適的講義到課堂，笑不可抑地說：「我說胡適不通，果然就是不通，只看他的講義的名稱，就知道他不通。哲學史本來就是哲學的大綱，說中國哲學史大綱，豈不成了大綱的大綱了嗎？」馮氏在這裡爲胡適辯護說，當時的老學究根本看不出哲學與哲學史的分別，「也許有一種哲學，用一句話就可以講完，如果照禪宗的說法，不說話，一句話都不說，倒是可以把它的全部哲學講完。……哲學史是寫出來的歷史，可以寫得詳細一點，也可以寫得簡略一點。無論詳細或簡略，它都不是哲學的大綱。」（《自序》頁二〇〇）

一九一九年馮友蘭考上了公費留學，到哥倫比亞大學哲學研究所攻讀學位，算是他哲學活動的眞正開始。他的英文處女作是在該所討論課上讀過的論文，題爲〈中國爲何無科學——對於中國哲學之歷史及其結果之一解釋〉，發表在《國際倫理學雜誌》（一九二二年四月）。一九二三年寫成博士論文《天人損益論》，翌年由上海商務印書館出版，書名改成《人生理想之比較研究》。三年之後又改寫成爲中文書稿，題名《人生哲學》，也由該館出版。《人生哲學》是由《天人損益論》與《一個新人生觀》（卽《天人損益論》外新加的兩章）合成。馮氏自評後者說：「它用的是雜家的方法，成爲雜家之言，沒有一個一貫的論點，也沒有一個一貫的中心思想，只是東拉西扯，拼湊而成。」（《自序》頁二一二）其實整部《人生哲學》的論點都太粗糙，今天已無可讀的價值。

馮友蘭自認他在三十年代的主要工作，就是《中國哲學史》的上下兩卷。馮氏提到，當時可讀的中國哲學史書，僅有胡適的《大綱》（祇有上卷，終未完成），並引蔡元培的話說，寫中國古代哲學史有兩層難處，一是材料，一是方法，胡適的《大綱》是一項學術突破。馮氏自己在一九二三——一九二六這幾年間的主觀願望是介紹西方哲學，但在外國的客觀機緣使他作了一些向西方介紹中國文化的工作，最後歸到中國哲學史的研究與著述。這個最後的機緣是一九二七年他在燕京所擔任的中國哲學史課程講授，如此沈潛於中國哲學史的研究工作，前後五十年，直至今日，不得不說成績斐然。他比較胡適的《大綱》與他的《中國哲學史》之間，有一基本的不同，就是「漢學」與「宋學」的不同。馮氏自謂:「他（胡適）的書既有漢學的長處又有漢學的短處。長處是，對於文字的考證、訓詁比較詳細，短處是，對於文字所表的義理的了解，體會比較膚淺。……我的《中國哲學史》在對於各家的哲學思想的了解和體會這一方面講得比較多。……哲學的眞理，只有從自然、社會、人生中直接觀察體會出來。以這個意義說，無論『漢學』或『宋學』，都不是研究哲學的最好方法。」（《自序》頁二二三至二二四）馮氏一九二九年完成上册（子學時代），先行出版；到一九三四年下册（經學時代）完成之後，上下兩册都由商務印書館印行。全書出版後，他又繼續研究子學起源的問題，寫了〈原儒墨〉、〈原儒墨補〉、〈原名法陰陽道德〉、〈原雜家〉等篇，在《清華學報》發表，後又收在《中國哲學史補》一書。

中國哲學史的研究與著述，代表了哲學史家的馮友蘭；具有思想創造雄心的哲學家的他，則由他在抗戰期間顚沛流離將近十年的艱苦生活中逐步寫成的「貞元之際所著書」，亦卽《貞元六書》所代表。這六部書是:《新理學》（一九三九年出版），《新事論》（一九四〇年），《新世訓》（一九四〇年），《新原人》（一九四三年），《新原道》（一九四四年）與《新知言》（一九四六）。馮氏自云:「顚沛流離並沒有妨礙我寫作。民族的興亡與歷史的變化，倒是給我許多啓示和激發。沒有這些啓示和激發，書是寫不出來的。卽使寫出來，也不是這個樣子。這六部書，實際上只是一部書，分爲六個章節。這一部書的主要內容，是對於中華民族的傳統精神生活的反思。……但是這些都還是外因，外因通過內因而起作用。內因就是我自己的主觀志願和興趣。在我的《中國哲學史》完成以後，我的興趣就由研究哲學史轉移到哲學創作。哲學方面的創作總是憑藉於過去的思想資料，研究哲學史和哲學創作是不能截然分開的。不過還是有不同。哲學史的重點是要說明以前的人對於某一哲學問題是怎樣說的；哲學創作是要說明自己對於某一哲學問題是怎麼想的。自己怎麼想，總要以前人怎麼說爲思想資料，但也總要有所不同。這個不同，就是我在《新理學》中所說的『照著講』和『接著講』的不同。」(《自序》頁二四五至二四六)

馮氏自承，抗戰期間的顚沛流離反而激發了他對中國思想與文化的哲學性反思，反而助長了他那哲學生命的開發。如與文革期間充當四人幫御用學者的他自己相比，四〇年代壯年的馮友蘭倒是表現了一股相當強烈的生命韌性，足以令人肅然起敬。記得二十多年前在夏威夷大學就學時，有一天閱讀《新原人》，不但被最後一章〈死生〉所描敍的天地境界所迷住，也受該書〈自序〉的下列一段大大感動：「『爲天地立心，爲生民立命，爲往聖繼絕學，爲萬世開太平。』此哲學家（張載語）所應自期許者也。況我國家民族，値貞元之會，當絕續之交，通天人之際，達古今之變，明內聖外王之道者，豈可不盡所欲言，以爲我國家致太平，我億兆安心立命之用乎？雖不能至，心嚮往之。非曰能之，願學焉。此新理學，新事論，新世訓，及此書所由作也。……其引古人之言，不過以與我今日之見相印證，所謂六經注我，非我注六經也。」我卻不知，今天由於工商愈發達而愈顯「經濟第一，金錢至上」等等精神危機跡象的臺灣社會，究有多少青年子弟讀及馮氏此語，仍會引起內心的激動？

《新理學》是整部《貞元六書》的哲學體系總綱，展開馮友蘭承繼程朱理學而建立的一種新實在論的形上學，《新事論》則是該書實際應用的一個例證；所謂「事」，就是「理在事中」意義的「事」，「事論」是對於理學而言。馮氏這時稍受馬克思主義的影響，故在《新事論》中强調發展生產力的重要，外表上似亦贊成清末洋務派的「中學爲體，西學爲用」的主張。但他自我澄淸說：「我是主張體用不分的，有什麼體就有什麼用，有什麼用就可以知道它有什麼體。如果要用中國哲學中所謂體、用那一對範疇說，我認爲，在一個社會類型中，生產力等經濟基礎是體，政治、文化等上層建築是用。體要改了，用會跟著改的。所謂跟著改，並不是說不需要人的努力，人的努力是需要的。」（《自序》頁二五八）

《新世訓》則是馮友蘭在開明書店的刊物《中學生》上連載過的，有關青年修養這一類的文章所集成，馮氏自承這部書所講的主要是一種處世術，境界不高，哲理不强，「無可值得回憶」云云。抗戰後期，他在《思想與時代》這個刊物也陸續寫了十篇，多半關涉到人之所以爲人的道理，集成書時，題名《新原人》。馮氏自己說明，《新理學》講自然，《新事論》講社會，《新原人》講人生；三者合起來，構成哲學探索的三大部分。

抗戰快要結束之前，當時的國立編譯館約馮友蘭寫一本簡明的《中國哲學史》，以便向國外宣揚中國思想與文化。馮氏就以「極高明而道中庸」爲綱索，說明中國哲學的主要精神以及發展趨勢，稿成以後，書題《新原道》，副題《中國哲學之精神》。馮氏的《中國哲學史》由賓州大學的卜德教授（Derk Bodde）譯爲英文，普林斯頓大學出版社印行，馮氏因此而贏得國際聲名。牛津大學的講師休斯（E. R. Hughes）也英譯了《新原道》，以副題在倫敦出版。此書英譯不太高明，遠不及卜德的英譯功力。

《貞元六書》的最後一部是《新知言》，講的是哲學的方法論。馮氏撰寫此書的直接動因，是爲了說明《新理學》和維也納學派的基本殊異。馮氏回憶說，一九三四年他去英國時在劍橋大學講演，見到維根斯坦（Ludwig Wittgenstein），談及有關「不可思議、不可言說」的弔詭問題。不過維也納學派把哲學當成一種語言或科學方法論的問題，馮氏自己則認爲他的「新理學」講的是哲學本身。由於有人誤解他說，「新理學」與維也納學派的語言分析之類沒有兩樣，爲了澄淸自己的哲學與方法論立場，就寫成了《新知言》。此書在抗戰結束之後不久印行，馮氏加一簡短的自序，云：「《新原道》述中國哲學之主流，以見新理學在中國哲學中之地位。此書論新理學之方法，由其方法，亦可見新理學在現代世界哲學中之地位。承百代之流，而會乎當今之變，新理學繼開之蹟，於玆顯矣。……「新理學」之純哲學底系統，將以《新理學》、《新原人》、《新原道》，及此書，爲其骨幹。《新理學》脫稿於南渡途中。此書付印於北返道上，亦可紀已。」

一九四六年秋季，馮友蘭應邀到賓州大學講授中國哲學史課一年，講稿後由卜德教授整理，交由紐約的麥克米倫公司出版，在美國學府常使用爲教科書，也有法、意、日文等譯本，至於中文譯本，遲至一九八五年才由馮氏自己的學生涂又光完成，北京大學出版社出版。我手邊亦有一册，發現譯文相當暢達，可能經過馮氏親自審閱。此部《簡史》，以及《新原道》，對於（中國）哲學史概念的把握，强過《中國哲學史》，很値得在臺北翻印流通。

《中國哲學史》的優劣評價

馮友蘭的《中國哲學史》確是繼胡適的《中國哲學史大綱》之後的一大突破，且超過了後者的成就，大致說來，共有下列幾個優點。

第一，《大綱》兼顧考證與訓詁，馮氏的《中哲史》也一樣顧到，譬如《老子》的年代問題，馮、胡都有各自獨特的見解，《中哲史》上卷出版之後，馮氏一直與胡適對辯，堅持《老子》一書乃孟子之後的作品，非老聃之書。《老子》的成書年代，迄無定論，一九七三年十二月長沙馬王堆三號漢墓出土的帛書本算是現存的最古版本，但仍無法供給我們徹底解決年代問題的可靠線索。馮氏的論點直到今天仍有不少學者表示同意，至少認定《老子》是戰國時代的作品，推許胡適假說的似已不多見。無論如何，馮氏大著的出現引發舊案重提，足證馮氏對於考據之學所下的功夫比胡適有過之無不及。❷

第二，《大綱》的一大特色是，對於古代邏輯（如名家、《墨辯》、荀子名學等）闡釋甚多，功不可沒。馮氏承繼此路，也在《中哲史》花費不少篇幅討論名家（共三十八頁）與《墨經》（共四十二頁），篇幅超過孟子（共二十八頁）與老子（共二十九頁）的兩章，且有他的獨到見解，不在胡適之下。馮氏《三松堂自序》提及《中哲史》的內容時，自謂有兩點「都是發先人之所未發，而後來也不能改變的」。第一點是，他首次發現，先秦辯者之學其實分爲兩派，即主張「合同異」的惠施一

---

❷ 羅根澤在他〈老子及老子書的問題〉開頭便說：「老子和《老子》書之眞僞及年代問題，幾年以前，因爲梁任公先生在〈評胡適之中國哲學史大綱〉一文中的提出，引出了不少的討論的文字。二三年來，似稍沈寂了。去年夏又因爲馮芝生先生的《中國哲學史》大著而舊案重提，……。」見《古史辨》第四册，頁四四九。

派與主張「離堅白」的公孫龍一派，這一點連注重名家的胡適也看不出來。

第三，馮氏在《自序》中對於《中哲史》的成就表示自豪的第二點是，他推翻了朱子以來統稱程顥和程頤兩兄弟爲「程門」，而將兩者的哲學思想看成完全一致的傳統「定論」，認爲「明道（程顥）乃以後心學之先驅，而伊川（程頤）乃以後理學之先驅也。兄弟二人開一代思想之二大派，亦可謂罕有者矣」。明道是否陸王心學的先驅，有待商榷，但馮氏明予分辨程氏兄弟的思想殊異，確已成爲學術定論，無由推翻，可見馮氏對於程朱哲學（卽程頤、朱子二人的「性卽理」說）下過極深的工夫，後來更進一步承繼程朱理路，試予建立「新理學」的新實在論體系，容後討論。

第四，誠如金岳霖《中哲史》〈審查報告〉所說，胡適的《大綱》是根據他已有的哲學成見而寫，「胡先生於不知不覺間所流露出來的成見，是多數美國人的成見（卽實用主義的偏向)。……哲學要成見，而哲學史不要成見。」金岳霖接著又說，馮友蘭的思想傾向於實在主義（卽新實在論)，「但他沒有以實在主義的觀點去批評中國固有的哲學。因其如此，他對於古人的思想未必贊成，而竟能如陳（寅恪）先生所云:『神遊冥想與立說之古人處於同一境界』。」金岳霖對於馮、胡二位所作的評斷，是相當公允的。

第五，馮氏對於取材，態度嚴謹，儘予排除欠乏「義理」（卽實質性的哲學理趣）的一般思想資料，依據西方傳統以來的哲學三分法（宇宙論、人生論、知識論）去處理中國「義理之學」，多少學到了西方哲學史家對於「哲學」概念的把握。馮氏在〈緖論〉中承認中國哲學的一大弱點是，知識論（以及邏輯）未獲發展，遠非西方之比。他又承認，中國哲學的表達缺少「方法組織」，但加以辯護說:「中國哲學家之哲學之形式上的系統，雖不如西洋哲學家；但實質上的系統，則同有也。講哲學史之一要義，即是要在形式上無系統之哲學中，找出其實質的系統。」馮氏於此能予分別形式系統與實質系統，且能認定中國「義理之學」確是至少具有實質系統的一種哲學，理據頗爲充分，故能取材嚴謹，專顧「義理」，而對「中國哲學史」這一門的現代化拓展，極盡開導示範之功。

第六，胡適的《大綱》沒有完成，後來書名改爲《中國古代哲學史》，而胡適本人也無繼續深化中國哲學史研究的能耐，終獲「上卷先生」的綽號。據說胡適所以無法寫完《大綱》，乃是由於他消化不了大乘佛學，不得已「改行」，去做禪宗史考證之類的輕易工作。相比之下，馮氏的《中哲史》始於孔子，終於清末康有爲、廖平等人的今文經學，乃是我國第一部完完整整的中國哲學史書。換句話說，馮氏在中國學術界是眞正具有「哲學史家」資格的第一人。

第七，馮氏撰寫《中哲史》時多少注意到了方法論的問題，故極力避免直覺、頓悟、神秘經驗等等超越方法論的所謂「不可說，不可說」，與出於嚴刻理智態度的哲學方法之間的混淆；且在書中偶作一種語意分析，這在三〇年代算是難能可貴的。譬如他對「天」字分出五義，即物質之天、主宰之天、運命之天、自然之天以及義理之天，可見他那時已多少學到了西方的「哲學分析」(philosophical analysis) 方法。遺憾的是，他的分析功能沒有發揮殆盡，否則當他討論老子的「道」字或先秦以來儒家慣用的「心」、「性」等字之時，應可隨處發現並析出此類字辭在各種語言表達脈絡(contexts)裡所具有著的層面涵義(dimensional meanings) 或義理蘊含 (philosophical implications)。無論如何，我個人就從馮氏偶爾試過的語意分析獲取不少思維靈感。最近在拙作〈儒家思想的時代課題及其解決線索〉說過：「馮友蘭在《中國哲學史》

曾提出過『天』的五義，這恐怕是戰前中國學者對於『天』字所試最詳細的語意分析。以馮氏五義爲初步參考，我認爲『天』字應有下列六義：⑴天地之天；⑵天然之天；⑶皇天之天；⑷天命之天；⑸天道之天；以及⑹天理之天。除具有蒼天、蒼穹等物質意義的『天地之天』外，其他五義如果聯貫起來，可以大致說明原始宗教信仰漸成早期儒家的初步形上學思想，而終又形成徹底哲理化的宋明理學的整個儒家形上學發展歷程的來龍去脈。」❸我相信，我所析出的「天」之六義不但比馮氏原來的五義更加緊密而富於更多層面涵義與義理蘊含，且可用來適予說明早期儒家到宋明理學的思想賡續性與聯貫性，應比馮氏的五義更有哲學史概念的把握意義。我卻不得不承認，馮氏在《中哲史》析出的五義是我思維靈感的源頭。我想，仔細讀過《中哲史》的不少學者也像我一樣，從它獲取過各自所需的研究心得或思維靈感吧。《中哲史》雖在今天已顯過時，但其開拓哲學史研究之功是大家應予公認的。

以上專就《中哲史》的優點擧其犖犖大者，但我們不能否認，唐君毅、牟宗三等前輩極有份量的哲學（史）著作一一問世之後，此書多半變成祇具歷史價値的「古書」，隨著時代會逐漸失其啓迪作用。這就自然涉及它的學術缺點或局限性，下面我也擧出其中比較重要顯明的幾點。

第一，馮氏雖注意到哲學（史）的方法論問題，而分辨了直覺的、反理智的傳統辦法與嚴刻理智的哲學方法，但他不僅過份偏重邏輯及科學方法，更且等同了科學方法與哲學方法，故常導致科學與哲學之間的概念混淆，對他的哲學史研究產生了負面影響。馮氏在〈緒論〉就說：

---

❸ 見拙著《批判的繼承與創造的發展》（一九八六年東大圖書公司），頁三十五。

「反對邏輯及科學方法者，其言論仍須依邏輯及科學方法。以此之故，吾人雖承認直覺等之價値，而不承認其爲哲學方法。科學方法，卽是哲學方法，與吾人普通思想之方法，亦僅有程度上的差異，無種類上的差異。」邏輯實證論者爲例的不少西方哲學家，動輒偏重（自然）科學的客觀眞理性爲哲學研究的理想典範，終於產生種種無謂的思想葛藤或死結，馮氏自己也似乎不知不覺地掉入科學主義的理論陷穽而難於自拔。今天已經受過西方結構主義、詮釋學、現象學、批判理論等等方法論訓練的新一代哲學工作者，當可立卽看出馮氏撰寫《中哲史》的方法論限制。

第二，馮氏强調論證證明在哲學研究的重要性，也同時主張，哲學史家須從籠籠統統的傳統中國哲學思想「找出其實質的系統」，以便見出哲學思維或義理推演的論理程序。譬如他在討論老子的一章，特別加一附註說明他的論介步驟爲何合理，說：「按一哲學系統之各部分之發生的程序，與其邏輯的程序，不必相同。本章敍述《老子》哲學，注重於其邏輯的程序。故先述其所謂道、德；次述其所謂反、復。但若就《老子》哲學之發生的程序說，則或《老子》之作者，先有見於『法令滋彰，盜賊多有』等反、復之事實，乃歸納爲所謂反、復之理論也。」（上卷，頁二三〇）對於散漫籠統祇具實質系統的（中國傳統）哲學思想，確實需要一番重新建構（reconstruct）原有資料或思想內容的詮釋學步驟，就這一點說，馮氏上述的自我說明是有理據的。問題是在，他對自己的主張不是一知半解，就是沒有貫徹到底，因此處理其他各家各派，就沒有照其主張重新安排思想內容的邏輯程序，祇不過舖陳了事，根本忽略義理展開的層次問題。擧例來說，他對孟子哲學的討論始於政治經濟思想，次及性善，然後及於反墨家的功利主義，最後以「知天盡性」及浩然之氣結束，旣無邏輯程序的考慮，亦無重新建構孟子哲學的詮釋學功夫，令人失望。但在戰後出版的《簡史》，馮氏卻能依照性善論、倫理說、政治哲學、精神修養論的邏輯程序一一推演孟子的義理出來，前後相比，顯然證明了《簡史》遠較《中哲史》成功。撰完《中哲史》的馮友蘭那時才三十五歲，他的哲學史訓練似仍不够嚴密，而他的方法論頭腦也還未完全成熟。我在俄亥俄大學與天普大學前後用過《中哲史》與《簡史》多次，當做教材，始終認爲前者不及後者，平實有餘，創意不足。

第三，馮氏《中哲史》的體裁，據他自云，兼用敍述式的（西方學者所擅長）與選錄式的（傳統中國學者所慣用）兩種，因此書中討論各家各派，選錄（即原典直引）與作者的敍述（即哲學史家的詮釋）參半，成爲不中不西的奇妙著作。《中哲史》上卷出版不久，史學家張蔭麟就評其缺點有二，其中一點，「是直用原料的地方太多，其中有好些應當移到附注或附錄裡去，（例如書中講尹文、宋牼，講彭蒙、田駢、愼到，皆首先把所有的材料盡量羅列起來，然後解說，這似乎是不很好的體例）。有好些若非用自己的話來替代或夾輔，則普通讀者不容易得到要領的。」❹我不但同意張氏的批評，更且認爲馮氏搬引原典過多，不是表示哲學史家詮釋上的懶惰，就是證明他自己沒有完全消化原典，既無原有思想的再發現亦無再建構的詮釋與功力，遑論發掘我（依「創造的詮釋學」）所云「原有思想（表面結構底下）的深層結構」了。我對馮氏一類的著述方式曾經評謂：「老一輩的中國學者由於受過西學西潮的某些影響，故在他們的論著較能克服傳統儒家『重行（實踐）輕知（理論）』的單元簡易心態，但與現代西方學者比較起來，在哲理推演與論證程序的理論工夫仍相差太遠，仍脫離不了傳統以來註釋體裁的寫

❹ 見馮友蘭《中國哲學史補》，頁一三〇。

作方式，個人的理論突破與哲學創造極其有限。最典型的實例是馮友蘭早年出版的《中國哲學史》，自始至終祇不過是大量的引經據典與被動的註解式點滴說明而已，有如哲學資料選輯與原典註釋的湊合。」❺馮氏一類的著述方式直到今天還很普遍流行，孔子以來所謂「述而不作」或「我註六經」的傳統毛病似難祛除。如要祛除此類毛病，我們必須認眞進行詮釋學的反思，好好打出以詮釋學爲主的一條中國哲學方法論出來，這是中國學術與思想往前發展的必要進路。

第四，我雖說過，馮氏取材相當嚴謹，非有義理份量的（卽非哲學性的）思想儘予排除；但他對於哲學家及其義理的輕重取捨沒有一定標準，處處難免自己的主觀先入之見，就取材言，可說優劣參半，不够理想。專就宋明理學而言，馮氏對於程朱以及邵雍等人的討論相當精細，對於明代心學則敍述粗略，很不對稱。又就淸初的幾位大家言，偏重顏元、李塨與戴震的思想，論介甚細，卻於黃宗羲未提一字，而於王船山亦無系統的敍述，寥寥兩三段而已，且泰半係原典直引，令人懷疑馮氏未曾精研宗羲、船山之學。

第五，外表上看，馮氏花費一百四十頁討論中國佛學的形成與發展，應該算是一大優點，但如細察，不難發現敗筆甚多，取材粗雜而無重心，證明馮氏並未深透佛學，祇停留在粗嘗的階段。他討論唯識法相宗最詳，但該宗的某些要義（如百法及有爲法與無爲法之分）竟付闕如，也未適予詮釋三性與三無性的義理關係。他對承繼印度空宗與中國般若學而建立三論宗的吉藏，祇費四頁草草了事，其中一大半也是原典直引而已。馮氏論介華嚴思想，祇以法藏的短篇《金獅子章》爲綱領，完全忽略四法界觀；明知《大乘止觀法門》（相傳爲天台二祖慧思之作）

---

❺ 見前揭《批判的繼承與創造的發展》，頁三三。

有古來眞僞之論，卻以此爲準，亂談天台，對於天台大師智顗的作品（如《法華玄義》、《法華文句》與《摩訶止觀》）與思想則隻字未提，宋代天台宗的山家、山外之諍乃至明末藕益大師的天台思想也不在討論之列。更荒謬的是，馮氏未曾分辨華嚴（眞心觀的性起門）與天台（妄心觀的性具門）的根本殊異，而輕易斷言:「若依華嚴天台二宗所說，則一切皆眞心所現；一一事物，皆眞心之全體所現」（頁七七〇至七七一），完全違背哲學史家的客觀態度，馮氏論點的幼稚令人慨嘆。最無可理喻的是，判敎（敎相判釋）是整個中國大乘佛學的義理重點之一（如天台的五時八敎之說或華嚴的五敎十宗說），馮氏竟不予論說，卻謂「敎雖有殊，而不礙佛敎眞理之爲唯一。此等主張及關於此等主張之辯論，不甚有哲學的興趣，故不多論及之。」（頁六九五）馮氏《中哲史》下卷出版之後，一般中國學者輕視胡適爲「上卷先生」（未諳佛學之故），而讚賞馮氏「貫通」佛學，故能順利完成大著。大家如能重新審閱《中哲史》的佛學部分，當可點頭同意，我的負面評價決不是無謂苛評，而是點出了我國當時佛學研究的淺陋程度，與鄰邦日本相比，祇令我們自己羞慚罷了。事實上，直到今天我們的佛學研究並沒有改善很多。陽明云:「拋卻自家無盡藏，沿門持鉢效貧兒。」難道我們在中國佛敎思想（史）的研究，永遠有如「貧兒」，要向日本佛敎學者求敎嗎？

《中哲史》還有其他缺點，如討論程伊川的哲學，沒有提到他的名著《程氏易傳》；論介孟子人性論，沒有涉及惡的起源問題；詮釋程朱的理氣論，牽强附會古希臘哲學，輕言「太極卽如柏拉圖所謂好之概念，亞理斯多德所謂上帝也」（頁八九九），妄作比較等等，不勝枚擧。其中關涉哲學史概念的最大缺點是，馮氏未能好好處理前哲後哲的思想關聯或賡續性線索，與西方著名的哲學史家（如文得爾班）相比，功力差得太遠，足證馮氏在美國所學到的哲學方法論多半限於維也納學派的哲學分析與實在論之類，根本沒有好好鑽研過歐洲（尤其德國）的第一流哲學史著作或詮釋學方面的書籍，充分暴露我國當時的學術水平。現在且讓我們看看，馮氏從中國哲學史的研究轉向哲學思想的繼往開來工作所獲致的心得與成就，究竟是甚麼。

《新理學》體系的建構嘗試

《新理學》是馮友蘭所著《貞元六書》之中的第一部，是他自己哲學思想的體系總綱，可以規定之為一種偏向新實在論（neo-realism）的形上學，充分表現他的抽象思辯才能，足證他是道地的哲學家，遠非較重「實用」的胡適所可比擬。馮氏自謂「新理學」此辭具有兩個涵義，一指一九三九年所出的《新理學》這部書，另一則指他在四〇年代所有的整個哲學思想體系，亦即指謂《貞元六書》的整個內容。

撰著《貞元六書》的當時，馮氏認為哲學乃是對於人類精神生活的反思，範圍包括自然、社會與個人。在傳統的中國哲學，「天」、「人」與「天人之際」分別表示自然、群己（社會與個人）以及人與自然的關係。《新理學》所講的，多半關涉自然，故屬形上學的思辯，兼有本體論與宇宙論兩面，「乃自純思之觀點，對於（自然界的人類實際）經驗作理智底分析、總括、及解釋，而又以名言說出之者」（該書頁四）。馮氏承接程朱的理氣形上學觀點，借用西方哲學家所擅長的邏輯分析法，重新建構程朱理學之為一種新實在論意義的所謂「新理學」，在該書各章，對於程朱以來的哲學概念，諸如理、太極、氣、兩儀、四象、道、天道、性、心、道德、人道、勢、義理、鬼神、聖人等辭，予以一種邏輯的分析與釐清，藉此提升原來祇具「實質系統」的傳統中國哲學思想到更具高度「形式系統」（亦即更具西方式抽象思辯性與論理層序性）

的純粹哲學，使有別於非哲學性的一般思想。

依我的了解，馮氏所以分清形式的系統與實質的系統，所以偏重先秦名家（如公孫龍）與（義理特强的）程朱理學，所以好用西方流行的邏輯分析法，所以嘗試「新理學」體系的建構，乃是由於他內心裡十分痛感中國傳統思想（至少在外表上）缺乏高度的哲學性，實需一番方法論的以及詮釋學的「現代化」或「西方式」改造的緣故。專就他日日關心如何提高中國思想的「哲學性」這一點哲學宏願言，我是相當同情而不敢厚非的，因爲我自己轉向佛學與中國哲學研究之前，也長期沈潛於西方哲學的訓練，一直抱有類似的看法，可說「英雄所見略同」。我也說過，「專就以儒道佛三家爲主的中國哲學所具有的內在問題而言，不能不說中國哲學的『哲學性』確實不足，有待批判的檢討。中國哲學當然有相當豐富的哲學資料，如果好好挖出其中深意（內在蘊含），則不難看出，中國哲學在形上學、宗教哲學、心性論、倫理論、美學、語言哲學等方面足與西方哲學互相抗衡，且有時較後者殊勝之處。但是，傳統的中國哲學家多半以被動保守的注釋家姿態去作哲學思維，又因急於提出實踐性的結論，動輒忽略哲學思維的程序展現與哲學立場的證立工夫，而以生命體驗與個人直觀的籠統方式表達哲學與宗教分際曖昧的思想，難怪『哲學性』大大減低。其他如中國傳統語言的過份美化，邏輯思考的薄弱，知識論的奇缺，高層次的方法論工夫之不足，德性之知的偏重與見聞之知的貶低等等，都是構成中國哲學缺少高度哲學性的主要因素。」❻問題是在：我們爲了提高中國思想的哲學性，也同時爲了顯揚它的獨特殊勝之處，到底應該借用或吸納西方哲學的那些方法論與詮釋學，才能達到這兩項目的呢？馮氏「新理學」的建構嘗試所以停頓在初

❻ 見前揭拙著，頁十一至十二。

步階段，終告流產，而後來亦無有學者願意繼承並發展他的理路，乃是由於他自己從未眞正抓到以儒釋道三家爲主的中國傳統思想獨特的「生命的學問」本質，反誤用了純抽象形式化的西方名學，以及柏拉圖、亞理斯多德以來西方那一套實在論的形上學觀點（不論新舊）的結果。當年我也曾有一度迷上了「新理學」一類的形式系統而不自知，後來還是因爲自下苦功，日日習讀唐、牟等老前輩的新儒家著作，以及傾心探索大乘佛學的眞諦而稍有心得之後，才從所謂「客觀眞理」爲典範的西方哲學思維模式解放了自己的。中國形上學既非科學，亦非邏輯分析之能事，實與「客觀眞理」毫不相干，而是隨著心性向上向下轉移的開放性哲理；中國形上學所具有的相互主體性意義的道理強制性完全來自觀點的高超或見識的深遠，可以說是我們日常種種生命體驗的層層深化所形成，卻與是非對錯的邏輯判斷或抽象形式的理性思辯毫不關涉。馮氏「新理學」的建構嘗試終歸失敗，根本理由即在於此。

馮氏在《新理學》中處處比照他的新實在論與公孫龍的名學、程朱理學以及西方柏拉圖以來的實在形上學理論，認爲具有純客觀性的抽象概念，思想就更有「哲學性」。我們不妨舉些馮氏之語做爲例示:

(1)每類物所同有之性，我們可將其離開此類之實際底物而單獨思之。在中國哲學史中，公孫龍最先注意此點。（頁四十一）

(2)我們所謂形上形下，相當於西洋哲學中所謂抽象具體。（頁四十六）

(3)我們此所説形上形下之分，純是邏輯底，並不是價值底。……我們對於感覺之對象，事事物物，加以理智底分析，因而知形而上者。對於事物之分析，可以説是「格物」。因對於事物之分析，而知形上，可以説是「形上」。（頁四十七）

(4)一類之理涵蘊其共類之理。就一共類之各別類說，各別類皆屬於共類，而又各有其所以為別類者，此一共類中諸別類之關係，亦可說是理一分殊。(頁五十九)

(5)我們的主張，可以說是純客觀論。……中國的舊日底理學，亦是純客觀論。中國人的精神，為舊日理學所陶養者，亦是純客觀底。(頁四十四)

(6)在我們的系統中，氣完全是一邏輯底觀念，其所指既不是理，亦不是實際底事物。一種實際底事物，是我們所謂氣依照理而成者。(頁六十五)

如此，程朱理學經由一番邏輯的改造之後，變成冷冰冰而無生命氣息的一種「邏輯實在論」(logical realism)系統，既經不起英國經驗論者休姆(David Hume)以來西方反(實在論形式的)形上學的哲學批評，也完全曲解了程朱理學的本質。我在拙論〈儒家思想的時代課題及其解決線索〉，曾依上述「天」之六義說明了儒家「道德的形上學」之形成與發展，而以「天命」爲「天道」與「天理」的源頭。我說：「早期儒家的『天命』觀念在內外兩面分別顯現之爲道德正命與天地之道，就形成了整個儒家思想的兩大根本原理：孟子一系的性善論爲代表的心性論原理與易庸所代表的形上學(宇宙論)原理。陸王學派以前者涵蓋後者而建立『心卽理』說，程朱學派則依後者推衍前者而主張『性卽理』說。不論是那一派，都分別以『天』之第六義徹底哲理化了『天命之天』與『天道之天』。」❼哲學家馮友蘭完全漠視(卽不了解)「天命」源頭在儒家哲學史上如何分別彰顯之爲心性論(「天命之謂性」)、天道論

---

❼ 見前揭拙著，頁三十六至三十七。

(易庸宇宙論)與天理論(宋明理學),而試以西方模式的邏輯實在論進路重建程朱一派的理學爲「新理學」,可說「牛頭不對馬嘴」,也同時暴露了哲學史家馮友蘭對於整個儒家思想發展史的概念把握(即對先秦至於宋明的儒家哲理聯貫性線索的把握)不甚了了,有其本質上的極大限制。倒過來說,如果馮氏原先具有(中國)哲學史概念的正確把握,也就不至於編造一套邏輯實在論型態的「新理學」出來。

《新原人》的四種人生境界

馮友蘭在《三松堂自序》中說:「《新事論》和《新原人》都是《新理學》的應用。更廣泛一點說,《新原人》也可以說是哲學的應用。」(頁二六〇)其實這是馮氏的自我誤解。理由很簡單,《新理學》是一部邏輯的新實在論系統,把程朱理學的道德生命體驗根源(即「天命」源頭的體認)全部抽掉,留下形式系統的外殼;《新原人》所提出的精神境界則有馮氏本人相當程度的主體性感受與體認在內,「純客觀」的形式系統不可能直接應用到具體的人生問題。無論如何,我們暫時分開二書,專就《新原人》討論,則可以發現馮氏對於關涉到實存的主體性(existential subjectivity)的精神境界問題,是有足以超越他那新實在論的某些洞見(insight)或覺解(awakening)的。事實上,《新原人》的首章就以「覺解」爲題。

馮氏認爲,人在生活中所遇見的各種事物的意義構成他的精神世界或世界觀,特稱「境界」。各人的精神境界千差萬別,但大致說來,可以分爲自然境界、功利境界、道德境界與天地境界四種。境界高低的分別,是以到某種境界所需要底人的覺解的多少爲標準。自然境界最低,因需最少的覺解,其次是功利境界,道德境界高於功利境界,但最高的境界是天地境界，需要最多的覺解。停留在自然境界的人，順其自然才能（順才），順其自然習慣（順習），率其自然之性（率性），不著不察，無有自覺，遑論覺解。功利境界的人，行事以佔有取利爲目的，有私我的自覺，但無甚（精神意義的）覺解。道德境界的人，行事以服務貢獻爲人生目的，故有仁義無私的自覺，當然就有精神創造意義的覺解。達到天地境界的聖人，有「大無我」的徹覺徹悟，能够知天、事天、樂天甚至同天。馮友蘭借用一些古來家喻戶曉的格言諺語描敍四種境界的各別特色。譬如孟子所云「行之而不著焉，習矣而不察焉，終身由之，而不知其道者衆也」，可以描敍自然境界；「求名於朝，求利於市」可以描敍功利境界；孔子所云「不義而富且貴，於我如浮雲」可以描敍道德境界；《中庸》（第二十二章）所云「與天地參」，莊子〈齊物論〉所云「天地與我並生，而萬物與我爲一」，或郭象所云「與造化爲一」等等，則描敍天地境界之知天、事天、樂天或同天。

《新原人》的最後一章，以「死生」來分別四種人生境界的差異。自然境界的人不知怕死，也就不會有計畫地對付死。功利境界的人，一切行爲都是爲了個人的利益，最是怕死，故想盡辦法對付死的威脅，大致有四：⑴求避免死，如秦始皇求長生藥之類；⑵求立名；⑶急求眼前快樂；⑷相信靈魂不死。對於道德境界的人，死是盡倫盡職的結束；他只注意生前，「使其一生行事，皆充分表現道德價値，使其一生，如一完全底藝術品，自始至終，全幅無一敗筆」（頁二六四）。孔子故云：「有殺身以成仁，無求生以害仁。」孟子亦云：「生吾所欲也，義亦吾所欲也，二者不可得兼，捨生而取義者也。」對於天地境界的人，生死皆是順化，無所謂怕不怕死，能自同於天，亦卽宇宙大全，故精神上能超死生。馮氏認爲，到了天地境界，儒道二家同樣高超。不過，道家雖看清楚道德境界與天地境界的分別，却看不太清楚天地境界與自然境界的不同；儒家雖看淸楚自然境界與道德境界的殊異，却不易看淸道德境界與天地境界的分別所在。

馮氏上面提出的四境界說，多少說明了儒道（以及釋家）人生哲學的眞諦，也多少反映出他對「生命的學問」的自我體認。但他從未了解，他的自我體認祇有半邊，不夠徹底。譬如他在《三松堂自序》說:「《新原人》所講的『大全』，不是『有』而是『群有』。《新理學》所講的『理』都是抽象的共相。《新原人》所講的『大全』是具體的共相，和《新理學》所講的『理』是不同的。我在當時沒有認識到這一點」（頁二六八)。他却沒有自承，《新理學》所試建的邏輯實在論是一大失敗，反誤以爲《新原人》是它在人生方面的應用。

他在《自序》中又說，天地境界是「有哲學修養的人所得到的」(頁二六八)。然後分別哲學與宗教，共有四點不同: ⑴宗教如同迷信，哲學則尊重理智，反對迷信；⑵宗教使用形象思維，如幻想上帝，哲學則用理論思維；⑶宗教所幻想的世界模式是社會組織的反映，哲學所思考的世界模式是人類精神的創造；⑷信仰宗教的人的精神境界不高，它可能是功利境界，也可能是自然境界，哲學所能達到的是最高的天地境界。馮氏又進一步說，在人類進步的過程中，宗教和科學始終對立，因爲宗教與迷信分不開；哲學和科學則是相互爲用。由此可見，馮氏反宗教的論調從未改變，撰寫《貞元六書》的壯年時期是如此，轉向馬列主義以後的晚年時期亦是如此。我最近在拙文〈從終極關懷到終極承諾〉，一開頭就批評了傳統以來的中國知識分子，總有抬高「大傳統」(哲學)而貶低「小傳統」(宗教）的心理偏差甚至糾結，而在文中也說過:「不但是佛教與耶教，外表上偏重世間道德的傳統儒家也是一種（肯定天命的）宗教，祇是中國學者不太願意如此直截說出罷了。」❽哲學家馮友蘭便是執守「大傳統」的最典型的中國知識分子，故視宗教有如迷信，却從未反思：儒家思想是否也有它本身的宗教源頭？「天命」一辭是否屬於宗教概念？如果除去「天命」源頭，儒家難道就不會產生失其所以「安心立命」的原有宗教基盤的精神危機？馮友蘭反宗教的無謂論調，對於中國知識分子來說，乃是一個發人深省的反面教材。

《新原道》的批評精神

馮友蘭在《新原道》自序說：「此書非惟爲《新理學》之羽翼，亦舊作《中國哲學史》之補編也。」其實就哲學史概念的把握一點而言，此書與其說是《中哲史》的補編，不如說是後者的修正或超越。馮氏撰此書時，已較有清晰明瞭的中國哲學史觀，如果他能依此史觀重寫一次《中哲史》，一定會比原來的精彩得多。令人慨嘆的是，馮氏晚年撰寫《中國哲學史新編》時採取的哲學史觀點完全是馬列毛的教條，愈寫愈差，容後細論。

馮氏在〈緒論〉說：「中國哲學有一個主要底傳統，有思想的主流。這個傳統就是求一種最高底境界。這種境界是最高底，但又是不離乎人倫日用底。這種境界，就是卽世間而出世間底。這種境界以及這種哲學，我們說它是（《中庸》所云）『極高明而道中庸』。……此『而』卽表示高明與中庸，雖仍是對立，而已被統一起來。如何統一起來，這是中國哲學所求解決底一個問題。求解決這個問題，是中國哲學的精神。這個問題的解決，是中國哲學的貢獻。」馮氏認爲《莊子》〈天下篇〉

---

❽ 《當代》雜誌期十一（一九八七年三月一日），頁二十五。

就是以「極高明而道中庸」(超越人倫日用而又卽在人倫日用之中) 這個標準，批評當時各家的學說。馮氏自己在《新原道》中也是以此同樣的標準評價中國哲學史上的各家各派，而在此書〈自序〉中更進一步說:「欲述中國哲學主流之進展，批評其得失，以見(廣義的) 新理學在中國哲學中之地位。所以先論舊學，後標新統。異同之故明，斯繼開之迹顯。」馮氏所提出的「極高明而道中庸」這個評價標準，雖非完善，至少反映出馮氏較成熟的史家洞見慧識，要比當年《中哲史》的支離而無重心高明得多。

依上述標準，馮氏認為孔孟未能分淸道德境界與天地境界，「中庸」有餘而「高明」不足；墨子本人雖有道德精神，但他的學說却祇講到功利境界；名家「尙未能充分利用他們的對於超乎形象者底知識，以得到一種生活」(頁六〇)；道家超過了名家對於形象世界底批評，以得一種「高明」底生活，但在道家，天人仍是「兩行」而非合一，故其高明未與中庸融合；《易傳》與《中庸》的哲學，十分合乎「道中庸」的標準，但未完全「極高明」，未能十分「經虛涉曠」；魏晉玄學極欲統一高明與中庸的對立，但其統一還是「兩行」，不是「一行」，還需要再下一轉語，卽是禪宗。馮氏詮釋禪宗所說，則應務應世，對於聖人，就是妙道；「動用之域」就是「無為之境」。照如此說，則只有「一行」，沒有「兩行」。因此，禪宗確是百尺竿頭更進一步，統一了高明與中庸的對立。然而馮氏對禪佛教下一極有慧識的評語，謂:「但如果擔水砍柴，就是妙道，何以修道底人，仍須出家？何以『事父事君』不是妙道？這又須下一轉語。宋明道學的使命，就在再下這一轉語。」(頁一六三) 馮氏此語對我個人的治學影響甚鉅，我在十餘年前出版的頭一篇英文論著〈道德抑或超道德: 宋明理學與大乘佛學的對抗〉，就是為了「下一轉語」而寫成的。❾後來在「中國時報」人間版上連載過的〈胡適・鈴木大拙與禪宗眞髓〉，乃至最近收在東吳大學哲學年刊《傳習錄》第五期的拙作〈中國大乘佛學繼承課題的我見〉，也都是環繞著馮氏上面評語所提示的哲學課題探討而有的小小收穫。依我長期研讀馮友蘭著作的個人經驗，《新原人》與《新原道》當會繼續發揮相當的啓迪作用，《中哲史》與《新理學》則多半會變成歷史博物館的老古董無疑。

《新知言》的方法論探討

馮友蘭在《新知言》的緒論聲明，「本書所講，不是哲學，而是哲學方法，更確切地說，是形上學的方法。於《新理學》，我們說：有最哲學底哲學。於本書中，我們說：有最哲學底形上學。本書所講形上學的方法，就是最哲學底形上學的方法，也就是新理學的方法。」這部小書最吃緊的是首章「論形上學的方法」，馮氏於此簡潔地提示以形上學爲主的他自己的哲學方法論。

馮氏認爲，形上學與科學不可能有衝突，因爲科學的目的是對於經驗進行積極（實質）的釋義，使用實驗的方法，靠經驗事實來證實結論的成立，形上學的目的則是對於經驗作邏輯（形式）的釋義。他進一步提到兩種形上學的方法，一是正的方法，另一是負的方法。對於經驗作邏輯的釋義，或即形式的概念分析，指的是正的方法，是一種邏輯分析法。負的方法是講形上學之所以不能講，可以說是「烘雲托月」的方法，在道家（如「不言之辯」或「不道之道」）與禪宗（如「說似一物

❾ 見 "Morality or Beyond: The Neo-Confucian Confrontation with Mahāyāna Buddhism," in "*Philosophy East and West*", vol. 23, No. 3, 1973, pp. 375-396。

卽不中」或「教外別傳」），這種負的方法最爲明顯。

正負兩種形上學的方法之分辨，多少表現了馮氏對於道家、禪宗某程度的理會，不過把「不道之道」或「非心非佛」之類的超邏輯的及超形上學的弔詭語（paradoxical expressions of a trans-logical and trans-metaphysical nature），說成一種「負的形上學方法」，並沒有眞正抓到道家與禪宗的本來用意。以莊子爲例，他一方面通過我所云「超形上學的突破」（trans-metaphysical breakthrough），點醒我們從語言、思想與實在的人爲固定化這種思維習慣徹底解放出來，轉化「機心」爲「無心」，主要的（實踐性）目的是在人的自我解放，變成一個無心解脫，自然無爲的生活藝術家；另一方面，配合超形上學的突破這個「殺人刀」，同時還以我所說「整全（顧及全面）的多層遠近觀」方式，准許在「無心」的下層次展開種種形上學觀點，表現「活人劍」的處世藝術。❿馮氏所謂「負的形上學方法」並沒有適予表達「超形上的突破」眞義（因突破不能輕易說成「方法」），又無法說明「殺人刀」與「活人劍」的同時成立與配合，亦卽無所謂正或負的「方法」分別存在的。

至於馮氏所謂「正的方法」，旣不外是西方模式的邏輯分析法，根本無法適用於儒、道、佛三家爲主的中國哲學（尤其形上學）的詮釋。我的意思是說，如果講活中國哲學，同時又要予以批判的繼承與創造的發展，我們所能依賴的是一種「創造的詮釋學」（creative hermeneutics）方法，而非邏輯（形式）分析法；就是要在原有哲學思想的表面結構底下發掘它的深層結構出來，而不致歪曲它的本質或眞義。這當然不是一件輕而易擧的工作，若非苦下多年功夫，難望有（詮釋學或方法論

---

❿ 見拙著《從西方哲學到禪佛教》（一九八六年東大圖書公司），頁四一四至四一五。

的）豁然貫通之日。無論如何，馮氏的邏輯分析法對於中國哲學的重建課題而言，乃是一條死路，難怪以此方法建構而成的所謂「新理學」，終告流產，無人後繼了。

晚年的生命坎坷（一九五〇年迄今）

一九四八年十二月上旬，陳雪屏從南京到了北平，向梅貽琦、馮友蘭等一些清華大學教授宣布，南京派了一架專機來接他們，希望他們一起出發。在座的人都相顧無言，不置可否。到了中旬，有一晚上校務會議在梅家開了例會。散會後只剩梅貽琦和馮友蘭兩人，梅對馮說：「我是屬牛的，有一點牛性，就是不能改。以後我們就各奔前程了。」梅已知道馮不會走，所以說了這一番告別的話。馮氏命運的大轉變由是開始。

共軍佔領北平（改稱北京）之後，馮氏自動請辭文學院院長的兼職，改由歷史學者吳晗接任。馮氏自此只擔任本職哲學系教授，自謂「有忽然輕鬆的感覺，眞是『無官一身輕』。」有一天，中共代表徐特立派車接馮氏到他家裡住幾天。馮氏到了徐特立家，徐就開始陸陸續續地談他過去的歷史，然後對馮說：「有人說你是唯心。咱們談談，談明白了，以後就可以共同工作了。」馮氏當時不太明白徐的意思，後來經歷得多了，才感覺到他當時的了解是完全錯誤的。他在《三松堂自序》中自承，「在我當時的情況下，徐老的表示大概是代表組織上的意思，並不是他個人的行動。他先講了他自己的歷史，意思是想引導我講自己的歷史。在共產黨的思想改造方法中，自己講自己的歷史有自我檢查的意思。徐老說，話說明了，以後我們就可以合作了。這個『我們』一方面是我，一方面是黨，並不是徐老個人。這個『合作』的意思很廣泛的，並不是只指在徐老當時領導的那個單位的工作。……我是用舊經驗了解當時的新事物。」（頁一三三）自此以後馮氏被迫做了無數次的自我檢查，自我懺悔，以及書面報告，徹底否定自己的實存主體性，而走上坎坷的道路。

一九五一年秋天，中共派了一個文化代表團訪問印度緬甸，馮氏也參加，在印度德里大學接受名譽文學博士的頭銜。當他自海外回到清華大學時，「三反」、「五反」運動已經接近結束，接著就是高等學校的院系調整。在調整的過程中，與馮氏有直接關係的，是清華和北大的合併。清華以工科爲主，原屬北大的工科方面的院系歸併到清華，清華文法科方面的院系則歸併到北大。在哲學系方面，調整的幅度特別大，除北大外其他各大學的哲學系全部取消，所有各地的哲學系敎師也都集中到北大的哲學系。馮氏自己也因此轉到北大哲學系，直到今天。由於一九五〇年代時，中國大陸祇剩下一個哲學系，所以今天各大學的哲學系敎師之中年紀在五十或以上的多半來自北大。去年（一九八六）四月初旬我去中國人民大學演講「西方哲學的挑激與中國哲學的反應」時，該校哲學系的資深敎授如張立文、方立天等都告訴我說，他們都是北大哲學系的畢業生，我才了解到文革以前北大哲學系「唯我獨尊」的學術威風。

一九五四年起，馮友蘭評爲一級敎授，也選爲哲學社會科學部學部委員，除一級敎授工資之外每月還領取人民幣一百二十元的補貼。大陸科學院成立哲學研究所時，調去了一部分北大哲學系的敎師，馮友蘭也被任爲兼職研究員，並兼任中國哲學史組組長。（後來社會科學院自科學院分出來，包括哲學研究所在內的所有人文社會科學部門改屬社會科學院，至於科學院則祇管自然科學與技術管理部門。）文革爆發之前的馮友蘭在大學敎授之中算是享有特殊待遇的人物，表面上看，過的是相當舒適的學者生活，他的生命坎坷多半表現在意識形態的急劇改變，亦即被迫放棄資產階級的世界觀人生觀，接受馬列主義的思想改造。

一九五七年馮友蘭以政協委員身份應邀參加中共全國宣傳工作會議，分組討論時與中共主席毛澤東同組，就在毛家開會。那時馮剛在「光明日報」上發表了〈論中國哲學遺產的繼承問題〉，首次提出「抽象繼承法」，認爲一個（傳統哲學的）命題具有抽象的與具體的兩種意義，前者如孔子之語「學而時習之，不亦說（悅）乎！」，有超越特定時代的普遍性哲理，可以繼承。毛顯然已讀過他這一篇文章，看到他進入房子開會，就對他說：「學而時習之，不亦說乎？」開會時又叫他發言，他就提出了一些關於中國哲學史方面的問題，並說：「照（中共官方）現在的講法，有些很難講通。」毛說：「那是簡單化了。不可以簡單化。」散會時毛拉馮的手說：「好好地鳴吧，百家爭鳴，你就是一家嘛。你寫的東西我都看。」馮在《三松堂自序》回顧這一段日子，說：「毛主席說，不可以簡單化。這是完全正確的。可是後來正是把這些不可簡單化的問題簡單化了，而且把簡單化推到了極點，這就形成了十年動亂的浩劫。」（頁一六二）但是，馮在這裡既未揭穿一九五七年毛所發動的鳴放運動是個騙局，也未提到毛與一切要「簡單化」的四人幫的親密關係，對於自己爲何「糊裡糊塗」（？）變成四人幫的御用學者這種自我「簡單化」的事亦未說明。我們於此已可窺見馮氏晚年的生命坎坷所暴露出來的實存主體性的脆弱不顯，實與梁漱溟的風骨不可同日而語。

文革爆發以前的馮友蘭著述甚豐，包括一九五八年的《中國哲學史論文初集》（以下簡稱《初集》），一九六二年的《中國哲學史論文二集》（以下簡稱《二集》），同年的《中國哲學史史料學初稿》（以下簡稱《史料學》），以及將近一千頁的《中國哲學史新編》（以下簡稱《新編》）。《新編》分爲一、二兩册，寫到東漢末張衡、王符、仲長統、何休等人的思想爲止，算是文革以前馮氏最大的學術成績，容後與早期的《中國哲學史》評較。《初集》與《二集》所收入的論文之中有關儒家、道家等等古代哲學的，內容多半與《新編》相似；有關中國哲學繼承課題的兩三篇論文涉及「抽象繼承法」；有關近代中國思想部分的也有數篇。我在下面也另闢兩節分別討論「抽象繼承法」與馮氏對於中世近世思想家的看法。一九五七年至一九六六年之間的馮友蘭，已是六、七十歲的老翁，他的現實生命雖已開始坎坷，學術生命還未完全如此，至少還能稍顯有別於馬列教條的一些學問功夫。「抽象繼承法」的提出是其中一例，《史料學》的出版是另一例證。我在拙文〈中國大陸學者的哲學研究評論〉曾予正面的評價，謂：「在哲學史史料學方面，馮友蘭在一九六二年出版《中國哲學史史料學初稿》，極有參閱價值，算是文革以前僅見的史料學書籍。此項工作近年來更見成效，譬如劉建國在一九八一年完成的《中國哲學史史料學概要》(上下二册)，幾達千頁，在哲學研究的基本工作方面算是一項突破。」⓫兼有哲學家與哲學史家雙重學者身份的馮友蘭，願意花費多餘的時間在史料學之類的基層學術工作開風氣之先，足見他在文革以前（即劉少奇時代）還是留下了相當可觀的學術成績的。

在《自序》中馮氏大捧毛澤東，說：「只要跟著毛主席共產黨走，中國人不但能够站起來，而且還能向前走得很遠很遠。這不是迷信，因爲這是以過去實踐爲根據的。」(頁一六五)。馮氏此語，乃是專對五〇年代而發，還說那時毛與中共的指示確有「以德服人」的威，是王道而非霸道。有趣的是，馮氏接著又改變口氣說：「但是到了六十年代，這

⓫ 參閱《中國論壇》一九八五年雙十節專輯《海峽兩岸的學術研究發展》之中的拙作，已收在拙著《批判的繼承與創造的發展》。

個威就逐漸削弱了。原因何在，我現在不打算討論，也不能討論，因爲有些事實我還沒有弄清楚。」（頁一六六）此語模稜兩可，他「不打算討論」，可能是由於八〇年代的政治氣候仍不明朗，經過多次身心折磨的馮氏大概已經「學乖」，不便也不願就事論事。但他又說「有些事實我還沒有弄清楚」，此語又如何了解與解釋呢？如說哲學家的他內心裡其實已對馬列敎條與文革的根本癥結相當清楚，則此語不過是爲了明哲保身的欺人之談；如說他直到今天確實還弄不清楚馬列主義與毛思想的內在局限性甚至牢結，這就證明了他的哲學功力實有極大限制，到了晚年完全顯現出來。我的意思是說，馮氏很可能是自始至終「旣胡塗而不淸楚且又不胡塗而淸楚」的兩重人格，他的自我認識、自我了解恐怕也是如此曖昧模糊的。如用比喻，他的哲學性格有如永遠溫而不熱的茶湯，說穿了，他旣沒有眞正抓到「生命的學問」本質，也未具有「生命的韌性」。馮氏晚年的生命坎坷，恐怕是自我性格的內在分裂所致，而始終不自知，或不如說，不想去自知，實有存在主義者沙特所說的「自我欺瞞」（bad faith）之嫌。蘇格拉底的明訓「認淸你自己！」（Know thyself!），恐怕身爲哲學導師的馮氏根本從未深透過。

一九六六年七月下旬文革爆發以後不久的某晚，一批紅衞兵來馮友蘭家查封，馮氏晚年現實與學術雙重的生命悲劇由是開始。一九六八年秋天，馮氏已被打成「反動學術權威」，差點進入勞動大院，據說由於毛的特別「寬大」，改讓他自行回家。有人告訴馮說：「毛主席說，北京大學有一個馮友蘭，是講唯心主義哲學的，我們只懂得唯物主義，不懂得唯心主義，如果要想知道一點唯心主義，還得去找他。……這些人都是有用的。對於知識分子，要尊重他們的人格。」但是，知識分子最可貴處是在他那實存主體的「知性眞實（或正直）」（intellectual integrity），如果這份「知性眞實」都保不住，知識分子還剩下什麼人格值得

「尊重」？馮氏聽了工宣隊的話，寫信給毛表示「感謝」之意。後來有人告訴他，毛謝謝他的來信，馮氏聽了頗爲「感動」，又寫了一封感謝信，並附一首詩，云：「普救物者無棄物，善救人者無棄人。賴有東風勤著力，朽株也要綠成蔭。」馮氏難道沒有自我挺出實存主體的生命韌性，一定要靠東風（喻毛）才有附與「朽株」（喻馮本人）以新生命的希望嗎？

一九七三年，批林運動轉向批孔運動。馮氏自云：「批孔還要批尊孔。當時我心裡又緊張起來，覺得自己又要成爲『衆矢之的』了。後來又想，我何必一定要站在群衆的對立面呢。要相信黨，相信群衆嘛。我和群衆一同批孔批尊孔，這不就沒有問題了嗎。」（《自序》，頁一八七）於是寫出一篇〈對於孔子的批判和對於我過去的尊孔思想的自我批判〉，下了結論說，孔子「確實就是沒落奴隸主的哲學家。」此篇及另一篇在《光明日報》刊載之後，據說各地讀者向他鼓勵的信蜂湧而來。馮氏在《自序》回顧說：「在領導和群衆的鼓勵之下，我也就走上了批孔批尊孔的道路。我不知道，這是走群衆路線，還是譁衆取寵。這中間必定有個界限，但當時我分不清楚。照我現在的理解，這個界限就是誠、僞之分。……如果自己沒有眞實的見解或有而把它隱蔽起來，只是附和暫時流行的意見，以求得到某一方面的吹捧，這就是僞。這就叫譁衆取寵，……我在當時的思想，眞是毫無實事求是之意，而有譁衆取寵之心，不是立其誠而是立其僞。」（頁一八九），然而批孔運動時期的馮友蘭已年近八十，積學如此之久，而在人生重要關頭仍如此搖擺不定，甚至自承「譁衆取寵」，這究竟是因爲他沒有「學好」馬列主義與毛思想，還是因爲他本人的生命太過脆弱所致呢？我們在這裡又看到了馮氏性格之中知性（intellect）與意志（will）之間的不協調甚至對立矛盾，令人嗟嘆不已。

以江青爲首的四人幫編造一套荒謬不堪的儒法鬪爭史，當做批林批孔運動的「理論基礎」時，背後充當御用參謀的就有馮友蘭在內，自承還參加過法家著作注釋工作會議。經過四人幫這一段折騰，可憐的馮氏自五〇年代以來所得到的政治待遇全被取消。他自我嘲弄地說：「赤條條來去無牽掛」。但近年來可能由於他畢竟是大陸學術界的耆宿，馮氏有「東山再起」之勢，北京大學出版社也開始爲他重印舊作，包括《三松堂學術文集》(一九八四)，做爲任教六十周年的紀念。於此《文集》馮氏自序云：「我生在一個不同文化的矛盾和鬪爭的時期，怎樣理解這個矛盾，怎樣處理這個鬪爭，以及我在這個矛盾鬪爭中何以自處，這一類的問題，是我正面解決和回答的問題。問題的範圍很廣泛，問題的內容很複雜，我在這六十多年中，有的時候獨創己見，有的時候隨波逐流。獨創己見則有得有失，隨波逐流則忽左忽右。」但是，馮氏何時眞正面對過自己，好好自我檢討一下：爲何自己會有「隨波逐流則忽左忽右」的坎坷遭遇？而所謂「獨創己見則有得有失」，究竟「得」在那裡，「失」在那裡？我們不得不問：爲甚麼馮氏愈老愈差，愈顯生命的坎坷甚至悲劇呢？難道這完全是馬列枷鎖的外在因素所致，或毋寧是咎由自取呢？無論如何，馮氏的晚年對於我們後輩學者來說，是個適當的反面教材。

馮氏現已九十有二，據說仍在勤於完成《中國哲學史新編》的重寫重編，到目前爲止，出版了三册，共一千餘頁，範圍與文革以前的那部《新編》相同，也以東漢末農民大起義和《太平經》的討論結束。馮氏雖有完成《新編》的願望，以如此高齡，恐難償願。就算能够完成，也不可能有很大的貢獻，理由很簡單，馮氏已無能力解開馬列教條遺害學術研究的死牢結，故不論如何重寫重編，成就極其有限。

「抽象繼承法」的再評價

一九五七年一月八日，馮友蘭在《光明日報》發表了短論〈關於中國哲學遺產的繼承問題〉，這是哲學（史）家馮氏五〇年代較有份量的論文，發表之後引起相當强烈的震盪，也受到了代表官方馬列教條的學者們的嚴厲批判。

論文開頭馮氏便說：「我們近幾年來，在中國哲學史底教學研究中，對中國古代哲學似乎是否定的太多了一些。否定的多了，可繼承的遺產也就少了。我覺得我們應該對中國的哲學思想，作更全面的了解。」馮氏的基本論點是，我們如作全面的了解，則可發現中國哲學史中的哲學命題常有兩方面的意義，卽抽象的意義與具體的意義。馮氏自承，他過去祇注意到抽象意義很不正確；近年來（由於馬列主義的思想改造）才開始注意到哲學命題的具體意義。他接著說：「在了解哲學史中的某些哲學命題時我們應該把它底具體意義放在第一位，因爲這是跟作這些命題的哲學家所處的具體社會情況有直接關係的。但是它底抽象意義也應該注意，忽略了這一方面，也是不够全面。」

馮氏認爲，如果我們能够適予分辨抽象意義與具體意義，則有辦法解決中國哲學遺產的繼承難題。也就是說，哲學命題的具體意義由於涉及提出命題的思想家的特定時代境況，難於古爲今用；抽象意義則不同，它有超越特定時代或特定社會的進步作用，經過一番解釋，可以繼承下來。換句話說，具體意義因有時代局限性，應該淘汰；抽象意義則有普遍永久性，故應重新學習消化，予以繼承。如以我個人慣用的話語表示，抽象意義的繼承，卽是傳統思想的一種（現代式的）再發現與再創造，亦卽一種「批判的繼承與創造的發展」。就馮氏提出「抽象繼承法」的本來用意言，這是很值得嘉許的；但馮氏一提出後便遭遇到極左派學者的攻擊。

馮氏從中國哲學史上找出幾個較顯著的例子說明「抽象繼承法」的適用性。譬如《禮記》〈禮運〉說：「大道之行也，天下為公。」如就此語的抽象意義去了解，則「天下」並不僅指先秦時代的中原，卻應指謂超過國界的整個世界；如果其他星球也有人類存在，並與我們地球的人類有交往，則「天下」的範圍當然可以擴及其他星球，因此，這樣意義的「天下為公」值得繼承。又如孔子所云「節用而愛人，使民以時」(《論語》〈學而〉篇)，不論「人」與「民」的古義（具體意義）如何，「節用而愛人」的抽象意義，到現在還是正確有用，值得繼承。又如孔子所說「為人之方」（即實行「仁」的步驟為「忠恕」之道），或「己所不欲勿施於人」等語，馮氏加以解釋說：「過去我們說孔子這樣講有麻痺人民、緩和階級鬥爭的意義。從具體意義看，可能有這樣的意義。但從抽象意義方面看，也是一種很好的待人接物底方法，我們現在還是可以用。」(《初集》，頁一百）馮氏這裡對於孔子的解釋，似有難言之隱，不敢過份評高孔子的思想貢獻，故分就具體與抽象兩種意義同時肯定與否定。馮氏提出「抽象繼承法」的時候，他還未被馬列教條洗腦殆盡，這也說明了官方學者為何仍要釘死他為「唯心」，對他的攻訐不遺餘力。

馮氏又舉孟子與宋明理學的一些例子闡發「抽象繼承法」的妙用，譬如孟子「人皆可以為堯舜」之語，佛教禪宗所云「人皆有佛性」，陸九淵的名言「六經皆可以為我作注腳」，王陽明的致良知教等是。這些話語或思想，就具體意義言，「好像是主張個人底解放，其實是叫個人更受封建道德底束縛。……就抽象意義說，認為『人皆可以為堯舜』，『滿街都是聖人』，就是認為人在本質上都是平等的。這就可以成為打破封建等級制度的一種理論根據」(《初集》，頁一〇二)。

爲了證實他的「抽象繼承法」的論點有其馬列理據，馮氏提到黑格爾的辯證法對於馬克思主義的影響。馬克思、恩格斯與列寧都承認黑格爾的思想有其「合理的內核」，因此馮氏「認爲他底辯證法是『合理內核』，就是取其發展底抽象意義，而不取其具體意義，就是說：取其『發展』而不取其『絕對觀念』」(《初集》，頁一〇四)。

上述短論發表之後，也提到北京大學哲學系召開的中國哲學史問題座談會上討論。代表官方的胡繩則在《人民日報》發表〈關於哲學史研究〉，對馮氏的「抽象繼承法」評謂：「(馮)所設想的解決問題底方法，是趨向於一個錯誤的方向。其所以是錯誤，就因爲在應當實事求是地做具體分析底時候，卻採用了一種最省力的辦法，從主觀出發，在頭腦中作一次簡單的抽象，這是絕不能解決實際問題的」。馮氏對此評論，祇承認「抽象」、「具體」的語辭容易引起誤會，但仍覺得他的基本論點可以成立。爲此，他在姊妹篇〈再論中國哲學遺產底繼承問題〉，改用「一般」與「特殊」這兩個字眼，取代「抽象」與「具體」。同時，他補充了幾點意思。第一，「說一個哲學命題有一般意義與特殊意義，並不等於說一般意義能離開特殊意義而單獨存在」，(《初集》，頁一三一)。這一點是爲了說明，他所說的「抽象」並不意謂虛無縹緲、不可捉摸而無確定意義。第二點，哲學命題的一般意義在不同時代有其特殊形式及意義，這就是一般意義的局限性。第三點，如果專注意到古代哲學命題的特殊意義，而不注意到其一般意義，則必然會把古代哲學史說成一部錯誤大全。第四點，主張只有一般意義才可以繼承，並不等於說任何命題的一般意義都可以繼承。馮氏於此似乎對馬列主義「讓步」，承認傳統哲學命題的一般意義能否繼承，端看是否符合馬列主義的原則。第五點，馮氏承認專靠他所提出的「抽象繼承法」，「未必能解決哲學遺產中的繼承問題；但是，不用這個方法，就不能解決哲學遺產中的繼承問題，也不能作哲學史研究工作」(《初集》，頁一四一)。換句話說，他的方法是解決傳統哲學繼承問題的必要條件之一，卻非充分條件。

學例來說，在宋明理學中，程朱主張「理在氣先」，王船山、戴震則主張「理在氣中」。馮氏接受馬列主義對於唯心、唯物的分辨，認爲「理在氣先」是個唯心主義的命題，故是錯誤，不能繼承；「理在氣中」所涵蘊的一般意義，卽「物質（的運動）是有規律的，規律就在物質之中」，這較合乎馬列主義的辯證法唯物論，故有繼承的價値。總之，馮氏認爲官方學者評他的「抽象繼承」和毛與中共所提倡的「批判繼承」有所衝突，完全是無謂的誤解，因爲他祇是在提供批判地繼承傳統哲學所必需的一種方法，將此方法說成「唯心」，未免寃枉了他的本來用意。

大體上說，馮氏的「抽象繼承法」有其相當的哲理根據，値得我們同情。哲學思想本來就有普遍性（就空間言）與持久性（就時間言）的要求，如說文學古典如莎氏比亞的戲劇作品或哥德的《浮士德》有其普遍持久的價値而足以構成所謂「傳統」的一部分，哲學古典如柏拉圖的《對話錄》或儒家的《四書》當然也有同樣的要求。問題並不在承不承認具有普遍持久性的哲學「古典」或「傳統」，而是在乎如何重新發現並重新肯定其普遍持久性的道理出來，俾能訴諸共識共認。在五〇年代的中國大陸，正當中共强制知識分子接受馬列主義的思想改造時，曾受現代西方哲學（方法論）訓練的馮友蘭，敢於率先提出「抽象繼承法」，以半妥協的口氣强調適予繼承中國哲學遺產的必要性，不能不說用心良苦，表現了馮氏最後一次的學術良心，令人激賞。

不過，馮氏的「抽象繼承法」或「一般繼承法」至少具有兩大缺點。第一個缺點是，馮氏不加思索地套用西洋哲學流行的「哲學命題」

一辭到中國哲學傳統，而去討論中國哲學之中支離孤立的哲學命題，如「理在氣中」或「人皆可以爲堯舜」等等的具體意義與一般意義，完全抹殺這些所謂「命題」也祇有在整個哲學思想系統之中才能顯現其深意與蘊涵。對此缺點，馮氏在《三松堂自序》中事後反思過，自承「把哲學的繼承歸結爲對於某些命題的繼承，這就不妥當。哲學上的繼承應該說是對於體系的繼承。一個體系，可以歸結爲一個或幾個命題，但是，這些命題是不能離開體系的。離開了體系，那些命題就顯得單薄、空虛，而且對它可以有不同的解釋，容易作出誤解」（頁二八六）。但是，馮氏並沒有覺察到，具有邏輯上是非對錯的「命題」（proposition）並不太適用於中國哲學的表達表現，因爲傳統中國哲學家的想法看法或主張，乃係有意訴諸人人共識共認的（相互主體性意義的）「道理」之事，而與所謂「（客觀）眞理」並不相干。早年深受維也納學派與新實在論影響的馮氏，到了晚年提出「抽象繼承法」之時，似乎仍然脫離不了邏輯命題的思維方式，而無見於（中國）哲學主張所呈現的道理或觀點之高低深淺。

第二個缺點是，馮氏以半妥協的低姿態提出「抽象繼承法」，而不針對馬列主義本身的哲學基礎，卽辯證法唯物論，進行哲學的考察與批評，是無法徹底解決哲學遺產的繼承課題的。事實證明，在馬列教條的「絕對眞理」控制下的大陸學術界，對於傳統思想與文化始終是批判有餘而繼承不足，卽使到了後文革時期有所謂「開放的馬克思主義」的出現，還是解決不了根本問題。當然，在馬列主義的思想改造期間，馮氏也不可能有天大的本領超越馬列主義的範圍去談繼承課題。馮氏在《自序》中就提到陳伯達如何對他加上一頂帽子，要把他打成唯心反動的右派。一九五九年陳伯達在《紅旗》發表了一篇〈批判的繼承與新的探索〉，批判馮氏說：「從馮友蘭先生原來的說法看來，具體只能在抽象中存在，只能通過抽象而存在。這就完全顛倒了。抽象變成主體，具體變成從屬和派生的東西。於是，不論古今，任何哲學派別，任何階級道德，似乎都要屈服在馮友蘭所謂的『抽象意義』或『一般意義』之下。這樣，也就可以方便地磨去唯物論和唯心論的界線，磨平這個階級道德和那個階級道德的界線。在這種所謂『抽象繼承法』裡面，倒眞正有它的具體內容。是什麼呢？那就是蘊藏著一種具體的復古主義，卽企圖經過某種形式保留中國歷史上的唯心論體系，企圖把中國封建時代統治階級的一套道德都當作永恆不變的道德。」馮氏在《自序》中辯護自己的原先立場說：「陳伯達所說的『抽象繼承法』的眞正具體內容，倒是有一半對，有一半錯。對的那一半是，我確實認爲中國封建時代統治階級的有些道德，從其抽象或一般的意義說，是不變的道德。不對的那一半是，我沒有說，也沒有企圖，把中國封建時代統治階級的『一套』道德都當作不變的道德」（頁二九七）。然後又說：「陳伯達在當時給我戴的帽子，也不一定合適，至少可以說不是恰如其分。這也算是申辯吧。可是就是這一點申辯，在當時也是不能提出的。你要是提出，他們就給你再加上一頂帽子。」（頁三一〇）

我們當然可以同情馮友蘭怕「再加上一頂帽子」，而蒙受莫須有的罪名。但是，馮氏在上面的自我辯護，却承認了陳伯達的批判「有一半對」，這豈不是自我暴露「抽象繼承法」的理據不够充足嗎？如果統治階級也引用《論語》中的名言佳句，如「己所不欲，勿施於人」，難道祇因爲是「統治階級」所引用，所以就不能就其一般意義發現一種「不變的道德」形式或原則嗎？馮氏在寫出《自序》的八〇年代，仍未理清他的原先論點，反而證示他自己已不知不覺落入馬列敎條的窠臼而不能自拔，徒增自己的思想困惑而已。我們可以說，「抽象繼承法」的提出，是馮氏表現學術良心的最後一次，也是埋沒自己的實存主體性於馬列敎條的開端，實與梁漱溟、熊十力等寥寥幾位學術硬漢不可同日而語。做爲著名的哲學史家與思想家，馮氏獨特的創造力在一九五七年提出「抽象繼承法」之後，便完全喪失了。

《中國哲學史新編》的初版修訂本

馮友蘭在《新編》自序說，他從一九一五年起開始研究中國哲學史，在將近五十年的學習和寫作的過程中，凡經歷了三個階段：「第一個階段是五四以前我在北京大學當學生的時代；在這個階段所學的主要是封建的學術觀點和歷史方法。第二階段是從五四以後到解放以前；在這個階段所學的、所用的以至所教的，都是資產階級學術觀點和歷史方法。一九四九年解放後才開始學習馬克思主義的學術觀點和歷史方法」。他一開始就標榜馬克思列寧主義和毛澤東思想爲他寫《新編》的唯一指南，且套用馬列教條解釋哲學史的發展說：「在哲學史發展的過程中，唯物主義與唯心主義這兩個對立面必然互相鬪爭也必然互相轉化。……簡單地說，哲學史所講的是哲學戰線上的唯物主義與唯心主義的鬪爭、辯證法觀和形而上學觀的鬪爭。根據這個標準，這部書爲自己立了一些『清規戒律』」。這個「清規戒律」原是蘇聯學者日丹諾夫對於哲學史所下的馬列「定義」，一直影響中國大陸學者的哲學史研究觀點和方法，馮氏也不例外。也就是說，連曾經提出「抽象繼承法」的馮氏也終被馬列教條浸染，毫無抵抗跡象。

馮氏的《新編》雖祇寫到東漢，却長達千頁左右，就資料內容言，遠遠超過三〇年代那本粗糙的《中國哲學史》（上卷）。而且，後者有如哲學資料書，原典引用過多，個人的詮釋創見甚少。相比之下，《新編》處處有相當大膽的詮釋與評價，可惜的是，此類大膽的詮釋與評價已經戴有未經嚴密考察的馬列主義「詮釋學」的有色眼鏡，有欠公平客觀。馮氏忠實地依循馬列主義指導原則的結果是，過份誇張原思想家的階級背景對於思想形成與發展的影響，而忽略原思想家的哲學主張可能具有的道理強制性或普遍性意義，以及可能引伸出來的深邃豐富的哲理蘊涵。馮氏撰著《新編》時並沒有好好應用他的「抽象繼承法」，因此批判有餘而繼承不足，不難想見馬列主義的觀點在馮氏腦袋之中已佔絕對優勢，而他自己也不知不覺「信以爲眞」，直至文革結束爲止始終沒有覺醒過來。我在下面且以先秦儒家與道家爲例，評論《新編》的學術成就。

馮友蘭在第四章討論孔子和初期儒家，認爲在孔子的時代，奴隸主貴族的等級制度已逐漸崩壞，孔子及其創始的儒家，就階級立場言，「是代表從奴隸主貴族轉化過來的地主階段的利益。孔子希望盡可能在原有的統治秩序和社會秩序的基礎上，在保存某種舊制度的框子裡，作一些新的改革。」（册一，頁九十七），馮氏也像其他大陸學者一樣，總是先要揭發原思想家的階級背景與階級立場，然後套上馬列陳詞，硬要評斷原思想家的哲學思想爲「唯心」或「唯物」，不但籠統地套用此類陳詞而不顧及在不同層次或脈絡的種種意義，也毫不考慮原思想家可能跳過他自己的時代環境以及出身背景，而有意提出自信具有道理普遍性的新理路、新觀點的一番苦心。

譬如馮氏解釋孔子「君君，臣臣，父父，子子」的正名理論說，孔子企圖用抽象的「名」以校正具體的「實」，認爲只要把「名」弄清楚，「實」自然就會改變，在名實的關係這個問題上，這是唯心主義的思想，基本上屬於封建社會的上層建築。馮氏並沒有進一步應用他的「抽象繼承法」創造地詮釋孔子正名主義可能具有的普遍道理。如予現代化的詮釋，儒家的正名主義可與美國目前所强調的“accountability”（職責交待淸楚的義務）有所契接。但是，已經戴有馬列「詮釋學」的有色眼鏡的馮氏根本不可能活用他曾提過的「抽象繼承法」。他恐怕從未了解到，這兩者之間的根本矛盾構成死結，無法袪除。

馮氏對於孔子的宗教觀與天命論，也處處採取馬列主義反宗教的評價方式去做主觀偏狹的解釋，一方面認爲孔子破除了人格神的宗教迷信，「在古代無神論的發展史上是一個進步，反映了新出現地主階級對傳統的奴隸主貴族宗教的修正。但孔子並沒有因此前進一步突破宗教唯心主義的範圍；這又反映了當時的新出現的地主階級在政治和經濟上的軟弱性」。（册一，頁一〇四）馮氏在這裡不過是重彈馬列主義等同宗教與迷信的獨斷論調，毫不加思索地一褒一貶孔子宗教觀的「進步性」與「軟弱性」，完全是强詞奪理，暴露了馬列主義者馮友蘭對於宗教的無知。他又解釋孔子的天命論說，「至少在人的道德生活中，他否定了『天命』。在這個問題上，孔子表現了顯明的無神論的觀點，這個觀點一直成了後來儒家中無神論的思想基礎。」（册一，頁一〇四）孔子從未否定天命，馮氏硬說「否定」；孔子也未曾標榜無神論，馮氏却大加曲解，認爲「表現了顯明的無神論的觀點」。諸如此類，馮氏不知不覺濫用馬列主義的反宗教尺度的結果，完全抹殺了孔子天命論的正面意義，及其後來發展成爲孟子正命論的哲理蘊涵。

對於孔子的中心觀念「仁」，馮氏說「很明顯地是統治階級的道德」；而「愛衆」的愛則是「一種自上而下的恩賜，其目的是取得和鞏固統治階級自己的統治」。同時，馮氏依循馬列主義的「人性即是階級社會的階級性」觀點，亂猜「孔子所說人的情感，其實就是當時由奴隸主轉化過來的地主階級的感情；它本身就和傳統的禮有密切的關係」。難道曾受嚴格的（西方）哲學訓練的馮友蘭，已完全忘却，道地的哲學思想家始終有他超越自己的特定時代而提出自己認爲具有普遍持久性的哲學道理的理論要求嗎？難道馮氏由於馬列教條腐蝕了他那學術心靈的結果，竟喪失了學者應有的客觀態度，不能先「讓原哲學家說出他自己的立場」(Let the original philosopher speak for himself)，然後才去嘗試哲學史的解釋嗎？馮氏又說，孔子的「仁」和「忠恕之道」，就其具有普遍性形式這一點而言，都是從超階級的抽象人性等「虛僞的假定出發的，只是一種幻想，根本不能實行」；且說「忠恕之道」的實際意義是對農奴、奴隸起一種欺騙的作用。總之，馮氏不但未曾應用「抽象繼承法」，反以馬列主義的獨斷論處處對於孔子的思想戴上「紅帽子」，批判取代了繼承，評價取代了解釋。《新編》所蒐集的哲學史資料雖然遠較早期的《中國哲學史》爲多，且用力甚勤，但就哲學史概念的（方法論）把握而言，處處顯出主觀武斷的評價偏差，因此它的學術價值極其有限。

馮氏處理孟子哲學的基本方式亦無兩樣，首先揭發孟子的階級立場說：「他把孔子的學說向右的發展了。在當時的思想戰線上，他不僅反對法家和兵家，而且反對墨家，反對以許行爲代表的農家以及以楊朱爲代表的道家，鮮明地表現了當時地主階級保守派的立場。」(頁二一五）但是，孟子的政治社會思想確比孔子的更「右」更保守嗎？他所構想的井田制度，他的「民重君輕」的思想以及王霸的分辨，難道不能說是孔子「仁政」思想的進一步發展，超越了孔子較保守的立場嗎？他所建立的人性本善說，在哲理上不是舖下了孔子倫理思想的心性論奠基嗎？馮氏卻處處貶低孟子的地位說，「孟子的『井田』制度就是他爲地主階級創造的這種幻想」(頁二二四)；「勞心者治人，勞力者治於人」等語是「孟子在新的情況下，爲統治的剝削階級的存在作理論的根據，也就是賦予這種理論以普遍性形式」(頁二二六)；孟子「『距墨』的思想是反動的，是地主階級要保存宗法制度以維持自己的統治的反映」(頁二三二)；

「孟子把地主階級的道德說成是『人心』,『人路』, 認爲, 不合乎這些標準就不能成爲『人』。這就是明確地把有利於地主階級的東西說成是普遍的東西。這是對於勞動人民的欺騙」(頁二四六)。

我們偶爾可以發現, 馮氏在字裡行間有意應用「抽象繼承法」評估孟子哲學的正面意義或進步性, 但因馬列敎條的負擔太重, 祇有半途而罷。舉例來說, 馮氏解釋孟子的政治思想說,「孟子只要保存某些舊制度的框子以實現他的理想, 至於體現舊制度的具體世族和人物, 他認爲是可以隨時變動的。……在這一點上說, 他比孔子前進了一步。」(頁二一六) 可是, 馮氏不是又說孟子比孔子更「右」更保守嗎? 他也提到孟子所謂「集義」, 所謂「無愧無怍」, 所謂「浩然之氣」等等,「抽象地說, 是正確的。……(但) 還都是從剝削階級的立場說的。……工人階級的革命家有完全的自覺, 他們的無畏精神和豪邁氣概遠非孟子所說的『浩然之氣』所可比擬。」(頁二四一) 旣然如此, 孟子有關道德主體性挺立的理論又有甚麼抽象意義的繼承價値呢? 旣然受過馬列訓練的工人階級才有「完全的自覺」, 馮氏還有甚麼提出「抽象繼承法」的必要呢? 我們在這裡不難看到我所說的「無產階級的泛道德主義」(proletarian panmoralism) 對於馮氏意識形態的强烈影響;「無產階級的泛道德主義」即是馬列主義的深層結構, 形成文革的「理論基礎」⑫。馮氏也像其他多半大陸學者一樣, 在《新編》的撰寫不知不覺 (?) 爲日後文革舖基, 祇是筆鋒還沒有强硬到極左的程度而已。

馮友蘭討論老莊哲學的方式也仍然犯有兩大缺點: ㈠片面獨斷地使用馬列主義的階級分析, 硬要挖出原思想家的階級根源, 認爲階級根源與哲學思想的形成發展及其眞理與否之間存在著必然關聯; ㈡不但套用

---

⑫ 參閱拙作《馬列主義的思想困局》, 已收在《批判的繼承與創造的發展》一書。

馬列主義的解釋方法去曲解原有思想，同時混淆了解釋（interpretation）與評價（evaluation），有欠公平客觀。譬如馮氏認爲「道法自然」的老子形上學基本上是「一種唯物主義和無神論的思想」（頁二六四），故有其進步的一面，而老子所講的事物變化的規律，有些也很正確。但是，老子開頭便說：「道可道，非常道」，則馮氏怎會知道「不道之道」屬於「唯物」呢？爲甚麼唯物論就表現「進步」，而唯心論就是落伍退步的思想呢？馮氏又說，老子的這些思想「反映了沒落階級無力應付現實的一種無可奈何的情緒。他認爲人只可以消極地服從客觀事物的變化，主觀能動性沒有甚麼作用，由此陷入了機械宿命論」（頁二六九）。但是，即使我們同意馮氏的階級分析，認爲老子是代表沒落貴族的思想家，故其政治社會思想與人生觀比起儒家的改良主義「消極」，這仍無法證明他的形上學思想也是一樣「消極」，變成一種「機械宿命論」；且不說思想家的階級根源與他哲學思想的道理深淺並無所謂「必然」關聯，硬要找出其中「必然」關聯，無異等於一棍子打死原思想家，根本不是哲學史家應該具有的詮釋學態度。

又如老子的一句「道生一，一生二，二生三，三生萬物」，馮氏借用列寧以來唯物辯證法的對立統一律，硬要解成：「所謂『生』就是從『道』分化出來。第一個從『道』分化出來的就稱爲『一』。從『一』之中分出對立；這就是『一生二』。對立的統一，與原來的對立，成爲三；這就是『二生三』」。（頁二六一）這種解釋未免牽強附會，並不具有詮釋學的强制性，遠不如莊子在〈齊物論〉篇消解老子此語的「道原」（Tao as Origin）問題爲「道言」（Tao as Language）問題，且藉此暗示一種超形上學的突破（a transmetaphysical break-through）

的那麼高妙。⓭如說莊子在這裡兼爲（東西哲學史上）第一位語言分析專家與創造的詮釋學家，則搞了五十多年中國哲學史而終以馬列「詮釋學」瞎猜老子的「道原」眞諦的馮友蘭，算是甚麼「家」呢？

早年精通莊子哲學而又出版過相當精彩的《莊子》內篇英譯（附加郭象《莊子注》的選譯）的馮友蘭，到了晚年搖身一變，成爲馬列主義的哲學史家後，學術生命顯出坎坷，已經無法正面肯定莊子思想的高超哲理，反而漫予曲解。我們祇需抄示下面一段馮氏的莊子討論，即可例證。他說：「莊子一派站在沒落階級的立場，發展了老子思想中的消極部分，明確地走上了唯心主義的道路。莊子把老子和惠施學說中關於對立面轉化的辯證思想引向了相對主義和不可知論；把老子學說中關於原始物質（混沌）的思想引向了虛無主義、蒙昧主義和神祕主義；把老子學說中消極無爲和因循自然的思想引向了宿命論。在社會政治觀點上，莊子從老子對現實社會的咒詛和不滿，走向了對人類社會生活和政治生活的厭棄和否定。莊子幻想在自己的主觀意識中，消滅現實世界中的一切差別和對立，追求一種不爲現實社會的變革所苦惱和不受現實世界所約束的虛構的『自由』境界，以安慰自己的沒落遭遇。老子的學說反映了一部分沒落貴族並不甘心沒落、還企圖挽救自己前途的思想和要求。莊子的學說反映了沒落貴族，在奴隸制度徹底瓦解和新興封建勢力已取得絕對優勢的情況下，已無法挽救自己的命運，因而對自己的前途完全絕望的悲觀情緒。」（頁三六八）莊子對於「超形上學與形上學之間的弔詭關係」之洞見慧識，他那超形上學的名言破除與性靈解放，他那超道德的（transmoral）實存主體性之挺立朗現，他那超美學的（trans-aesthetic）生活藝術等等，完全被馮氏一筆勾消，如此則莊子哲學又有甚麼值

⓭ 見拙著《從西方哲學到禪佛教》，頁四〇九。

得珍惜繼承之處？「抽象繼承法」又有甚麼益處用處⓮？

馮友蘭在後文革時期所出版的《新編》修訂本雖稍避免了過度的馬列評價，但無任何哲學史討論的突破跡象。他在《修訂本》自序說：「我（在文革以前）也向蘇聯『學術權威』學習，看他們是怎樣研究西方哲學史的。學到的方法是，尋找一些馬克思主義的詞句，作爲條條框框，生搬硬套。就這樣對對付付，總算是寫了一部分《中國哲學史新編》，出版到第二册，『文化大革命』就開始了，我的工作也停了。到了七十年代初期，我又開始工作。在這個時候，不學習蘇聯了。對於中國哲學史的有些問題，特别是人物評價問題，我就按照『評法批儒』的種種說法。我的工作又走入歧途。經過這兩次折騰，我得到了一些教訓，增長了一些知識，也可以說是在生活、工作、鬥爭中學了一點馬克思主義的立場、觀點和方法。路是要自己走的；道理是要自己認識的。學術上的結論是要靠自己的研究得來的。」但是，馮氏的《修訂本》到底有了甚麼新的收穫呢？充其量也不過是從教條化了的馬列主義稍稍轉向後文革時期開始流行的所謂「開放的馬克思主義」罷了，並沒有像他在上面所說的那樣眞正依靠自己走路的。他在自序豈不亦云：「用馬克思主義的立場、觀點和方法，並不等於依傍馬克思主義，更不是抄寫馬克思主義」？如果他眞正不想去「依傍馬克思主義」，則不能祇停留在「開放的馬克思主義」階段，卻必須超越馬克思主義與非馬克思主義，更進一步設法建立較有我所云「創造的詮釋學」意義的（中國）哲學史方法論出來，否則不論如何修訂《新編》，所獲成績極其有限。

譬如他在《修訂本》討論孔子的思想，批判的筆鋒稍微緩和，但把

⓮ 讀者不妨比較我在前揭拙著最後一篇〈老莊、郭象與禪宗——禪道哲理聯貫性的詮釋學試探〉所嘗試的一種「創造的詮釋法」，與馮友蘭的「抽象繼承法」在哲學史方法論上的殊異所在。

孔子說成「基本上是奴隸主階級改革家」,「對於舊的東西是『因』多而『革』少」(册一,頁一七二),仍不能多所肯定孔子思想的正面價值和意義。孟子對他來說,還是「地主階級的保守派」,孟子的思想仍不過「是由奴隸主貴族轉化的地主階級的主張」(册二,頁六四)。依此階級分析,馮氏無法積極地肯定孟子性善論、倫理說以及政治社會思想的深刻道理。馮氏到了八〇年代,就算轉向開放的馬克思主義,也仍然偏重孔孟思想的保守主義一面,評謂「他們當然不會對事物發展的躍進上升有所認識。他們是反對事物發展的躍進上升的。」(册二,頁八四)

至於道家哲學,馮氏仍然認爲「《老子》站在沒落奴隸主階級的立場,主張對於地主階級政權,於必要時要順從,以等待時機,反攻過去」(頁三十四);莊子亦是一個沒落奴隸主階級的知識分子,所建立的哲學思想乃是一種「主觀唯心主義」體系,而他在〈天下〉篇的自述表現了「逃避現實的混世主義、相對主義等思想」(頁一一〇)。將近九十歲的馮友蘭所「了解」(不如說是誤解或曲解)的孔孟老莊已到如此程度,就算他能完成《新編》,也不會有甚麼學術貢獻可言。(寫到這裡,收到香港三聯書店寄來的《愛書人月報》四月號,列有馮友蘭《中國哲學史新編》第四册,內容應當超過原來的《新編》,但這裡不及評論。不過我敢斷言,馮氏的學術生命止於文革之前,他已無法改變他的學術坎坷。)

其他論著簡評

我已說過,馮友蘭的《新編》由於文革的爆發而停斷,沒有完成,而他在後文革時期的《新編》修訂以及續寫,以他年過九十的高齡恐怕也無法完成。不過,他曾發表過有關道學(又稱理學)、張載、陳亮、李贄、王夫之、魏源、譚嗣同、康有爲、梁啓超、章太炎、嚴復等等的長篇短論，可以看成補充未完成的《新編》的零散草稿。河南人民出版社正在陸續出版《三松堂全集》，已出四卷，這些長篇短論當皆收在《全集》之中。

一九八一年十月十五日至二十一日，大陸的中國哲學史學會和浙江省社會科學研究院在杭州聯合擧辦了全國宋明理學討論會。會後重要論文收在《論宋明理學》和《論中國哲學史》，由浙江人民出版社印行。《論宋明理學》一書之中載有馮友蘭的〈略論道學的特點、名稱和性質〉，他在後文革時期的所謂「開放的馬克思主義」學術氣氛下稍能給予宋明理學較爲積極正面的評價，並澄淸了一般馬列主義學者對於道學的誤解。譬如他重新解釋道學的「重義輕利」說，這與物質利益沒有關係，道學家祇是强調「義利之辨就是公私之分」，祇是說穿了這個簡單的道理，說了一句實話而已。他又重解道學家所講的禮，「並不是對於人的限制和束縛，而是個人的道德發展的條件，是個人完成他的完全人格的必由之路」。他也建議，儘量避免「唯心」、「唯物」等辭的濫用，說：「道學家和玄學家中大部分都是唯心主義者，但不能認爲道學和玄學就是唯心主義的同義語」。他也批評任繼愈規定儒家爲宗教所使用的標準與論證方式，認爲董仲舒的天人感應的目的論是宗教，但道學的道統論中不列董仲舒，不應把董仲舒和道學混爲一談。我讀馮氏此篇之後深深感到，馮氏在後文革時期，似乎稍有回到《貞元六書》的早年而有意重新肯認中國哲學傳統的本根的傾向，但適可而止，仍無眞正擺脫馬列枷鎖的突破跡象。

結語：「中國本位的中西互為體用」立場的建立

《中國哲學》編委會所編輯的《中國哲學》專輯已出十餘册（三聯書店出版），第五輯（一九八一年）載有馮友蘭的〈張載的哲學思想及其在道學中的地位〉，但未記載何時寫成。在這一篇，馮氏提到道學的三大派別：「張載代表道學中有唯物主義傾向的一派。程顥代表道學中的主觀唯心主義一派。程頤代表道學中的客觀唯心主義一派」。馮氏在〈再論中國哲學遺產底繼承問題〉那篇（一九五七年）澄清「抽象繼承法」時，豈不是說過：「古代哲學著作中所說的『氣』，究竟是不是物質性的，專從字面上看，也還是不能確定的。因爲『氣』這個字在中國語言中，意義太分歧了」？其實不但「氣」字，「理」字亦是如此，在不同語意脈絡或層次會有不同的意義與蘊含，不應簡單地說成「唯心」。其他中國哲學名詞，如「天」、「道」、「形而上」等字莫不皆然，實需切實的語意分析。馮氏只講「氣」字的歧義而不顧及「理」字的歧義，足以例證他並沒有擺脫「唯心」、「唯物」之類的馬列陳辭，也足見他受馬列主義影響之後，在哲學方法論與詮釋學功夫毫無進展，反而大大退步，令人感嘆。

馮氏論張載的那一篇，大體上還相當平實，無甚曲解之處，但過分誇張張載使用「唯物主義的辯證法」批判佛道二家的思想「勝利」，暴露了馬列主義者的他，始終以「辯證法爲是，形上學爲非；唯物論爲是，唯心論爲非」的武斷幼稚，看不到他那「抽象繼承法」的妥善應用。或不如說，「抽象繼承法」之所以應用不了，一大半責任應由馮氏本人承擔，蓋因他誤以爲「抽象繼承法」與馬列主義的「詮釋學」並不衝突，而有方法論的「妥協」可能之故，可見他未曾識透馬列主義哲學理論的根本難題。

馮友蘭評論陳亮、王夫之、李贄乃至清末明初的中國思想家時，也沒有好好用過「抽象繼承法」，總是依照唯心與唯物或辯證法與形上學的分辨，套上馬列公式，並不值得我們細究。譬如他在〈王夫之的唯物主義哲學和辯證法思想〉這一篇的末尾下結論說：「張載和王夫之都是地主階級知識分子。對立面徹底鬪爭的眞理，必然引起剝削階級終究被推翻的理論。他們的階級局限性使他們不能也不敢認識這個眞理，他們的辯證法思想，也必然是不徹底的，終歸要倒向形而上學。」馮氏完全接受階級立場與哲學眞理有必然關聯（且不說他對思想家的階級分析可能有錯），辯證法優越於形而上學（且不說辯證法唯物主義本身也是一種形而上學理論），列寧與毛澤東所强調的對立統一律（即統一是暫時的，對立矛盾才是永恆的），以及唯物論優越於唯心論等等馬列敎條，因此才有上述有關張載與王夫之的無謂結論。如果（中國）哲學史的研究方式祇有採取「古爲今用」的馬列主義原則才算絕對正確，則馮氏又何必提出所謂「抽象繼承法」，去討論如何繼承發展傳統哲學思想呢？難道受過良好西方哲學（方法論）訓練的馮友蘭，到了晚年居然糊塗到察覺不出，「馬列主義是兼具科學與哲學雙重意義的獨一無二的絕對眞理」這個命題的獨斷無據嗎？他在《三松堂自序》的結尾說：「我所能做的事，就是把中國古典哲學中的有永久價值的東西，闡發出來，以作爲中國哲學發展的養料，看它是否可以作爲中國哲學發展的一個來源。我認爲中國哲學中有些部分，對於人類精神境界的提高，對於人生中的普遍問題的解決，是有所貢獻的，這就有永久的價值。」但是他又馬上接著說：「馬克思主義必定要與中國的具體實踐相結合，成爲中國的馬克思主義，中華民族也必定會生出許許多多的人才，以完成這種事業。」如說在後文革時期，從敎條化的馬列主義轉向開放的馬克思主義，就可以徹底解決中國哲學遺產的繼承課題，而再發現並再創造「中國古典哲學中的有永久價値的東西」，這未免是書生在書房裡的自我幻想，因爲中國傳統哲學思想如有「永久價値的東西」，也祇有超越馬克思主義與非馬克思主義的對立，承認馬克思主義（不論如何開放）有其內在難題尙待克服，才有眞正繼往開來的可能。這是包括馮友蘭在內的所有大陸文史哲學界的學者必須承認的事實。如果大陸學者不更進一步跳過所謂「開放的馬克思主義」，而正面提議「經由批判的繼承去創造地發展以儒道佛三家爲主的中國傳統思想文化」，則何時才有突破與創新的可能呢⑮？

三年來我在不同的場合極力主張，爲了中國思想文化的繼往開來，我們必須建立「中國本位的中西互爲體用」立場，以便超克中體西用論（有大國沙文主義之嫌）與全盤西化論（有崇洋主義之嫌）的兩種極端論調，一方面設法通過中西（不論體用）的辯證融合，重新創造更具普遍性、永久性的思想文化，另一方面亦須大大發揮中國本位的獨特性。依此著想，我們在中國哲學方面應可發展兼具獨特性（uniqueness）與普遍性（universality）的新時代哲學傳統，辯證地綜合以儒道佛三家爲主的中國哲學（與宗教）思想與以方法論、知識優位論見長的西方哲學，這樣我們就有辦法超克大陸學者包括馮友蘭在內的馬列局限性與動輒誇張儒家優位的當代新儒家的泛道德主義偏差。

學例來說，在哲學方法論的探研，我們不但沒有理由拒却現代西方的批判理論、新詮釋學、存在主義、現象學、結構主義、日常語言分析理論、後設哲學等等於中國哲學的門外，反應吸納這些西學之長，而與中國傳統以來的義理之學、考據之學等等結合起來，重新建立我們中國

⑮ 參照拙文〈中國大陸講學三週後記〉第六節「馬列主義的內在難題」，收在《知識份子》季刊（紐約）第三卷第二期，卽一九八七年多季號。

本位的新詮釋學，新方法論傳統。在知識論方面，與人類實踐沒有直接關係的純粹科學知識與哲學知識探索方式原非中國傳統之長，當應吸納進來，適予改造之後使其構成中國本位的知識論主要成素之一，而與中國哲學的知行合一論或實踐優位論相輔相成。此一中國本位的知識論發展，自然會影響及於其他（中國）哲學部門的進一步發展，包括形上學、宗教哲學、倫理學、文化哲學、政治社會哲學、歷史哲學、美學、教育哲學、哲學史概念的把握等等，前途未可限量。

馮友蘭早年的學思歷程足以例證，老一代中國學者並沒有完全消化西學之長，故在馮氏的場合，就有了新實在論等等的思維偏差。馮友蘭晚年的坎坷命運，一方面顯示大陸學者的悲劇象徵，令人同情；另一方面又暴露了他那學術生命的脆弱性格，沒有眞正抓到中國哲學的眞髓，亦卽「生命的學問」，令人嘆惜。對於我們後輩來說，馮友蘭是最好的「反面教材」。

（一九八七年四月二十六日中夜於費城郊外，原載《當代》第十三期與第十四期）

審美意識的再生

——評介李澤厚與劉綱紀主編《中國美學史》第一卷

文革結束以來這十年之間，在中國大陸的整個人文暨社會科學研究領域裏，成績較爲顯著，且最有突破馬列教條希望的是，大陸社會科學院哲學研究所資深所員李澤厚教授所帶頭打開的一條關涉中國美學與美學史研究的新路。李氏自己的《美的歷程》（一九八一年北京文物出版社），以及他與劉綱紀主編的《中國美學史》第一卷（一九八四年中國大陸社會科學出版社），算是特別值得我們注目的兩部代表性傑作。我過些日子另撰一篇〈論李澤厚—大陸學術界的『苦悶的象徵』〉，將會論及《美的歷程》一書，這裏先就《中國美學史》第一卷稍予評介。

美學是大陸學術最有創造潛力的一個部門

我在拙文〈中國大陸學者的哲學研究評論〉說過：「據我觀察，在馬列主義的束縛下，哲學各大部門之中最難繼承的是宗教哲學與倫理學，比較容易過關的是邏輯與美學。……整個地說，文革結束以後不但有批判的繼承，且有創造的發展傾向的是美學這一部門。……我在美學這部門看到了一縷學術突破的小小希望。」❶之所以如此，乃是由於以下幾點因素所促成。

其一，在馬克思主義的發展史上，文藝創作與美學理論在意識形態的上層建築之中所佔的地位，一向比倫理、宗教等等更重要得多，有其助長革命情緒與團結精神的積極功能。譬如十九世紀舊俄時代的車爾尼雪夫斯基與柏林斯基等人的左派文藝批評理論對於後來馬克思主義本身的文藝批評與美學理論發展，影響甚鉅，直至今日仍被俄共、中共的專家們引用，而高爾基等左派文學家在俄國革命運動史上所產生過的種種影響，也是衆所周知的事實。又如普列哈諾夫的《藝術論》等美學著作，從俄國革命之前到後文革時期的今日中國大陸，始終被看成經典之作，而東歐的馬列主義理論專家盧卡奇，在他一連串的文藝理論著作，如《歐洲寫實主義研究》（一九四六）、《歷史小說》（一九五五）、《論做爲審美範疇的獨特性》（晚期作品）等等，顯現出他的美學才華，儼然成爲本世紀首屈一指的文藝批評家與美學權威，不論左派或右派都一致承認他的理論成就。我們回溯中共的歷史，也不難看出文藝創作理論與美學探討始終構成文學藝術與哲學研究等部門的重要項目。譬如毛澤東在一九四二年發表的〈在延安文藝座談會上的談話〉，到文革結束爲止，一直是大陸文藝理論與美學研究的第一部《聖經》。又如造成十年浩劫的文革時期，四人幫首先抓住的大權就在文藝創作領域，在江青與姚文元的專霸主義政策下，泡製了樣板戲之類的文革八股。這些史實都足以例證，文學藝術的創作理論與美學研究在馬列主義運動史上所佔有過的極大份量，至於陳獨秀、魯迅、茅盾等人在五四以後的左派文學運動中所扮演過的重要角色，更是不爭的事實。

---

❶ 《批判的繼承與創造的發展——『哲學與宗教』二集》（一九八六年台北東大圖書公司），第一四九與一五一頁。

其二，如《中國美學史》第一卷〈緒論〉所指出，大陸學者在一九五〇年代就已開始通過一番熱烈的公開辯論，逐漸醞釀出一種相當活潑的美學研究氣氛，與純粹的文藝理論研究分辨出來，而爲中國大陸的哲學研究之中，最充滿蓬勃朝氣的部門。譬如最近逝世的朱光潛寫了《西方美學史》這部巨著，也譯出黑格爾與克羅齊的美學著作。又在美學理論的建立方面，產生了他與蔡儀、李澤厚三位分別代表的美學三大派別，有關文件已收錄在《中國當代美學論文選》第一集（一九五三——九五七）與第二集（一九五七——九六四）之中，一九八四年由重慶出版社出版。同時，北京大學哲學系美學教研室也進行過中國美學史資料的編選工作，前後共約二十年，終在一九八〇年正式出版將近八百頁的《中國美學史資料選編》（北京中華書局，分成上下二册）。諸如此類，中國大陸的美學研究已經初具楷模。文革一旦結束，而四人幫所霸佔的文藝政策也隨著徹底推翻之後，自然能够舖出一條較具開放性的美學與美學史研究之路，而讓李澤厚爲首的一批大陸美學工作者與文藝理論家有個較好的環境機會，捲土重來而大展身手了。

其三，緜延流長的中國思想文化史最有獨特性的一點是，文學藝術與哲學宗教時有融爲一爐的傾向，我們如將中國思想文化史看成一部美感與審美理念代代積累的歷史，並不算是誇張之詞。許多重要的哲學古典或歷史書，如《老子》、《莊子》、《孟子》、《史記》、《資治通鑑》等等，都是第一流的文學作品，處處閃現有關文學藝術或審美理念的寶貴靈感；而《楚辭》、《詩經》、漢賦唐詩宋詞元曲乃至《紅樓夢》等歷代的純文學作品所表現出來的美感與審美理念，也比比皆是，美不勝收；再加上專門探討藝術創造或審美問題的純理論作品，譬如《樂記》、嵇康的《聲無哀樂論》、劉勰的《文心雕龍》、郭熙的《林泉高致》、王國維的《人間詞話》等等，我們實不難想見，中國審美理念發展史的研究途徑的重新開闢，有其不可限量的學術前途。在後文革時期，李澤厚等一批大陸美學工作者之所以大有所爲，而中國美學（史）研究之所以變成一項學術熱門，是假定著中國思想文化史的審美性背景（the aesthetic background）的。

其四，光有中國思想文化史的審美性背景，仍不足以說明爲何在後文革時期，中國美學（史）的探討會如此一枝獨秀，且有突破馬列教條的學術潛力。我們應了解到，後文革時期的中國大陸瀰漫著相當强烈的愛國主義情緒，逐漸取代文革結束爲止（極左派馬列信徒所控制），中共所一直高唱的國際共產主義。這種愛國主義情緒的高昂，自然有助於中國美學史研究的途徑開闢，也有助於中國傳統審美理念的再發現與再創造。

李澤厚的《美的歷程》與他指導下完成的《中國美學史》第一卷，算是中國美學的開山之作，水準也相當高，值得我們重視。相比之下，美學研究在目前的臺灣還未完全生根發展，美學人材也不充足，我們關注大陸學者在後文革時期的中國美學與美學史研究之餘，不得不同時檢討我們本身的哲學研究不足之處，以便打開我們的美學研究途徑，而與大陸學者爭長競短。這是評介《中國美學史》第一卷之前，做爲海外華裔學者的我不得不吐出的「忠言」。

《中國美學史》還無法徹底衝破馬列教條

《中國美學史》第一卷卷尾載有李澤厚的〈後記〉，簡單說明本書的構想原委與編寫過程。在一九七八年，中國（大陸）社會科學院哲學研究所成立美學研究室討論規劃時，他提議集體編寫一部三卷本的《中國美學史》。他的提議立卽通過，爲了準備編寫此書，他整理了個人積下的札記，寫出《美的歷程》，粗略勾劃出一個整體輪廓，做爲導引。但他自承，「只有我這個主編沒有寫。雖然也動筆擬過一些提綱，對各章基本觀點、脈絡提出過一些看法和意見。但總之，還是主而未編。」他曾想辭去主編名義，但另一主編劉綱紀與其他撰稿人都不同意，因此勉强留任。他也承認，「本書中好些基本觀念如：天人合一、味覺美感、四大主幹（儒、道、騷、禪）、孔子仁學、莊子反異化和對人生的審美式態度、原始社會傳統是儒道兩家思想的歷史根源等等，確乎由我提出，如有缺點錯誤，應由我負責。」

最後，他又提到本書的三大缺點：「一是可能對古人批判不够，肯定過多；階級分析較少，强調繼承略多。二是對某些材料、知識的掌握、解釋和闡發上，可能不够非常準確和精當。三是文字不够理想，有些單調累贅。」做爲本書的讀者兼評論者，我倒覺得這都不是甚麼缺點。就第三點言，本書文字相當通順暢達，並無「單調累贅」之處。就第二點言，本書算是中國美學史研究的開山之作，保持相當的學術水平，我們不應太過苛求。至於第一點，不但不是缺點，反有躍躍試破馬列教條的限制而大膽肯定與繼承傳統以來的審美理念的優點，大大强過以往大陸學者由於馬列教條的無謂束縛而濫用階級分析，批判有餘，繼承不足的學術缺點。李澤厚之所以鄭重其事，提出第一個主要「缺點」，恐怕是出於「明哲保身，防患於未然」的用意，俾不致遭遇教條保守派的點名攻擊。我祇能如此猜測他的一番苦衷。

〈緒論〉包括：⑴中國美學史的對象和任務，⑵中國美學史的研究方法，⑶中國美學思想的基本特徵，以及⑷中國美學的發展過程，大體上避免了馬列主義的「詮釋學」濫調，不過偶爾難免套用一點唯心、唯物的兩橛觀，容易掩蓋一些詮釋上的創見。〈緒論〉首先分辨廣狹二義的兩種研究方式：「所謂廣義的研究，就是不限於研究已經多少取得理論形態的美學思想，而是對表現在各個歷史時代的文學、藝術以至社會風尚中的審美意識進行全面的考察，分析其中所包含的美學思想的實質，並對它的演變發展做出科學的說明。所謂狹義的研究，就是以哲學家、文藝家或文學理論批評家著作中已經多少形成的系統的美學理論或觀點作爲主要研究對象，而對審美意識在社會生活和藝術中的種種具體表現，一般不去詳論，只作爲美學理論產生、形成的歷史背景，加以必要的說明。這種研究，集中注意於我國歷代對有關美與藝術的種種問題在理論上進行思考所取得的成果，亦卽我們民族的審美意識的發展在理論上的表現。因之，這種狹義的美學史，實際就是我們民族在理論上對於美與藝術的認識的發展史」。本書採取狹義的研究方式，以歷代思想家、文藝理論批評家著作中所發表的有關美與藝術的言論做爲主要研究對象，旨在適予分辨中國美學史的研究對象與一般文藝理論批評史的研究對象，而進行高層次的哲學詮釋。本書作者們大概感到，哲學性質（狹義）的純粹美學理論探討與一般性的文藝創作與鑑賞理論（乃至文藝批評），在西方傳統早已劃分淸楚，通過分工合作而相得益彰，在中國傳統亦應如此分開，以便提高美學研究的理論水準。我認爲，祇要注意到廣狹二義的研究方式有息息相關之處，爲了學術研究上的精益求精，暫時分開兩種方式，是有益無害的。事實上，〈緒論〉也承認，「如果用廣義的方式研究，旣可以不受各個時代的美學理論的局限，對我們民族審美意識的孕育、產生、形成和發展的全貌加以具體詳盡的闡述，又可以把那些尙未昇華爲美學理論的寶貴經驗加以整理和總結。這是廣義研究方式較之于狹義研究方式優越的地方。」

關於中國美學史的研究方法，〈緒論〉首先提出基本指導原則，卽「根據馬克思主義哲學，社會實踐是美的根源，美是具有實踐能動性的人類改造了客觀世界的產物。」然後接著又說：「本書不同意那種離開人類社會實踐，單從物的屬性特徵中去找美的根源的觀點。……社會實踐是認識某一歷史時代的審美意識和美學理論的最終根據。……許多資產階級美學史家由於不承認馬克思主義所指出，物質生產最終決定人類歷史發展這個歷史唯物主義的眞理，否認物質生產的發展是人類審美意識和美學理論發展的最後的物質動因，因而也就不可能對審美意識和美學理論的發展作出眞正徹底的科學說明。所以，我們既要反對用物質生產的發展或階級關係的變化來直接地簡單地說明審美意識和美學理論發展的庸俗社會學，同時也要反對脫離一定社會的物質生活條件，對審美意識和審美理論作抽象唯心的或生物學的種種解釋」。

很顯然，〈緒論〉作者意圖以較開放的馬克思主義觀點取代自我封閉的馬列教條，因此批判「庸俗社會學」的美學史理論；所謂「庸俗社會學」其實就是化約一切到物質生產與階級關係的馬列教條。但是，作者也一樣「直接地簡單地說明」美的根源是在社會實踐，而以物質生產爲「人類審美意識和美學理論發展的最後的物質動因」，且仍然使用「資產階級」、「唯心抽象」之類的馬列套語，想對審美意識和美學理論的發展試予所謂「眞正徹底的科學的說明」，這與僵化了的馬列教條究竟有何顯著的差距呢？我的意思是說，所謂「眞正徹底的科學的說明」其實相當接近馬列教條主義者所獨斷地堅持著的「必然的科學的內在邏輯規律」，祇是稍稍緩和了口氣而已。科學的說明祇具蓋然性，不可能「眞正徹底」；何況關涉美學史方面的研究乃屬一種哲學性的詮釋（a philosophical interpretation)，而與科學性的客觀眞理毫不相干。〈緒論〉作者仍未克服馬列教條對於（科學的、哲學的與意識形態的）三種馬克思主義的概念混淆，因而相信（却證明不了）馬克思以來的歷史唯物論，是兼具科學（客觀規律）與哲學（必然根據）雙層性格的唯一眞理，依此「唯一眞理」可以「發現」到，人類審美意識與美學理論的形成發展有其客觀必然的內在規律。我們當然不能否認美學史的社會實踐或物質生產等「唯物」根據或動因，但以社會實踐爲「最終根據」，或以物質生產爲「最後的物質動因」，祇能說是太過武斷的哲學主張（卽是一種哲學性的詮釋），却不能當做「眞正徹底的科學的說明」。

總之，我在李澤厚等人的開放的馬克思主義美學途徑，還無法看出徹底衝破馬列敎條藩籬的哲學理路。如要建立眞正開放的哲學理路，首先必須承認馬克思主義，不論如何開放，也不過是大海的一漚，祇有通過馬克思主義與非馬克思主義的相互衝擊，彼此制衡以及交流會通乃至辯證的揚棄，才有希望往向永遠開放（open-ended）的哲學道路的。《中國美學史》第一卷的理論限制，卽在於此。

標榜過度的華夏優越感

有趣的是，本書隨處閃現著美學（史）的詮釋洞見（hermeneutic insights），動輒脫離正統的歷史唯物主義觀點，能够專就各家各派的審美理念與中國美學的獨特性，一一掘發其中深意或奧妙出來，不受馬克思主義的箝制。譬就中國美學思想的基本特徵而言，〈緖論〉雖仍套用「奴隸社會的美學」、「封建社會的美學」等等字眼，「唯物」地說明美學理論的「階級背景」或「社會根源」，但在擧出「美與善的統一」、「情與理的統一」、「認知與直覺的統一」、「人與自然的統一」、「富於古代人道主義的精神」、「以審美境界爲人生的最高境界」等等中國美學的特點時，總有暗暗（不論有意無意）指點超越階級、社會、時代等等制限的普遍性審美理念可能存在著的詮釋傾向。〈緖論〉作者提出「以審美境界爲人生的最高境界」爲中國美學的一大特點（也是優點）時，說道：「西方常常是由道德而走向宗敎，以宗敎境界爲人生最高境界；中國則是由道德而走向審美，以審美境界爲人生最高境界。因爲中國哲學所追求的天人合一，絲毫不捨棄自然，不否定人的自然生命，不是到超自然的天堂中去尋找不朽。……總之，中國哲學所追求的人生境界是審美的而非宗教的。我國五四運動前後，蔡元培提出『以美育代宗教』，也明顯受著中國傳統思想的影響。當然，宗教的產生和消滅有其客觀必然的社會歷史原因，不是審美可以取代的。但是，以人生的最高境界爲審美的，不到宗教的虛幻世界中去尋求解脫，這却是中華民族應當批判繼承的優良傳統。我們民族的那種歷經患難而不滅的堅毅樂觀的精神，不能說同這種傳統毫無關係。」基於中國思想文化傳統特有的天人合一觀點，作者在這裏有意標榜具有審美境界的人生意義與價值，做爲現代中國學者，我也雙手贊成。但是，此一標榜已關涉到超越馬克思主義的普遍性審美理念問題，作者却不願如此直說。

我也曾經說過，「中國傳統的哲學與宗教在生活實踐可以具體化爲文學藝術的審美表現。如此，哲學宗教與文學藝術合而爲一，生死智慧與審美理念熔爲一爐。這是禪道的極致，亦是孔子以來儒家傳統所津津樂道之者。」❷我這個看法，與〈緒論〉作者的上述主張可說「異曲同工」，但是他的主張仍與歷史唯物主義保持「必然關聯」，徒增毫不必要的判斷混淆與哲理葛藤。

「審美的而非宗教的人生境界」主張，一方面是審美判斷（an aesthetic judgment），跳過歷史唯物主義的約制，依此重新挖掘與發現中國獨特的審美理念所可能蘊含著的普遍性（超階級性、超時代性、世界性）意義出來；另一方面又是特定的「應然」判斷（a particular ought-judgment），基於馬克思主義（歷史唯物論）與愛國主義（華夏

❷ 《從西方哲學到禪佛教——「哲學與宗教」一集》（一九八六年台北東大圖書公司），第三九七頁。

優越感）的雙重理由，總以中國式天人合一的審美性人生境界爲高爲優，而以西方式超自然的宗教及其衍生而成的審美理念與人生境界爲低爲劣。由於這兩種屬於不同層次的判斷混淆不淸，作者的美學觀點也就有了理論偏差與不一致，甚至變成缺乏哲理根據的一種情緒性武斷。

我們可以依照作者的審美判斷，去重新發現中國傳統特有的「天人合一」審美理念及其人生境界本身可能蘊含著的普遍性意義，藉此一方面向西方美學挑激，另一方面經由中西美學的交流會通，辯證地揚棄中西各別理論的限制，進而創造更高程度的普遍化審美理念或理想。這當然是現代中國美學工作者應該努力發展的研究途徑，如用我自創的語辭表示，卽不外是堅持「中國本位（爲了批判地繼承並創造地發展中國思想與文化著眼）的中西（美學）互爲體用論」立場，可以說是健全有理的審美判斷，並不夾帶情緒上偏好某一特定價值（如中國社會的）的「應然」判斷。但是，我們如果隨著作者，在他的審美判斷之上硬加特定的「應然」判斷說，免於超自然的宗教理念的中國式審美性人生境界較諸西方式的更爲高明或殊勝，充其量祇能當做我們華夏民族的自我偏好或選擇而已，却無「放諸四海而皆準」的哲理强制性（philosophical forcefulness)。作者的反宗教論調來自馬克思主義（「宗教是人民的鴉片」），而其標榜中國式審美的人生境界高過西方式宗教的人生境界，則是泰半源於傳統以來過度的華夏優越感，部分來自馬克思以來的反宗教立場。我們在這裏不但看到了，後文革時期的大陸學者覺醒於國際共產主義的惡夢之餘，逐漸造成的激烈愛國主義情緒，也同時看到了馬克思主義的餘力影響以及馬克思主義與愛國主義的奇妙湊合（湊合不是圓滿的融合)。

如說西方式宗教的人生境界及其審美表現較爲低劣，甚至依循馬克思主義而說所有宗教以及宗教藝術應該除去，則〈緒論〉作者又如何

「科學地」說明，近代西方文學音樂與藝術的高度發展，除了古希臘羅馬的異教淵源之外，也有賴乎中世紀以來基督宗教及其藝術的强大影響的史實呢？再者，專就近代西方音樂來說，第一流的音樂作品，如巴哈的〈馬太受難曲〉，韓德爾的〈彌賽亞〉，貝多芬的〈第九（合唱）交響曲〉，時有濃厚的宗教氣氛，涉及高度的宗教情愫或靈感，作者能有辦法套用歷史唯物論觀點，對此給予「眞正徹底的科學的說明」嗎？作者能說這些帶有宗教背景的第一流音樂作品所表現的審美理念或人生境界，就遠不如中國式的嗎？但是，中國式的音樂（及其樂器）一千多年來無甚變化與發展，也不像莫札特或貝多芬的音樂作品那樣，能够表現一種較有普遍化意義的審美理念或理想，這又如何「科學地」說明呢？又如莫札特的音樂作品，絕大部分是專爲當時宮廷貴族的日常享樂而創作出來的，但這些「宮廷音樂」作品今天在所謂「資本主義」的美國居然普受歡迎，無所謂「階級性」或「時代性」，從歷史唯物主義的美學觀點，又如何去做「科學地」說明呢？我是不無疑問的。對於《中國美學史》的作者們設法突破馬列敎條的一番努力，我在衷心表示敬佩之餘，仍不得不建議他們，必須更進一步認眞討論馬克思主義美學與非馬克思主義美學之間的交流會通與辯證的揚棄問題，這樣才有希望貫徹馬列敎條的全面突破。馬克思主義者常有見於文藝創造與美學理論所以產生的（某程度的）物質動因或社會根源，却無見於超階級、超時代的第一流藝術作品或美學理念的普遍性或世界性意義。因此，李澤厚等開明派的大陸美學工作者，實有必要率先吸納非馬克思主義的美學理論進來，以便適予修正歷史唯物論本身的美學理論局限性。

愛國主義的情緒與馬克思主義的教條都是學術絆脚石

〈緒論〉把中國美學的發展分爲五個時期：⑴先秦兩漢時期（奴隸社會的美學）；⑵魏晉至唐中葉（前期封建社會的美學）；⑶晚唐至明中葉（後期封建社會的美學）；⑷明中葉至戊戌變法運動前（封建社會末期的美學）；以及⑸從戊戌變法到文革前後（近現代形態的美學）。第一卷所包括的內容，祇限於先秦兩漢時期。第一編先秦美學思想除第一章的概觀之外，討論孔子以前、孔子、墨子、孟子、老子、莊子、《周易》、荀子、《樂記》、屈原、韓非、以及《呂氏春秋》等（共十二章）的美學思想。第二編兩漢美學思想則分爲九章，除首章專述概觀之外，其餘八章分別討論《淮南鴻烈》、董仲舒、司馬遷、揚雄、王充、漢代辭賦理論（如司馬相如與揚雄論賦的創作、班固和王逸關於屈原的論爭之類）、《毛詩序》，以及漢代書法理論（崔瑗的《草書勢》、《說文解字》序、蔡邕論書法的篇章等）中的美學思想。先秦到兩漢之間的所有關涉文藝創作與美學理論的古代書籍或篇章可說包羅殆盡，沒有遺漏任何重要的美學思想資料內容。不但內容相當豐富，討論亦處處精彩；討論精彩之處多半與馬列教條或歷史唯物主義不相關涉。由於篇幅所限，以下祇能精選本書之中份量較重而論點亦較精彩的部分予以評介，並指出得失所在。

作者特別注意到孔子以前已存在著的陰陽五行學說，强調「對立面的和諧統一是宇宙的本性」,「人與自然的相通和統一」，以及「宇宙內在的合規律的結構」,這些思想都深刻地影響了中國古代美學思想的發展。基於「和」與「天人合一」的觀念，「不懈地堅持這個統一（卽合規律性與合目的性的統一），要求個體的社會性的倫理道德感情同客觀自然運動變化的規律、形式兩者達到完全的和諧一致，這就是整個中國古代美學的根本出發點」（第九十九頁）。作者精確地指出，孔子以前的統一和諧意義的審美理念構成了中國「古典美」的理想，「直至明代中葉之後，才明顯地被具有近代氣息的『浪漫美』的追求所打破」（第一〇一頁）。我們可從作者强調「和」或「對立面的均衡統一」的字裏行間，多少讀出作者對於偏重對立鬥爭或「一分爲二」之類的馬列毛理論教條或文革論調的暗中諷刺。

作者通過相當精細的語意分析，討論孔子「興於詩，立於禮，成於樂」、「詩可以興，可以觀，可以羣，可以怨」、「文質彬彬」、「智者樂水，仁者樂山」、「樂而不淫，哀而不傷」等等極富美學靈感之語，而判定孔子的美學成就說：「孔子避免了由於看到美與善的矛盾而用善去否定美的狹隘功利主義（如墨家），也沒有企圖脫離現實的社會倫理道德的制約去追求自由和美（如老莊），這就是孔子解決美善矛盾這個重大問題上的傑出之處」（第一三七頁）。作者能够如此正面肯定孔子的美學成就，提醒我們孔子「仁學」的美學意義，很難能可貴，與文革期間的批孔八股，實有天壤之別。

作者衡定孔子在世界美學史上的地位時，特別比較孔子與柏拉圖、亞理斯多德等古希臘哲人在美學思想上的功過得失。作者承認，孔子的美學思想雖有「束縛個性發展的消極作用的一面，但它要求在個體與社會的和諧統一中去發展個體的情感，却比柏拉圖的『迷狂』或亞理斯多德的『淨化』有著更符合審美本性的意義。因爲近乎宗教的『迷狂』固然不能使情感得到合理健康的發展，就是所謂『淨化』也只是一種心理上的暫時的療治。更爲重要長久的是，應使個體不但在理智上，而且在情感上意識到他的心理欲求的發展同社會的進步發展之間的統一和諧關係」（第一五九頁）。我們在這裏又看到了審美判斷與「應然」判斷的混淆不清。審美判斷析出文藝作品在內容與形式雙層的審美價值，重新發現其中獨特性之後設法進一步探索此獨特性可能蘊含著的審美普遍性意義。作者不從古希臘戲劇（尤其悲劇）作品之中探現其獨特性，也不去了解古希臘哲人從戲劇作品過濾出「淨化」等獨特的審美理念，藉以發揮此等理念蘊含的普遍性的美學用意，却平面（或片面）比觀孔子與希臘哲人的美學思想，一下子就加（兼具愛國主義與馬克思反宗教主義雙層理由）的「應然」判斷，對於古希臘美學的探討難免武斷了些。作者既已指摘孔子（或傳統儒家）的美學思想有其「束縛個性發展的消極作用的一面」，難道不能體會古希臘悲劇的內容表現，是有充分發揮劇中英雄面對命運掙扎奮鬥的强烈個性的積極功能嗎？或者體會此種悲劇表演能產生的「淨化」作用，也同時滿足了個別觀衆或鑑賞者的心理需求（即個性的自我滿足）嗎？作者的「應然」判斷，與古希臘悲劇以及亞理斯多德的「詩學」理念所具有著的審美獨特性，以及此一獨特性所蘊蓄著的審美普遍性，有何相干呢？這種「應然」判斷豈不變成美學研究的纏足嗎？其實作者在指出古希臘審美理念的優點時，倒是多少了解到古希臘文藝與美學思想的獨特性與普遍性的，因爲他說：「孔子美學雖然並不忽視藝術對社會的認識作用，但它所强調的是通過藝術去表達人們的倫理道德的精神狀態以及和治理國家得失有關的風尙、民情，並不重視對廣大社會生活中各種人物及其複雜的矛盾衝突的再現。而在情感的表現上，又排斥著激烈的怨恨、愛憎。這就使得藝術對社會生活的反映受到了局限。中國歷來有一唱三嘆極爲優美的抒情詩，却找不到像荷馬那樣的長篇敍事詩和那種憾人心魄的希臘悲劇」（第一五七頁）。我在這裏不得不强調我已作過的建議：站在「中國本位的中西（美學）互爲體用論」立場，重新發現中西藝術創造與審美理念的各別獨特性，經由一番交流會通與辯證的揚棄之後，創造地發展中國未來的更具包容性、普遍性的文學藝術與美學理論，捨此而外，別無他途。祇在同一平面上，皮面地比較擺陳中西文藝作品與美學理論的優劣得失，而完全忽略兩者各別的獨特性，以及各別的獨特性經由一番審美的過濾提升而爲更高程度的一種普遍性或世界性，這不是繼承與發展中國美學的最好辦法，也不是穩當中肯的審美判斷。愛國主義的强烈情緒或馬克思主義的唯物論調（如反宗教、反超階級性的普遍性之類），都常容易構成學術研究的絆脚石。

儒道兩家美學是中國古代美學的兩大潮流

作者在討論老子美學對後世的影響時說：「由老子所創始的道家美學，經過莊子的發展，最後形成儒道兩家美學雙峯對峙的局面，雙方互相對立又互相補充，成爲中國古代美學的兩大潮流。其餘的楚騷美學和禪宗美學的產生，都同這兩大美學潮流的發展分不開，不了解儒道兩家的美學，就不可能了解中國古代美學」（第二二六頁）。這一段話大致不差。作者討論道家的美學思想時，認爲莊子的影響遠遠超過老子，這一點也是事實。但他規定莊子的哲學與美學，「是渾然一體的東西，他的美學即是他的哲學，他的哲學也即是他的美學」（第二二七頁），又說「莊子哲學所提倡的人生態度，就其本質來看，正是一種審美的態度」（第二四一頁），恐怕言過其實，過份標高美學思想與藝術創造在莊子哲學之中的地位。莊子哲學的眞諦是在，通過道家獨特的「超形上學的突破」（a transmetaphysical breakthrough），揭發（包括道家形上學在內的）一切形上學說在人爲思辨與語言表現上的本來局限，由是徹底解放人的性靈，轉化「機心」而爲相應於超形上學的突破的「無心」，即是忘人忘天忘言忘道的眞人之心。我曾說過：「超形上學的突破，主要的

（實踐性）目的是在人的自我解放，變成一個無心解脫、自然無爲的生活藝術家，這就是莊子的『宗教』，可用『道遊』（Tao as Art）一辭予以概括。莊子在『逍遙遊』篇所云『若夫乘天地之正，而御六氣之辯，以遊無窮者，彼且惡乎待哉！故曰：至人無己，神人無功，聖人無名』，可以說是『道遊』的最佳說明」。❸這就是說，超形上學的性靈解放意義的「道遊」乃是無心無念、無爲無事的生活藝術，無所謂藝術創造或「審美性」（aesthetic）人生境界的形成；莊子的生活藝術毋寧是「超審美性」（trans-aesthetic）的，本無所謂美不美，也無所謂藝術不藝術。❹莊子的美學思想（嚴格地說，是超美學的思想）對於後世文藝創作與美學理論留下深遠的影響是一回事，莊子本人並不需要藝術或美學是另一回事。對莊子來說，從《詩經》、《離騷》到《紅樓夢》，從荷馬的史詩到畢卡索的繪畫，統統可以看成糟粕，銷毀亦不足惜；如用大乘佛學的二諦義說明，所謂藝術或美學乃屬世俗諦事，超形上學的或超審美的「道遊」才是勝義諦事，不容直截說成「渾然一體」。因此，我並不同意作者討論莊子美學思想的基本方式。不過，討論莊子的一章處處顯出詮釋的洞見，令人讚賞。譬如作者自莊子的「乘物以遊心」等語析出審美的超功利性意義，借來比較康德的美學，自「徇耳目自通而外於心知」等語申論審美的心理特徵，自「物化」觀念談到審美的境界，自「得意而忘言」等語討論藝術形象的特徵問題，或自「庖丁解牛」、「宋元君將畫圖」等有關「道」、「技」關係的莊子寓言處理藝術創造的特徵

---

❸ 《從西方哲學到禪佛教》，第四一四頁。

❹ 參照拙論 "Beyond Aesthetics: Heidegger and Taoism on Poetry and Art," 收在 Kenneth K. Inada, ed., *East-West Dialogues in Aesthetics*, Asian Studies Series, State University of New York at Buffalo, 1978.

問題，都有相當精彩的美學創見。美中不足的是，作者在《莊子》中蒐羅有關「美」字的話語之後，並未細予脈絡分析(contextual analysis)，硬要尋出各種「美」字脈絡之中的共通「審美」意義，有時令人感到相當牽强。譬如「天地之美」(〈天下〉篇)、「澹然無極而衆美從之」(〈刻意〉篇)、「美則美矣，而未大也」(〈天道〉篇)、「以天下之美爲盡在己」(〈秋水〉篇)、「德將爲汝美」(〈知北遊〉篇) 等等帶有「美」字的語句不見得都有「審美」意義，這裏實需牛津、劍橋日常語言分析學派所提倡的一種精細的脈絡分析工夫。我又發現到，作者討論道家美學時，沒有關注莊子〈齊物論〉中有關人籟、地籟與天籟的審美以及超審美的雙層「(超) 美學」旨趣，也未能好好析出《老子》第十一章有關自「無」生「有」(如「埏埴以爲器；當其無，有器之用」) 的藝術創造之妙諦妙竅，而與海德格那篇影響甚鉅的 (超) 美學論著《藝術作品的根源》(*Der Ursprung des Kunstwerkes*) 比較研究，以便發現有助於中西美學交流會通的思維靈感。❺

除了道家美學之外，《中國美學史》第一卷對於屈原《離騷》的美學思想、司馬遷的美學思想等等亦有精到的見解，創獲甚多。作者在〈屈原的美學思想〉這一章結尾說：「在屈原之後，寫下了『無韵之《離騷》—《史記》』的司馬遷，向前發展了屈原的反抗性和批判性，突破了屈原的『怨而不怒』的局限性，把屈原的美學思想推向了一個極爲光輝的新的高度，使之同中國古代人民的英雄主義結合起來了。唐代韓愈所謂的『物不得其平則鳴』，以及宋代歐陽修所謂的『詩窮而後工』的說法的提出，都明顯地受到屈原美學思想的影響。屈原的高度重視藝術美和不受儒家束縛的自由的反抗的精神，始終活在中國歷代文藝中，成爲抑

❺ 參照前註所列拙論。

制和救正儒家美學重善輕美的偏頗和打破儒家思想束縛的一個有力的傳統」(第三八六頁)。作者這裏的美學史評斷，可以說是煞有見地，頗見功力的。

今年(一九八六)七月間，我應邀回國參加國建會，在社會文化組的討論會上屢次建議，大陸純學術性的書刊應該有限度地開放，不妨先設一審查委員會愼重處理，俾便我們的知識份子對於大陸的學術研究情況，有個如實客觀的了解。我也舉出朱光潛的《西方美學史》、李澤厚的《美的歷程》以及《中國美學史》第一卷等書爲例，說明我在國建會的此項建議適合時宜，也有必要性。❻

我在這裏對於《中國美學史》第一卷所作的評介，或可促進大家對我上項建議的了解，亦盼有助於刺激我們的文藝作家、藝術家、音樂家以及哲學工作者提高中國美學理論與美學史的研究興趣，開闢我們自已的研究途徑，而與大陸學者的美學研究進行公平的學術競賽。

(一九八六年九月八日晨四時半於費城郊外，原載《文星》雜誌同年十月復刊第2號)

---

❻ 見《中國論壇》半月刊第二十二卷第十期(民國七十五年八月二十五日出版)中的專題，「掙扎中的大陸學術困境」。

藝術講求獨特性

三年前，我在人間副刊的一篇文章中，以本世紀最出色的鋼琴聖手魯賓斯坦（Artur Rubinstein, 1887-1982）的生死爲開端，抒發「生命試煉」的哲理旨趣。數週之後偶然在電視節目看到年屆九十有一的他與英國記者的對談。當記者問他：「人人都說您是二十世紀的第一位鋼琴演奏家，您同意嗎？」魯賓斯坦毫不加思索，立卽回答說：「我當然不同意。音樂所講求的是獨特性（uniqueness），而不爭等級的第一。你說貝多芬第一？還是莫札特第一？這是不可能有定論的，也不必有定論的。我們應該說，貝多芬的偉大是在他那獨特的風格，而莫札特的偉大也是在他那不同意義的獨特風格。內行人只講風格獨不獨特，外行人才去斤斤計較誰是第一。」

我事先並不是不知道魯氏所說的這一番道理，但平常只不過覺得這是理所當然，而未曾進一步推敲，當時忽聽魯氏此語，頓然對於藝術表現的眞諦妙竅有所領悟，眞可說是「聽君一席話，勝讀十年書」。其實，魯氏對音樂的體悟也同樣適用於其他所有藝術領域，舉凡文學、書畫、園林設計、建築、挿花乃至表演藝術等等都可包括進去。多半的藝術家當然知曉藝術必須講求獨特風格的道理，但因虛榮心作祟，難免喋喋爭論第一、第二。魯賓斯坦十歲時卽在柏林公開演奏而一鳴驚人，他的演奏生涯幾達八十載，對於琴藝磨煉的甘苦體會之深，遠非一般鋼琴家所能企及，故得避免藝術造就的等級爭論，實有發人深省之處。

記得我在三年前的那一篇〈天才是生命的試鍊——從魯賓斯坦之死談起〉中說：「我在電視上分別欣賞過魯賓斯坦與霍洛維滋的琴藝；前者富於激情，浪漫情調外露無遺：後者含藏於密，外表近乎冷酷而內實傳神。兩者對比，眞可謂旗鼓相當，各有千秋。也許是氣質的關係吧，我個人偏愛魯氏沸騰宏美的琴音與溢乎琴外的奔放情熱。」其實我那時應該說，魯氏生前，足以和他平分秋色的老少兩代鋼琴名手，不僅僅是霍洛維滋一人，我至少可以數出十位，譬如奧國的布蘭德爾（Brendel），智利的阿勞（Arrau），法國的恩特勒蒙（Entremont），西班牙的拉洛嘉（De Larrocha）女士，意大利的年輕奇才波里尼（Pollini），入籍美國的東歐人塞根（Serkin），以及蘇俄的里希特（Richter），吉勒斯（Gilels）與（已棄俄的）阿西肯納濟（Ashkenazy）等是。對於這些琴藝已臻登峯造極的名手，我們實不能以普通意義的等級標準評出高低，而須分就他們所各別表現的獨特風格去聆賞與評價。魯氏本人向以彈奏蕭邦、格里格、柴可夫斯基等浪漫派作曲家的鋼琴作品享有盛名，但如請他演奏莫札特、貝多芬等古典派作品，恐怕比不過布蘭德爾琴藝的出神入化。卽使專就魯氏最擅長的蕭邦鋼琴曲言，阿勞、阿西肯納濟、霍洛維滋等人所灌的唱片並不見得就比魯氏所灌過的差些；琴藝到了這些超級演奏家（super-class performers）的「天上天下，唯我獨尊」地步，可以說是各樹一格，各顯神通，已經難分軒輊了。《景德傳燈錄》卷四載有道明禪師之語「如人飲水，冷暖自知」，比喩個人獨特的體會；魯賓斯坦在音樂領域中算是「冷暖自知」的親身體驗最長最深的一位，難怪卽時能予指正記者所問，道出：“uniqueness”這「一字經」。但是，究竟有多少藝術家（與鑑賞家）眞正體會過「一字經」的深意呢？

好多年前古典音樂迷的我，因一時的好奇心所驅使，翻遍巴哈以來的作曲家名簿，自我思計良久，終於挑出自認爲成就最高的十位作曲家，還排定了等級次序如下：⑴貝多芬，⑵莫札特，⑶舒伯特，⑷巴哈，⑸海頓，⑹布拉姆斯，⑺維爾第，⑻華格納，⑼柴可夫斯基，與⑽蕭邦。維爾第的歌劇與蕭邦的鋼琴曲是我百聽不厭而最喜愛的作品，却把這兩位的名次排在第七與第十，自以爲評定標準足够「客觀」；但聽了魯賓斯坦的「一字經」後，回想到當年硬挑十位作曲家還排定等級的愚蠢，暗自叫了聲「慚愧」。我當年的評定標準不但不客觀，根本是任意(arbitrary)而造作（artificial）的。譬如布拉姆斯從不創作歌劇之類，自始至終以標榜「絕對音樂」而著名，勉强比較他與專寫歌劇作品的維爾第，且定等級差別，旣不公平也無濟於事。又如貝多芬與莫札特之間，喋喋爭論誰是「第一」，也是無甚意義可言。貝多芬只寫過一齣歌劇，在歌劇史上不算上選，莫札特的「非加羅婚禮」、「唐璜」、「魔笛」等歌劇則屬超群絕倫之作。貝多芬的九首交響曲，尤其第三（「英雄」），第五（「命運」）與第九（「合唱」），乃是古典音樂史上的里程碑，但莫札特的最後數首交響曲有其天籟般的獨特風格，亦是古今獨步，硬要替他們計量高低，只會破壞音樂欣賞的眞正情趣。

記得去年四月某晚，曾在紐約一家意大利茶館與楊澤、周陽山以及郭松棻夫婦暢談暢敍。當話題轉到古典音樂，松棻問我：「你最看重誰的作品？」由於近年來我對莫札特的再發現與欣賞體驗的加深，無形中改變了我的音樂偶像，從貝多芬轉到莫札特，所以毫不猶豫地回答：「當然是莫札特了，他那外表簡易的旋律之中蘊藏著深不可測的餘韻餘情，敢說是前無古人，後無來者。」松棻聽得不耐煩，就說：「不行不行，你難道沒有聽過馬勒（Gustav Mahler）的作品？我勸你好好試聽一下。」當時在旁的陽山立卽爲我辯護說：「老傅也很懂馬勒的。前些日子他還在計劃寫一篇〈馬勒的大地之歌——唐詩與交響曲的中西融合〉，問我能否代找『大地之歌』七首唐詩德譯的漢字原文呢。」

我提這段音樂閒談，用意是要指出「藝術講求獨特性，不爭第一」。松棻與我分別「大捧」馬勒與莫札特，乍看之下好像是在爭論孰高孰低，其實深一層地說，是在指點對方重新發現（rediscover）作曲家的獨特風格。個性與情趣不盡相同的聽衆在聆賞音樂作品的實際演奏時，對於作品與演奏藝術的看法，確常表現「仁者見仁，智者見智」，決不可能有放諸四海而皆準的評賞尺度存在。理由很簡單，藝術亦如哲學與宗敎，是祇可望訴諸人人共識共認的相互主體性的，與一般科學（尤其自然科學）所追求的客觀眞理毫不相干。藝術領域的所謂「雅俗共賞」，有其相互主體性意義的理據，此一道理的發現與再發現，則有賴乎少數具有獨特見識的藝術鑑賞家。松棻與我的音樂對談，可以說是互相交換或傳達自己對於作曲家及其作品原有（獨特）風格的（獨特）鑑賞體驗；原有風格愈有獨特性，則鑑賞體驗也愈有獨特的可能，通過相互主體的對談交換，可以逐漸形成雅俗共賞的道理。

《呂氏春秋・本味篇》云：「伯牙鼓琴、鍾子期聽之。方鼓琴而志在太山。鍾子期曰：『善哉乎鼓琴，巍巍乎若太山！』少數（意卽須臾）之間，而志在流水。鍾子期又曰：『善哉乎鼓琴，湯湯乎若流水！』鍾子期死，伯牙破琴絕弦，終身不復鼓琴，以爲世無足復爲鼓琴者。」在這有名的「知音」典故中，我們可以發現到魯賓斯坦「一字經」的精彩詮釋：演奏者（卽藝術創造者）與聆聽者（卽藝術鑑賞者）之間環繞着琴音琴藝（卽藝術表現）所形成的同感共鳴，或西方美學家所說的「感情移入」（empathy），也就是演奏者獨特的風格表現與聆聽者獨特的欣賞能力之間相互主體性意義的無言拍合（speechless identity in the intersubjective sense），也可以說是能動的獨特主體與所動的獨特主體之間的心靈交流。通過知音而知心，更成知己之交，這是藝術創造與鑑賞領域特有的一種志同道合，也是「一字經」所蘊含着的旨趣之一。我個人從「一字經」所特別領悟到的，就是兼攝創作（creation）與鑑賞（appreciation）雙層的藝術眞諦，即是藝術風格的獨特性，藝術賞識的獨特性（因爲賞識是一種「再發現」或「再創造」），甚至（雙方）整個人格的獨特性之充分彰顯。這就部分說明了爲什麼「美」（beauty）雖不算是「眞」（truth）或「善」（goodness），却與後二者頗有一脈相通之處，只有身入其境者才能眞正領略個中滋味。

這也就是說，藝術創造者（如魯賓斯坦）與藝術鑑賞者（如我自己）在知音知心的無言拍合當中，都以個別獨特的絕對主體性前後分別表現原先體驗（如魯氏對於蕭邦鋼琴曲的領悟）與隨後體驗（如我對蕭邦鋼琴曲與魯氏演奏的雙重領悟），或原先創造（鋼琴演奏）與隨後再創造（琴藝品賞）；兩者分別在演奏（能動）層面與聆賞（所動）層面各顯「直下更無第二人」的神通，同時又在一拍即合的那一時刻（如魯氏演奏蕭邦鋼琴曲的那數分鐘），共同形成「知音知心知己」的相互主體性藝術氣氛，有如禪家師徒之間的「以心傳心」或「感應道交」，或如禪宗大德之間的相互印證。如說大徹大悟的禪道境界，無有孰高孰低的問題存在，我們也可以說，在同感共鳴的藝術境界，也無有孰上孰下的問題存在。魯賓斯坦與霍洛維滋的精湛琴藝，分別表現各自的獨特風格，亦即各自「直下更無第二人」的絕對主體性，無有高低上下的等級差別。魯賓斯坦獨樹一格的藝術創造（演奏）與聽衆獨具慧眼、慧耳的藝術再創造（欣賞）亦是如此，各自呈現「直下更無第二人」的絕對主體性。從「一字經」的觀點看來，兩者的獨特性完全平等。

（一九八六年七月十日晨二時半於費城郊外，原載中國時報一九八六年九月二十一日與二十二日人間副刊）

李澤厚的荊棘之路

——大陸學術界的「苦悶的象徵」

李澤厚是文革結束以來，大陸哲學思想界最出色的一位學人；他的著作《美的歷程》更在臺灣文藝界造成相當程度的影響。本文作者延續上文〈審美意識的再生〉，除對李澤厚的生平、性格及學術背景作介紹外，也就《美的歷程》一書和其他著述，進行精到的評析；文後並附有李澤厚的自述〈走我自己的路〉，使讀者更真切領會一位大陸學者所走過的荊棘之路。對於作者今年在國建會討論上所提的建議：適度開放大陸出版的純學術性書刊，我們深切期待能早日實現，以開拓寬廣的文化視野。

——編者按

前　言

今年（一九八六）七月間，我應邀回國參加國建會，在社會文化組的討論會上，曾極力建議以下三項：⑴關於大陸出版的純學術性書刊，應考慮在謹慎的原則下適予開放，事先設立審查委員會，審訂可以開放的書刊，必要時，在可以開放的書刊之前，加上該會評語；⑵自五四直至一九四九年，在大陸出版過的文藝作品亦應開放，包括魯迅、巴金、老舍等人的作品在內，俾使生長在臺灣的年輕一代，對於我國文藝傳統從近代到現代的發展與延續，有一現實客觀的了解機會❶；(3)我們在海峽兩岸的學術競賽過程當中，應該採取更積極有效，且有伸縮性的文化出擊政策，譬如利用現有外滙存底的一小部分做爲基金，委託民間機構，或海外學術團體，出面主辦有關中國思想與文化的純學術會議，邀請大陸學者在內的海內外中國學者參加，一律使用中國語文進行公開討論，至於開會地點，不妨考慮香港、新加坡、美國等地，表示與政治有所區別❷。

我在會外也與學術界人士（如輔大羅光校長及其教授團體），各大報章雜誌的編者，以及年輕一代的知識分子代表談到我的建議，他們都一致表示同感共鳴。我這三項建議的著想，乃是基於「文化中國」的概念了解，應與一分爲二的現時政局嚴予分辨。海峽兩岸皆唱不同意義的「統一中國」論調，但是無關乎政治問題的，最起碼的學術溝通與文化接觸都談不上，則光就我們的「此岸」來說，老一代如何向土生土長的年輕一代交代？難道我們盡讓我們的年輕一代對於中國大陸的一切（尤其學術文化）保持陌生隔閡，甚至「隔岸觀火」的態度，如此助長臺獨意識的滋生，而終導致有如老子所云「鄰國相望，雞犬之聲相聞，民至老死不相往來」的永別局面嗎？

做爲海外華裔學者，我無權無力去干預政治，但我深深感到，海外學者以其較有自由發言的實際方便，應該挺身負起「文化橋樑」的責任。一方面，繼續批評馬列教條的獨斷無益，旁助大陸開明改革派（如

---

❶ 關於以上兩項建議，參閱《中國論壇》半月刊第二十二卷第十期（八月二十五日），第十三頁。

❷ 關於此項建議的報導，參閱七月二十三日的自立晚報第二版。

李澤厚、湯一介等資深學者或金觀濤夫婦等後起之秀）❸，貫徹他們對馬列教條的全面突破；另一方面，同時提醒並鼓勵正在朝向已開發國家目標前進的臺灣，必須百尺竿頭更進一步，在經濟科技、政治社會、思想文化等等層面，徹底發揮多元開放的新時代精神，而予大陸以正面衝擊與楷模示範。如此經由公平競賽，才有所謂「統一中國」的眞實意義，數千年來的老大中國，也才有迎頭趕上歐美日等先進國家，且與之爭長競短的希望。這就是拙文撰寫的緣由與旨趣❹。

在後文革時期的大陸哲學思想界，最具獨創性且對年輕一代最有號召力的一位是，大陸社會科學院哲學研究所資深所員李澤厚教授。

四年前（一九八二年）在檀香山擧行的國際朱子學會議期間，我與他結交。今年四月我應邀往大陸訪問講學時，他與我高談闊論，毫無顧忌。李澤厚是個豪放直爽的性情中人，敢說敢爲，自我承當，這在個性

❸ 湯一介係已故著名佛教學者湯用彤教授的公子，於一九八四年年底創立「中國文化書院」，其宗旨是：「通過對中國文化的教學與研究，承繼並闡揚中國文化的優秀傳統，通過對中外文化的比較研究，加强世界各國的交流和學者的往來，促進中國傳統文化的現代化」(《瞭望週刊》海外版一九八六年二月十日所載〈中國文化書院致力於中國文化現代化〉一文)。該院重要成員，除湯一介與李澤厚外，還包括梁漱溟、馮友蘭、張岱年、任繼愈等老一代著名學者。金觀濤（四十歲）與其妻劉青峯原先分攻化學與物理，一九八四年出版《興盛與危機——論中國封建社會的超穩定結構》，一鳴驚人。該書擺脫了馬列教條的限制，大膽借用現代西方的控制論、系統論等嶄新理論，重新嘗試中國歷史的科學解釋，創見叠出，已備受西方史學家的注目。九月初他們以特殊學者身分，應邀飛往美國，正在費城賓夕尼亞大學亞洲研究系訪問一年。我不久將爲《文星》專文評介金觀濤主編的《走向未來叢書》（四川人民出版社）。此套「叢書」在大陸極其轟動，擁有廣大的讀者羣（尤其後文革時期的年輕知識分子），有大無畏地衝破馬列束縛之勢。

❹ 七月十六日晚我在耕莘文教院公開演講「學術之旅——我對大陸學術界的觀感」(中國時報人間副刊主辦)，下結論時也特別强調，海峽兩岸之間，多元開放意義的純學術性接觸與交流的必要性與適時性。依我看法，臺灣握有「日日自求多元開放」這張王牌，實可藉此機會向大陸示範一番。

或實存主體常被淹沒的中國大陸，實不多見，因此在文革期間，他吃過不少苦頭。他在一九八二年寫的自傳體短文〈走我自己的路〉中說道：「我堅守自己的信念，沈默而頑强地走自己認爲應該走的路。」讀完此文，對他那哲學思考的力求獨立自主，與堅忍不拔的生命情操，不得不肅然起敬。

李澤厚其人及其治學道路

李澤厚生於一九三〇年六月，湖南長沙人，年幼卽失怙。他的母親勉强維持艱困的家計，送他兄弟二人上學，卻不及看到他日後成才成名而早逝。他提到慈母的影響說，她講「只問耕耘，不求收穫」的話語及其艱苦奮鬥的榜樣，始終給他以「不求功名富貴，不怕環境困苦，一定要排除萬難去追求眞理的決心和力量」。他在一九八四年三月，爲他行將出版的一本選集《李澤厚哲學美學文選》（一九八五年湖南人民出版社）撰寫自序，末尾說道：「……如今，我也有兒子了。他沒有辛酸的童年，大概也不致有被無端浪費掉的靑壯年。但望他們那一代，將不會嘲笑我們這些在各種困境中蹣跚而行的過渡人物所作的一切。兒子的健壯成長，使我更悲痛地紀念茹苦含辛養我教我不幸早逝的母親。她活到現在該多好！這本來是完全可能的。社會歷史和個體生活中的某些偶然總是那樣驚心動魄，追悔莫及，令人神傷。今天，我只能以這本不像樣子，但在家鄉出版的小書奉獻給她——我兒子所不及見的慈祥的祖母、我親愛的母親寧鄉陶懋枬。」這段極其動人的話語，充分表現儒家倫理的深厚影響，而無半點馬列教條的痕跡，也無疑地顯示，他是契接老一代傳統的道地中國人。

李澤厚在中學時代，理科成績特優，證明他有淸醒冷靜的思辨能力。但他同時又具敏銳孤高的感受能力，終於選擇了美學研究之路。其實他的讀書與趣相當廣泛，文學藝術且不說，社會科學方面的書刊也不斷地涉獵；通過廣泛的閱讀，逐漸培養並增强了判斷是非和獨立思考的能力。一九五〇年，他以第一志願考取北京大學哲學系，從此開始了他那哲學思索的荆棘之路。放棄擅長的數理，選擇了哲學之路，這與近現代日本哲學之父（京都學派的開創者）西田幾多郎所作實存的抉擇頗有類似之處，也許多少例證哲學與數理科學之間，存在著的一種抽象思辨意義的學科親近性吧。

李澤厚在北大時最下苦功的，是十九世紀中國思想史與美學研究，尤其美學一項的思想創獲，奠定了他的學術地位，與兩位老牌美學專家朱光潛與蔡儀鼎立，形成三大派別，這都是三十歲以前的事，足見他的才華。但他自己並不承認「天分」是他學術成就的因素，學問上的苦功（如勤製資料卡之類）才是他所以能够得心應手，而寫作暢順的主要動力。

一九五八年夏天，李澤厚出版了處女作《康有爲譚嗣同思想》(上海人民出版社)，曾收錄在《哲學研究》等期刊雜誌刊載過的七篇專論。從這本處女作，我們還看不到嚴格的史學與哲學方法論訓練，多半借用馬克思的唯物史觀，探索十九世紀中國改良派變法維新思想發展的前因後果，以及解釋康有爲與譚嗣同的哲學思想和政治社會思想。書中偶爾閃現作者的創見，文筆亦極清新流利，馬列教條的陳腐之辭並不多見，反映著五〇年代較具伸縮性的中國式馬克思主義論調，而與六〇年代到七〇年代的馬列毛理論八股的泛濫大有差距。譬如對於康有爲的《大同書》評價甚高，謂:「大同書全書的中心環節，康有爲民主理論和『大同』空想的最重要的基石，就正是個人的自由、平等、獨立、個人的權利，個性的解放。……『大同書』就這樣論證了『大同』世界幸福生活的重要保障，是眞正的民主制度。只有基于『人人平等』、『不限人民權利』原則上的民主社會，才可能有眞正自由幸福的生活」(第一一二與一二五頁)。李澤厚在這裏强調所謂的「個人的自由、平等、獨立、個人的權利、個性的解放」，對於動輒抹殺人權與個性的馬列毛教條，以及造成十年浩刼的文革，豈非構成一大諷刺？像其他不少大陸學者一樣，當年天眞爛漫的青年馬克思主義者李澤厚，恐怕還是經歷日後文革的政治欺壓和慘苦生活之後，痛定思痛，才開始對於馬列毛教條本身所無法擺脫的內在難題，或理論偏差有了深一層的反思與了解的。

該書末尾收有一篇有關譚嗣同思想的討論文章，另加反駁孫長江評此文章的附文。於此附文，李澤厚答謂：「在我看來，重要的是具體研究問題，深入揭露和分析矛盾，展開問題的全部複雜豐富的性質」，並說孫長江的評論「帶有相當典型的敎條主義的氣味」(第二三五頁)。但是，反觀李澤厚自己對譚嗣同思想所進行的具體分析，也未能完全擺脫「敎條主義的氣味」。譬如他說：「實際上，無論是譚氏的體系，或是譚氏的方法，其內部都存在著尖銳的矛盾和衝突。就體系說，是唯物主義成分與唯心主義矛盾，是『以太』與『心力』的矛盾；就方法說，是辯證法和詭辯論相對主義的矛盾，是强調事物的變化發展，和否認事物相對穩定，企圖另求永恆的實體的矛盾」(第二二三頁)。他在這裏使用的唯心唯物兩橛觀，難道沒有敎條主義的影響痕跡嗎？但到了八十年代，思想更趨成熟的他，卻在〈試談中國的智慧〉這一篇裏說：「多年來國內關於中國哲學史的通史和專史的著作比例，似乎有點失調，應該改革一下，使哲學史、思想史的局面，來個多樣化的新貌。……」❺五〇年代的李澤厚思想，還沒有開放到具有「多樣化的新貌」的地步。他在一

❺ 見李澤厚著《中國古代思想史論》(一九八五年人民出版社)，第二九五與二九八頁。

九七九年又出版了《中國近代思想史論》這本著作，與《康有爲譚嗣同思想》的出版，時隔二十年餘，可惜我的手邊獨缺此書，無從比較兩本姊妹書在思想上與方法上的同異所在。

文革期間，李澤厚被下放到明港幹校勞改，只准死讀《毛選》(其實他的哲學功力遠非毛所企及)；他卻偸偸帶進一本康德的《純粹理性批判》，細嚼多次，並作筆記。一九七二年自幹校回到北京自家之後，開始撰著《批判哲學的批判——康德述評》，七年之後由人民出版社印行，兩三年內初版的三萬册居然售罄。故於一九八四年再出修訂本，書後新加附論〈康德哲學與建立主體性論綱〉(係作者在康德《純粹理性批判》出版兩百周年紀念上的演講稿)，曾在大陸學術思想引起大旋風，乃是了解作者自文革後期，逐漸發展而成的「主體性實踐哲學」，或卽「人類學的本體論」不可或缺的主要資料，容後申論。關於此書的撰著過程，他在初版「後記」自述：「同年（一九七二）秋，幹校歸後，『四人幫』凶焰日張，文化園地，一無可爲。姚文元在臺上，我沒法搞美學；强迫推銷『儒法鬥爭』，又沒法搞中國思想史。只好遠遠避開，埋頭寫作此書，中亦略抒憤懣焉。而肝心均病，時作時輟，至一九七六年地震前後，全書始勉力完稿。雖席棚架下，抗震著書，另感一番樂趣；但『四人幫』法西斯專制下，實備遭困難，歷盡曲折，連借閱普通書籍亦極不易，一些必要的書始終未能看到。」雖然如此，他對康德所下過的苦功十分深厚，不時聯貫到現代西方哲學的問題探索，足以證明他對西方哲學的知識與了解，遠在專攻西方哲學的一般大陸學者之上。

「主體性實踐哲學」的理論建構，是李澤厚在認眞探討康德哲學的功過得失之時，才開始嘗試的；他的美學研究與美學思想的發展則不同，打從五〇年代直至今日，三十年來未曾中斷，他在這一方面的學術成就，已是公認的事實。

李澤厚在一九五六年就出版了長篇論文〈論美感、美和藝術（研究題綱）——兼論朱光潛的唯心主義美學思想〉，翌年又在「人民日報」發表〈美的客觀性與社會性——評朱光潛、蔡儀的美學觀〉，批判朱光潛（否認美的存在的客觀性）與蔡儀（否認美的存在的社會性）兩位美學理論的片面性，而主張說:「美是社會的，又是客觀的，它們是統一的存在。否認其中任何一方面，都是錯誤的。」他自北大畢業不久，就如此敢與兩大美學權威打擂抬戲，而導致大陸美學的三大派別，足見他的美學才情與瞻識。到六〇年代為止，他一直發表不少美學論文，如〈論美是生活及其他——兼答蔡儀先生〉、〈美學二題議——與朱光潛先生繼續論辯〉、〈典型初探〉、〈審美意識與創作方法〉等篇，這些專論後來都被收在四川省社會科學院文學研究所主編的《中國（大陸）當代美學論文選》第一集（一九五三～一九五七）與第二集（一九五七～一九六四）。文革期間，李澤厚沉寂下來；等文革一過，李澤厚立即東山再起，一連串出版了《批判哲學的批判》（一九七九）、《中國近代思想史論》（一九七九）、《美學論集》（一九八〇）與《美的歷程》（一九八一）；到了去年又出《李澤厚哲學美學文選》，與《中國古代思想史論》。雖說未屆耳順之年，卻已躍居大陸哲學思想界數一數二的「耆宿」。最近他又寫成〈禪意盎然（讀書隨筆）〉、〈藝術雜談〉等篇，在這兩篇新作裏，他的思路更加活潑開放，文筆依然流暢煥發，似有更進一步徹底衝破馬列毛藩籬，「朝向辯證的開放哲學」傾向❻。

在下面三節，就李澤厚的「主體性實踐哲學」建構，（涉及中國思

---

❻ 林鎮國君最近應韋政通兄邀請，寫出評介兩本拙著的文章，藉用正題《朝向辯證的開放哲學》（《中國論壇》第二十二卷第七期）描敍我個人的哲學探索大致方向，很合我的本意。我這裏也想借用林君的正題描敍李澤厚的最近思路。不過，「英雄所見略同」而已， 對於馬克思主義的看法和評價則大有不同之處。

想文化繼承課題的)《中國古代思想史論》，以及《美的歷程》(兼涉最近的美學看法)，進行鳥瞰式的評論，而在結語部分闡釋本文副題所示「苦悶的象徵」的意蘊。

「主體性實踐哲學」的理論建構

「主體性的實踐哲學」或「人類學本體論的實踐哲學」這個理論構想，是李澤厚在文革後期默默耕耘，埋頭研究康德哲學之時開始醞釀，而在苦心撰著《批判哲學的批判——康德述評》的期間逐步形成的。《哲學美學文選》所收錄的姊妹作，即〈康德哲學與建立主體性論綱〉(也收在《批判哲學的批判》修訂本中)，與〈關於主體性的補充說明〉，是了解此一理論建構的基本輪廓的主要資料。依我的了解，「主體性實踐哲學」的理論建構，在現階段還停留在模型試建或藍圖繪製的程度，哲學思想的方向雖大致清楚，其中許多細節，仍有待進一步的哲理澄清或理論添補。

誠如研究李澤厚哲學的大陸學者梅寶樹所云：「李澤厚的美學思想是建立在主體性實踐哲學，亦即人類學本體論的實踐哲學的基礎上的」。❼據我猜測，李澤厚在五〇年代從事美學研究時，比其他大陸學者，早先一步注意到馬克思遺著《一八四四年經濟學——哲學手稿》的重要性，而從此書對於「異化」問題的討論，以及書中所提出的「自然的人化」或「人化的自然」觀點，吸取建立他自己的美學思想的思想資糧。如此緊接早年的馬克思，强調美學上與文藝創造上的「自然的人化

❼ 見梅寶樹〈再談李澤厚的美學思想〉(《文藝研究》一九八六年第三期，第二十四頁)。梅氏另有〈要重視人類學本體論的研究——讀李澤厚哲學美學論著札記〉(《河北大學學報》一九八五年第四期) 等篇。

——人化的自然」，亦卽人性中的主體性、實踐性、創造性的結果，當然就會再進一步探討偏重人性主體性的哲學奠基問題。因此，李澤厚日後對於康德哲學的關心，並不算是偶然。李澤厚自己就說：「康德哲學的巨大功績在於，他超過了也優越於以前的一切唯物論者和唯心論者，第一次全面地提出了這個主體性問題，康德哲學的價値和意義，主要不在他的『物自體』有多少唯物主義的成分和內容，而在於他的這套先驗論體系（儘管是在謬誤的唯心主義框架裏），因爲正是這套體系把人性（也就是把人類的主體性）非常突出地提出來了」❽。他在這裏雖仍套用陳腐的唯心、唯物兩橛觀論調，卻敢於正面道出「唯心」論者康德，優越於「唯物」論者之處，在馬列教條緊緊限制著的大陸學術環境，已經算是相當大膽了。

根據我所親身接觸過的李澤厚本人，以及他在〈走我自己的路〉中所描述的自我個性，我認爲他那生來「自己思索，自己做主」❾的獨特性格，也是促使他逐漸走向「主體性的實踐哲學」理路的內在因素。德國觀念論者費希特曾說：「一個人選擇何種哲學，端看他是那一種人」。「哲學表現個性（主體性）」的此一主張，似在李澤厚的思想發展中也多少應證到了。當然，在中國大陸受過長期的馬克思主義思想教育的他，不可能專從自己的實存主體性（existential subjectivity）立場出發，徹頭徹尾批判地超克（critically transcend）馬克思主義本有的理

❽ 《哲學美學文選》（卽其中〈康德哲學與建立主體性論綱〉一篇），第一五〇頁。

❾ 今年四月間我到上海社會科學院哲學研究所演講前夕，住在黃埔江畔的和平飯店。無意間打開電視，正有一個短暫的「名人名言」節目。電視上的評論員引了一句魯迅的名言「自己思索，自己做主」，並解釋說：「不論研讀孔孟，或是學習馬列，都應該通過自己的腦袋仔細思考，千萬不可盲從他人。」這也許反映著這一兩年來大陸更進一步的「開放」動向，但「開放」程度仍受限制。

論局限性，甚至獨斷性，而自由自在地展開純屬自己獨創的哲學思想。也就是說，我們在他的「主體性實踐哲學」之中很難發現他自己的「實存主體性」；亦即「自己思索，自己做主」的生來獨特性格，欲顯而實隱，始終被「集體優於個體」的偏向集體主義的「主體性」概念所掩蓋或壓倒。他的「主體性」概念，基本上仍遵循馬克思的歷史唯物論，强調以勞動生產爲基本的社會實踐的人類能動性。他說：「要以使用和製造工具來界定實踐的基本含義，以統一實踐哲學和歷史唯物主義」(《批判》第三六二頁)。無論如何，我們不應由於此，即抹殺他通過「主體性實踐哲學」的理論建構，而試予突破馬列教條的一番苦心與學術意義。

「主體性的實踐哲學」，以作爲主體的人（人類和個人）爲探究對象，來研究人類的主體，因此又稱「人類學本體論的實踐哲學」。李澤厚認爲，「人類的最終實在、本體、事實是人類物質生產的社會實踐活動。」(《批判》第七十六頁)，他又隨著馬克思的歷史唯物主義實踐論，主張現實物質的生產活動（社會存在），是原始的或第一性的；人類運用語言、符號、訊息等等的精神生產活動（社會意識），是從屬的或第二性的。前者才構成「實踐」的眞正內核和基礎。依此觀點，他批判了西方馬克思主義（抹殺經濟基礎和上層建築的區別，理解實踐爲一種純主觀的力量），維根斯坦一派的語言哲學（動輒等同語言操作和社會實踐），以及存在主義（片面誇張個人的絕對自由）等等當代西方哲學理論。對李澤厚來說，歷史唯物論和主體性的實踐是一體的兩面，因爲實踐論所表達的主體對客體的能動性，即不外是歷史唯物論所表達的，以生產力爲標誌的人對客觀世界的征服和改造。他仍堅信歷史唯物論的所謂「客觀歷史規律」，或即「不以人們意志爲轉移的客觀規律和歷史法則」(《文選》，第一六〇頁)；主體性的社會實踐，必須依據「冷靜的對社會發展的客觀歷史的科學分析」，否則墮爲盲目的唯意志論。

李澤厚在〈關於主體性的補充說明〉，對於有關「主體性」概念的疑難，予以進一步的澄清，提出雙重內容和含義。第一個「雙重」是：它具有外在的（即工藝）——社會的結構面，和內在的（即文化）——心理的結構面。第二個「雙重」是：它具有人類羣體（又可區分爲不同社會、時代、民族、階級、階層、集團等等）的性質，和個體身心的性質。此四者相互交錯滲透，不可分割，而且每一方又都是某種複雜的組合體。他所以要在〈論綱〉提出「主體性」概念，乃是爲了「從這些複雜的子母結構系統中，來看人類和個體的成長，自覺地了解它們」。關於上述四層含義的關係，〈論綱〉主張這兩個雙重含義中的第一個方面，是基礎的方面。他說：「人類羣體的工藝——社會的結構面，是根本的起決定作用的方面。在羣體的雙重結構中才能具體把握和了解個體身心的位置、性質、價值和意義。」（《文選》第一六五頁）。我們不難看出，李澤厚雖使用新的語言表達，骨子裏他還是忠實於馬克思主義的原來立場：社會存在是根本動因，社會意識則是從屬的反作用（第一「雙重」中的社會存在優先性）；人類羣體的社會實踐是歷史發展的必然，個體實踐則是偶然（第二「雙重」中的集體活動優先性）。就這一點說，李澤厚多半重覆歷史唯物論的老論調，並無個人獨創的新義。

李澤厚在〈補充說明〉中又說：「儘管〈論綱〉强調這個作爲基礎的外在工藝——社會的客觀結構，是歷史的原動力，是構成人類主體性的本體現實。它需要由社會學、經濟學、未來學來作現代科學的仔細研究。但〈論綱〉的主題卻是對人類本體的第二個方面，即提出作爲主體性的主觀方面的文化——心理結構問題。」（《文選》第一六五頁）他對「主體性的主觀方面的文化——心理結構問題」的探討與解答，確有他的獨創觀點，動輒超越傳統馬克思主義的範圍，又有突破馬列教條的傾向，很值得我們注目。這個問題，也是馬克思以來的歷史唯物論者，所一向忽略或未曾解决的。毛澤東依其「意識型態的上層建築不斷革命論」，發動了文革，而導致十年浩刧；在文革過後的思想文化半空虛狀態，自然有了重新探討上述問題的必要性與適時性。李澤厚以此問題當做他那「主體性實踐哲學」論綱建立的主題，而首次提出頗有辯證地揚棄康德（唯心論）與馬克思（唯物論）的思想潛力的嶄新見地，多少反映了他那「走我自己的路」的强靱個性，也多少象徵了較有自覺與膽識的大陸學者，在後文革時期所走的「荆棘之路」。

李澤厚以「文化——心理結構」這名辭取代傳統馬克思主義的「（意識型態的）上層建築」，指出分別內化、凝聚和積淀而有的三大方面（知情意）和內容。

第一是（認識論上的）智力結構（理性的內化），他想以馬克思主義實踐哲學，改造當代結構主義心理學家皮亞傑的發生認識論，說明人類智力建構的眞正根源，是在極爲漫長的人類使用、創造、更新、調節工具的勞動活動之上，多種多樣的自然合規律性的結構、形式，首先保存、積累在這實踐活動之中，然後才轉化爲語言、符號和文化的訊息體系，最後才內化爲人類智力結構，產生和動物不同的人類認識世界的主體性。

第二是（倫理學上的）意志結構（理性的凝聚），他認爲倫理道德是相對（內容）與絕對（形式）的統一。就內容言，沒有甚麼抽象普遍的道德；但就形式言，道德又有不斷積累、凝聚下來的結構成果，具有某種持續性，穩定性和非變異性。李澤厚承認形式道德的普遍性，顯受康德的影響；但他又主張，離開人類的社會實踐，也不可能有理性的凝聚和意志結構的構建，這一點則完全來自馬克思主義。

第三是（美學上的）審美結構（理性的積淀），他認爲這是由於人類在社會實踐中，通過內在自然的人化和歷史積淀的結果，分感官的人化與情感的人化進行。感官的人化是人類在長期勞動生產實踐中實現而成，由是積淀超越個體欲望的感性社會化、理性化、非功利化。情感的人化是隨著社會歷史的發展，個體情感因受社會道德理性的制約，而積淀成爲社會理性的內容，譬如「性」變成「愛」就是。認識領域和倫理領域的超生物性，經常表現爲感性中的理性，而審美領域則表現爲積淀的感性。李澤厚說：「如果說，認識論和倫理學的主體結構還具有某種外在的、片面的、抽象的性質，那麼，只有在美學的人化自然中，社會與自然，理性與感性，人類與個人，才得到眞正內在的、具體的、全面的交溶合一。如果說，前二者還是感性中內化或凝聚了理性，那後者則是積淀了理性的感性；如果說，前二者還只表現在感性的能力、行爲、意志中，那麼後者則表現在感性的需要、享受和嚮往中得到的人與自然的統一。這種統一當然是最高的統一。美的本質是人的本質最完滿的展現，美的哲學是人的哲學的最高級的峯巓；從哲學上說，這是主體性問題，從科學上說，這是文化心理結構問題。」(《文選》第一六二頁）又說：「中國傳統是通過審美表現替代宗教，以建立這種人生最高境界（特指「天人合一」）的。正是這個潛在的超道德的審美本體境界，儲備了能跨越生死不計利害的道德實現的可能性，這就叫『以美儲善』。……總之，在本體性系統中，不是倫理，而是審美成了歸宿所在：這便是天（自然）人合一。而這個最終的『天人合一』，卻又是建立在物質現實的自然人化（改造內外世界）的基礎之上的。」(《文選》第一七六至一七七頁)。

「主體性實踐哲學」的基本架構大致如上。我已指出，李澤厚所云「人類羣體的工藝——社會的結構面，是根本的起決定作用的方面」，也祇不過是使用新的語言，表達歷史唯物論的基本主張，卽「社會存在

（或經濟基礎）決定社會意識（或上層建築）」。因此，歷史唯物論本身產生的理論限制或困難，也自然成爲「主體性實踐哲學」的理論限制或困難。像幾乎所有的資深大陸學者一樣，李澤厚還沒有意識到，科學的馬克思主義（祇具科學蓋然性的唯物史觀），哲學的馬克思主義（辯證法的以及歷史的唯物論，乃屬自稱絕對眞理的哲學獨斷論），與意識型態的馬克思主義（通過階級鬥爭，和無產階級專政必定達到共產主義目標的「應然」信念），這三種馬克思主義儼然有所分辨，否則由於三者混淆不淸，立卽產生種種葛藤或偏差。李澤厚仍然搬出「不以人們意志爲轉移的客觀規律和歷史法則」，仍然宣稱「個體的小我被淹沒在整體的大我中，是共產主義到來以前，人類史前期所必然經歷的現象」（《文選》第一五九頁）等等，並沒有徹底擺脫敎條化了的馬克思主義枷鎖[10]。

相比之下，後文革時期的新一代年輕學者，如以《興盛與危機——論中國封建社會的超穩定結構》一書出名的金觀濤與劉青峯（係一對夫婦），則顯然不同，已能應用非馬克思主義的現代西方科學理論或方法（如系統論、控制論等），重新進行純科學性的歷史解釋，大膽突破歷史唯物論的陳腐敎條。金、劉二位自文革的惡夢覺醒以後，開始探討傳統的馬克思主義未曾（亦未能）解答的問題：「爲什麼中國封建社會能長期延續達兩、三千年之久？」終能運用控制論方法，提出中國封建社會的結構是一個超穩定系統（an ultra-stable system）的科學假說。他們「考察中國封建社會的經濟、政治、意識型態三結構的特點，以及它們之間是怎樣相互作用、相互調節的，也卽從社會組織方式上來把握

[10] 關於我對歷史唯物論等等的哲學批判，參閱拙文〈馬列主義的思想困局與未來中國的展望〉，已收在拙著《批評的繼承與創造的發展——『哲學與宗敎』二集》（一九八六年東大圖書公司），第八九至一二七頁。

結構的特徵」(《興盛與危機》第十一頁)。他們的假說與方法，完全避免了馬克思以來的偏生產力論，偏經濟基礎論，或偏社會存在論等等化約主義的偏失(the reductionist fallacy)。

「主體性的實踐哲學」，還有其他一些內在難題有待解決，譬如它還無法說明超越個別時代、社會、階級等等的倫理道德的普遍形式原則(如「己所不欲，勿施於人」)的哲理強制性根據究竟何在，這顯然不能祇用李澤厚所云：「人類(道德)心理結構的內形式繼承」來說明的。他也談到「個體、自我的自由選擇」不應忽視，但如不踰越偏集體主義的歷史唯物論限制，如何能够充分發展生命十大層面之中的「實存主體性」層面？⓫他又堅持「天人合一的審美表現替代宗教」的主張，但是關涉宗教智慧與形上學(以及宗教哲學)問題，我所謂的「生死解脫」與「終極存在」等生命層面，實有別於「審美經驗」層面。李澤厚的偏審美主義，太輕易地一筆勾消了宗教的獨特意義與價值；「宗教是人民的鴉片」，這個馬克思以來的獨斷論調，豈不是仍在管制他的思考方式嗎？

《中國古代思想史論》

李澤厚的近著《中國古代思想史論》，可以說是他那「主體性的實踐哲學」，對於中國思想文化繼承課題的一種應用，共分(1)孔子再評價(附論孟子)；(2)墨家初探本；(3)孫老韓合說；(4)荀易庸記要；(5)秦漢思想簡議；(6)莊玄禪宗漫述；(7)宋明理學片斷；(8)經世觀念隨筆；與(9)

⓫ 關於「生命的十大層面及其價值取向」模型，請參閱拙著《批判的繼承與創造的發展》，第二十八頁至二十九頁，第五十九至六十五頁，以及第七十七至八十八頁。

試談中國的智慧等九篇。陳腐的馬列套語幾乎消失不見，書中隨處閃現創見，文筆亦清新流暢。此書較《批判哲學的批判》更避免了馬列論調，作者的主體性或獨特性格更加顯明。譬如他說：「我沒有講唯物唯心之爭，（如現在好些論著），也不同意以孔孟程朱或孔孟陸王爲『正宗』（如港、臺好些論著）。我以爲這兩者都太狹隘，不能很好地說明中國思想傳統、民族性格或文化心理結構。」（《史論》第二九八頁）。但他仍未脫離歷史唯物論立場，故云：「我仍然是社會存在決定社會意識的理論信徒，深信當前中國（大陸）的社會前進，首先還是需要（經濟）基礎的變動，需要發展社會生產力、科學技術，以及改變相應的各種經濟政治體制。在意識型態領域，首先要努力配合這一變化。」（《史論》第三二五頁）。他在這裏並未解除三種馬克思主義的混淆，仍將哲學上的「必然」主張，與意識型態上的「應然」信念，硬套到科學上的「蓋然」律則上。大致說來，書中較有創見之處，都有擺脫歷史唯物論論調的傾向；主張顯得太過牽强或武斷之處，則總避免不了馬列理論的干擾，不論是作者有意的還是無意的。

關於孔子的仁學思想，李澤厚認爲由四個因素構成：第一是與「禮」直接相關的血緣基礎（孝悌等）；第二是心理原則，他解釋說：「孔子用『仁』解『禮』，本來是爲了『復禮』，然而其結果卻使手段高於目的，被孔子所發掘所强調的『仁』——人性心理原則，反而成了更本質的東西，外的血緣（『禮』）服從於內的心理（『仁』）」（第二十二頁）；第三是人道主義，「仁學」思想在外在方面，突出了原始民族體制中，所具有的民主性和人道主義；第四是個體人格，就是說，與外在的人道相對應，並與之緊相聯繫制約，「仁」在內在方面突出了個體人格的主動性和獨立性。李澤厚承認，孔子仁學突出人道主義與實存主體性的倫理學貢獻，故云：「對待人生、生活的積極進取精神，服從理性的清醒態度，重實用輕思辨，重人事輕鬼神，善於協調羣體，在人事日用中保持情欲的滿足與平衡，避開反理性的熾熱迷狂和愚盲服從……，它終於成爲漢民族的一種無意識的集體原型現象，構成了一種民族性的文化——心理結構。」（第三十二頁）。

李澤厚雖仍依從馬克思主義，强調仁學的社會根源，雖仍使用「早期奴隸制」等馬列名詞，他卻能够不時跳過歷史唯物論的藩籬，主張「階級性並不能囊括歷史現象的全部。……在文化繼承問題上，階級上經常不是唯一的，甚至有時也不是主要的決定因素」（第三十五頁）。更令人驚異的是，他還說到：「它（孔子的文化思想）由思想理論已積淀和轉化爲一種文化心理結構。不管你喜歡或不喜歡，這已經是一種歷史的和現實的存在。它經歷了階級、時代的種種變異，卻保有某種形式結構的穩定性，構成了某種民族文化和民族心理的特徵，它有其不完全不直接服從、依賴於經濟政治變革的相對獨立性，和自身發展的規律」（第三十四頁）。這豈不是破除歷史唯物論的「必然性」神話的第一步棋嗎？然而，他立刻接著說：「一方面它（孔子的文化思想）不是某種一成不變的非歷史的先驗結構，而是歷史地建築在和制約於農業社會小生產的經濟基礎之上」（第三十五頁）。可見李澤厚還是不能放棄「經濟基礎或社會存在是歷史發展的根本動因」這個看法，與上面提過的金觀濤夫婦之所見殊異。我認爲，後者的方法論較有科學性與開放性。⑫

整個說來，李澤厚對於中國思想文化的繼承課題所表示的態度，顯

⑫ 參閱拙文〈從貧窮到開發，從閉鎖到開放〉，所提出的「雙管齊下」論。依此看法，唯物史觀所云經濟基礎對於上層建築有所決定或作用，祇具蓋然性（但非合乎所有時代的必然性）的經驗根據。在多半時期經濟基礎與上層建築的相互作用很可能幾乎同等，難於分辨，而在某些時期後者（尤其思想文化的意識型態）的歷史作用或決定性，甚至可能遠遠超過前者。拙文已收錄在《批判的繼承與創造的發展》第三五三至三六二頁。

較後文革時期的一大半大陸學者更積極開放得多，除了仍以馬克思主義的準則批判傳統思想與文化之外，還能談到實質性的繼承與發展。他在最後一篇〈試談中國的智慧〉總結他的看法說：「我以為，展現為文學、藝術、思想、風習、意識型態、文化現象，正是民族心靈的對應物，是它的物態化和結晶體，是一種民族的智慧。這裡所用『智慧』一詞，不只是指某種思維能力、知性模式……而是指包括它們在內的整體心理結構和精神力量，其中也包括倫理學和美學方面，例如道德自覺、人生態度、直觀才能等等。……總之既發展又改進我們民族的智慧，我以為是一件有意義的事情。面臨二十一世紀工藝——社會結構將發生巨大變革的前景，如何清醒地變化和改造我們的文化——心理結構，徹底拋棄和清除那些歷史陳垢，以迎接和促進新世紀的曙光，我以為，這正是今日中國哲學要注意的時代課題。」（第二九七—二九八頁）。然後他就(1)血緣根基（如「敬老尊長」的民族遺風）；(2)實用理性（如重經驗、好歷史等等民族特性）；(3)樂感文化（如體用不二，審美直感、情理交融、主客同構等等傳統精神）；以及(4)天人合一（如人與自然、個體與羣體的順應協調關係）等四點，提出有關我所云「批判地繼承並創造地發展」中國傳統思想與文化的一些新看法，煞有見地。可惜的是，他仍堅持，「顯然只有在馬克思主義實踐哲學的歷史觀的基礎上，才可能得到眞正的解答。」（第三二一頁）。在現階段的他，似乎還沒有「如何辯證地揚棄馬克思主義與非馬克思主義，而朝向更多元開放的哲學道路」這個問題存在。

《美的歷程》及其他

一九八六年，四月六日晚我在李澤厚家當座上客時稱讚他的美學成就，他立即說：「我並不祇搞美學啊」，似乎暗示他的「主體性實踐哲學」等等是近年來的思想創獲，不應低估。我當然知道他的《康德哲學與建立主體性論綱》等作，在大陸學術界所掀起的一陣旋風。但是，「主體性的實踐哲學」一方面仍未超克馬克思以來，混同科學（眞理）與哲學（道理）的歷史唯物論偏差，另一方面祇呈現藍圖或輪廓，仍缺全盤性的哲學系統化和細密化工作。相比之下，他的美學思想與論著，是前後三十年積累下來的學術成績，且愈來愈能擺脫馬列教條，而有衝破馬列羅網之勢。因此我以他的美學成就爲最殊勝，尤其《美的歷程》一書，乃是他那獨特的美感經驗（感性），與深細的美學思維（理性）之間交相融化而積淀成的一部傑作；我國文學藝術自龍飛鳳舞的遠古圖騰，到既有浪漫洪流又有感傷哀愁，與現實批判的明清文藝思潮，經他靈感迭現的清麗筆調，歷歷如繪地呈現出來，而中國特有的種種傳統美與審美境界，有如萬花筒般，也一一躍然紙上，實有足堪雅俗共賞之妙，令人嘆爲觀止。《美的歷程》可以算是李澤厚寫作才華的巔峯之作，且看下面一段開場白：「中國還很少專門的藝術博物舘，你去過北京天安門前的中國歷史博物舘嗎？如果你對那些史實並不十分熟悉，那麼，作一次美的巡禮又如何呢？那人面含魚的彩陶盆，那古色斑爛的青銅器，那琳琅滿目的漢代工藝品，那秀骨清像的北朝雕塑，那筆走龍蛇的晉唐書法，那道不盡說不完的宋元山水畫，還有那些著名的詩人作家們屈原、陶潛、李白、杜甫、曹雪芹……的想像畫象，它們展示的不正是可以使你直接感觸到的，這個文明古國的心靈歷史麼？時代精神的火花在這裡凝凍，積淀下來，傳留和感染着人們的思想、情感、觀念、意緒，經常使人一唱三嘆，流連不已。我們在這裡所要匆匆邁步走過的，便是這樣一個美的歷程」。我們在這開場白所領略到的，是中國歷史上五彩繽紛的傳統美，繼續不斷的展現系列，是作者獨特的審美主體性，而看不到半點馬列主義的影子。毫無馬列羈絆而眞實本然（true and authentic）的李澤厚，豈不是在中國傳統美的再發現與再創造過程當中，才顯現出來的嗎？

《美的歷程》在臺北有翻印本（作者名字被改爲李厚），街頭書攤到處有售，不少讀者應已閱悉，我在這裡不必詳論。我祇想提出兩點批評：第一，李澤厚認爲「儒、道、騷、禪」構成中國美學史的四大思潮，尤其强調「儒道互補是兩千年來中國美學思想一條基本線索。」（第四十九頁）。我雖可以大致同意他的基本看法，但又認爲他對整個中國佛教藝術未免輕輕帶過，沒有深一層地賞析中國佛教藝術，以及審美文化是與儒、道二家鼎立的特殊優點，進而發現儒道佛互補相成之處。這可能是由於馬克思主義反宗教的負面影響所致，譬如他說：「宗教是異常複雜的現象。它作爲鴉片烟，蒙蔽痲痺人們於虛幻幸福之中；但廣大人民在一定歷史時期中，如醉如狂地吸食它，又經常是對現實苦難的抗議或逃避。宗教藝術也是這樣。……以自己的形象方式，反映了中國民族由接受佛教，而改造消化它，而最終擺脫它。清醒的理性主義，歷史主義的華夏傳統，終於戰勝了反理性的神秘迷狂，這是一個重要而深刻的思想意識的行程。」（第一〇七至一〇八頁）。李澤厚不但混同了宗教與迷信（「鴉片煙」），且又看輕源於宗教信仰或情操的文學藝術，因此硬將自己反宗教的主觀「應然」（道德）判斷加到有關宗教藝術的審美判斷上，這是馬克思的反宗教主義對於李澤厚的美學研究所留下的遺害。卽使退一步說，宗教是「鴉片」，以此「鴉片」爲靈感源泉而產生的文學藝術，難道就比不上其他的文學藝術嗎？我深深覺得，李澤厚所帶頭的大陸美學研究，應該重新挖掘中國佛教藝術，及其文化的眞實內涵與審美價值。就這一點說，日本對於傳統佛教藝術的再發現與再創造，應該構成發人深省的一大衝擊。

第二，李澤厚在「結語」，忽又搬上歷史唯物論，談及文藝存在及發展的「客觀規律」，「內在邏輯」或即「不以人們主觀意志爲轉移的規律」，實與他在《美的歷程》，重新發掘超越馬克思主義「解釋學」的中國文學藝術之所以具有普遍性，或永恆性價值的秘密鑰匙很不對稱，甚至損傷該書本有的整全性與一致性。不但沒有人有資格超過科學的蓋然性，去斷定有所謂「客觀規律」或「內在邏輯」，即使有此「規律」或「邏輯」，也無補於美學的理論建構。我們在這裡又看到了科學與哲學（美學）的概念混淆，徒增美學思想的無端困擾。

李澤厚的美學思想還在不斷地發展，還可期待他在美學研究的另一突破。九月初旬他又贈我兩篇新作，即「藝術雜談」(《文藝理論研究》一九八六年第三期）與「禪意盎然」(《求索》一九八六年第四期)，前者仍强調着馬克思主義的美學，後者則不受此論所囿，自由自在地抒發盎然禪意的新見解，對禪的領悟似乎「百尺竿頭，更進一步」。譬如他說：「禪接着莊、玄，通過哲學宣講的種種最高境界或層次，其實倒正是美學的普遍規律。在這裡，禪承繼了道、玄。道家講『無法之法，是爲至法』。無法之法猶有法；禪則無定法，純粹是不可傳授不可講求的個體感性的『一體妙悟』。……人生態度經歷了禪悟變成了自然景色，自然景色所指向的是心靈的境界，這是自然的人化（儒），和人的自然化（莊）的進一步展開。這裡已不是人際（儒），不是人格（莊），不是情感（屈），而是心靈整體的境地。」我衷心盼望，他能順着「禪意盎然」的理路，重新探討禪宗藝術在內的整個中國佛（宗）教藝術，與審美文化的本質。我同時希望，他能眞正體會到，在（禪）佛教中，「宗教與藝術相即不二」，而不是「審美表現取代宗教」。⓭

⓭ 有關我對（禪）佛教的看法，不妨參閱拙著《從西方哲學到禪佛教——『哲學與宗教』一集》（一九八六年東大圖書公司）第三二一至四三三頁所收的最後四篇。

結語：大陸學術界的「苦悶的象徵」

今年四月初，我應邀訪問中國（大陸）社會科學院世界宗教研究所，共作六次學術演講，七日早上最後一次講了「中國思想與文化的繼承課題」。演講完後，曾被打成右派的該所余敦康教授問我：「你提倡『中國本位（即爲了批判地繼承並創造地發展中國思想與文化）的中西互爲體用論』，我們這裡最近有人主張『西體中用』，不知你如何看法？」我回答說：「我昨晚才在李澤厚家吃飯，所謂『西體中用』大概指的是他的主張吧。我昨晚是他的客人，不好當面問他。不過，我並不同意『西體中用』的說法，這還不能完全解決如何積極地繼承與發展中國傳統思想與文化的時代課題」。

李澤厚在《中國古代思想史論》說道：「中國現代化的進程，既要求根本改變經濟政治文化的傳統面貌，又仍然需要保存傳統中有生命力的合理東西。沒有後者，前者不可能成功；沒有前者，後者即成爲枷鎖。其實這就是我們今天講的『馬列主義中國化』、『中國化的社會主義道路』；如果硬要講中西，似可說是『西體中用』。所謂『西體』就是現代化，就是馬克思主義，它是社會存在的本體和本體意識。它們雖然都來自西方，却是全人類和整個世界發展的共同方向。所謂『中用』，就是說這個由馬克思主義指導的現代化進程，仍然必需通過結合中國的實際（其中也包括中國傳統意識型態的實際）才能眞正實現。這也就是以現代化爲『體』，以民族化爲『用』。」（第三一七至三一八頁）。

我在李澤厚家不便問他，他所了解的「馬列主義中國化」究竟是甚麼？與官方敎條差距多大？我祇對他半開玩笑地說：「我差一點寫了一篇〈《中國古代思想史論》讀後——大陸知識分子的「苦悶的象徵」〉，但我沒有進一步說明我的用意。我的眞意是，所謂「現代化」不能等同馬克思主義，換句話說，「現代化」必須批判地超越馬克思主義；所謂「西體」也不等同馬克思主義，却必須是廣泛地包括非馬克思主義的科學、哲學、以及民主、自由、人權、法治等等在內的西學西潮。所謂「中用」（而無任何「中體」），也無法解決如何積極地繼承與發展，足以超克馬克思主義的某些眞正優秀的中國傳統思想與文化。尤有進者，中國大陸如要迎頭趕上先進國家，必須通過現代化的教育（免於馬列枷鎖），鼓勵並訓練人民培養多元開放的思想文化胸襟。李澤厚的「西體中用」論恐怕貫徹不了馬列教條的全面突破，所以祇能說是代表「苦悶的象徵」。

《苦悶的象徵》是日本廚川白村所著的一本近代文藝思潮論的書名，魯迅曾譯爲中文。我想，我們可以借用這個書名，描述包括李澤厚在內的大陸當前開明改革派的複雜心境。《中國時報周刊》（紐約，八月十日至十六日）登過專訪我的一篇筆談錄〈大陸的文化與宗教動向〉，其中我也提到李澤厚的「西體中用」論，並寄一份給他看。他在九月二十日回信說：「……我是各種評論均無妨的。『西體中用』說明其微言大義處，非謂即『馬列主義中國化』也。惜當日（指四月六日晚）未及面談，明春或將發表關于此題之較長文章（已寫成交出）。」李澤厚不怕我的評論，不難看出他思想的開放與性格的豪爽。但他信中所云「微言大義」，難道具有再進一步突破馬列教條的蘊含嗎？且讓我們拭目以待吧。

（一九八六年九月二十九日晨五時於費城郊外，原載《文星》雜誌同年十一月復刊第3號）

〔作者附記〕

拙稿寄出之後不久，收到李澤厚寄來的短篇〈論西體中用〉（「團結報」一九八六年九月二十七日「百家言」版），澄清他所提出「西體中用」一辭的內涵，茲擇抄其中有關文字如下：

我提出西體中用。我認爲，體是社會存在的本體，即生產方式、生活方式。所謂西體，就是以西方爲先驅的大工業生產的社會存在。儘管現代化不等於西方化，但現代化畢竟是從西方開始的。有人說以馬列爲體，這也不對，馬列主義是學而不是體，而且有可能變成中國化的，這在理論上不符合唯物史觀，在實踐上還會帶來很多問題。

明確了以大工業生產的社會存在爲體以後，就要進一步明確這種大工業生產之上的本體意識，這上面的西學，除馬克思主義外，還包括現代的大量科學理論。中體西用的最大錯誤就在於認爲科技是用而不是體，其實科技恰恰是體，因爲科技理論是與社會存在，與生產力、生產方式聯繫在一起的。商品經濟的發展，必然引起價值觀念、行爲模式、道德標準、思維方式等一系列觀念的改變，這也進一步說明了社會的生產方式是體。

我們講西體中用，還應注意到兩個問題：一是不要使西學在中國化的過程中封建化，被中國傳統思想吞沒掉。二是要分淸前現代化、現代化和後現代化這三個不同的時代。中國（大陸）社會是從前現代化走向現代化，世界上的一些發達國家則是從現代化走向後現代化。國外一些人很崇拜中國的文化傳統，認爲中國（大陸）不應該搞現代化，不應當拆掉四合院去修建高樓大廈，這反映出不同時代的人的觀念上的差異。後現代化是在高度的物質文明的基礎上發展起來，是非理性、非功利的，反映在文學作品中，往往表現出一種返樸歸眞的情緒。我們現在還沒有這種物質基礎，因此還是要發展具有中國特色的現代化。

（此篇係「團結報」記者據李澤厚在「中國文化書院」研究班講話整理，未經本人審閱。）

〔附文〕走我自己的路

李澤厚

談起我的治學道路，必須從我的母親開始。

一九三〇年六月，我出生在湖南省長沙市。父親是一家郵局的高級職員，據說英語很好。他在我很小的時候便死去了。父親死後，家境頓陷困境。做著小學教師的母親，慘淡經營，備覺艱苦，勉強送我兄弟兩人上學。當時有人說，等兒子長大，你就可以享福了。母親回答:「只問耕耘，不求收穫。」至今此話似猶在耳，卻不幸成了讖語。每念及「樹欲靜而風不止，子欲養而親不在」，總不免泫然涕下。記得當年爲了幾個錢受多少氣，如今有錢又有什麼用？尙憶當年春節，親戚家中大魚大肉，熱鬧非常；而我們母子三人，冷冷淸淸，相依爲命。魯迅說，「有誰從小康人家而墜入困頓的麼，我以爲在這途路中，大概可以看見世人的眞面目。」我初中時所以酷愛魯迅和冰心，大概也與自己的家境和母愛有關。魯迅叫我冷靜地、批判地、憤怒地對待世界；冰心以純眞的愛和童心的美給我以慰藉與溫暖；而母親講「只問耕耘」的話語和她艱苦奮鬥的榜樣，則給我以不求功名富貴，不怕環境困苦，一定要排除萬難去追求眞理的決心和力量。國外有人認爲，要歷史地、具體地分析一個人在學術上、文藝上的某些個性特徵，應該注意到他的少年時代。我最近講，搞美學最好具備兩個方面的條件：淸醒的思辨能力和比較敏銳的感受能力。我終於放棄了中學時代成績一直很好的數理化，而搞上了美學，不知是否也應追溯到自己那個孤獨的、淸醒的和感傷的少年時代？

的確，在十四、五歲的少年時代，我就帶著憂傷和感慨，寫過新詩和小說，模仿過艾青和艾蕪，也塡過「憑欄欲向東風惱，莫笑年華早」「無言獨自倚危樓，千里沉雲何處散離憂」之類的詞。一半可能是無病呻吟，一半也具有眞實性。例如，我愛上了一位表姐，卻長期不能表白，她倔強、冰冷而美麗……。總之，大概是情感方面的因素，使我沒能去想那畢竟更爲枯燥、單純、嚴格的自然科學。至今好些人爲我惋惜，包括一些老同事、老朋友，我自己搞不淸是否應該惋惜，也許應該。

我研究哲學社會科學的另一個重要原因，並且可能是主要原因，就是時代。一九四五年秋，我初中畢業後，考上了當時湖南最著名的省立一中，卻因沒錢入學，只好進了吃飯也有公費補助的省立第一師範。也是名學校，但當時學校充滿一種復古氛圍，死氣沉沉。在安化藍田上了一個學期之後，搬到了長沙岳麓山尤家坡山上。校前有兩株日本人留下的櫻花，暮春時節，開得極爲熱烈。而極目遠望，湘江如白帶，似與樓齊，非常好看。當時進步學生運動開始風起雲湧，時局也日趨動盪，學校卻保守到連「大公報」之類小罵大幫忙的報刊都少見。我只好每星期天過河，在城裏的各家書店站上一整天，餓著肚皮貪婪地翻閱著各種雜誌、報紙和書籍，這其中的主要讀物就是哲學社會科學方面的新書。我的一些馬列基本知識，是在書店裏站著讀、在課堂上偷著讀得來的，有好些是「禁書」，是冒著一定的危險來讀的。也許正因爲這樣，比被動灌輸的東西印象要深得多。並且，在這種閱讀中，自己逐漸培養和增強了判斷是非和獨力思考的能力。應該說，這對我後來的硏究工作起了很大的作用。我不喜歡人云亦云的東西，不喜歡空洞以及繁瑣的東西，比較注意書籍、文章中的新看法、新發現，比較注意科學上的爭議、論辯……這恐怕都應追溯到自己那個窮困、認眞而廣泛閱讀的靑年時期。

一九四八年夏，我在一師畢業後，經歷了失學、失業，直到一九四九年解放前夕才當上鄉村小學的教師，一九五〇年，又以第一志願考上北京大學哲學系。在大學時期，我生活上仍然非常窮困。當時吃飯不要錢，有時還發衣服，每月有三元生活補助費。記得我那時只能買零星的活頁紙，硬皮筆記本從沒用過，甚至有時連牙膏也不買，用鹽刷牙，把那幾元錢積存下來，寄給正在上中學、父母雙亡的堂妹。可能是因爲歡樂總與我無緣，加上又得了肺結核，一些活動不能參加，我便把更多的時間放在讀書和寫文章上了。

我獨自住在樓頂上的一間「閣樓」裏用功。一九五八年出版的《康有爲譚嗣同思想》一書，基本上是在當時寫成的初稿。特別是當時很少有人整理資料，我利用藏書極爲豐富的北大圖書館，翻閱、抄錄了許多原始資料。直到一九七九年出版的《中國近代思想史論》一書中的某些材料，仍是利用了當年所作的卡片。有的年輕人看我現在寫起文章來很快，以爲這是「天分」，殊不知我也曾經下過大功夫的。

我的經歷相當簡單，但生活的波折仍然不少。儘管已發表不少文章，但環境壓力大，非議很多，下鄉勞動和工作，我在單位裏大概是時間最長的一個。因此身體上，特別是精神上所受的折磨也是最多的一個，這也許是我比較抑鬱和孤獨的性格一直延續下來的重要原因。但也有一個好處，就是學會了使思想儘量不受外來影響。我堅守自己的信念，沉默而頑强地走自己認爲應該走的路。毀譽無動於衷，榮辱在所不計，自己知道自己存在的價値和意義就是了。我的《批判哲學的批判(康德述評)》一書，是在相當惡劣的條件下開始動手的。當時在幹校，只准讀《毛選》，連看馬列也受批評，要讀其他書就更困難了。所以，我在行裝中，只偷偷放入一本康德的《純粹理性批判》，不厚，卻很「經看」，上面放一本《毛選》，下面是我自己想讀的書……一九七二年從幹校回來後，在家裏我便利用幹校時的筆記正式寫了起來。那時我雖然深信「四人幫」必垮，卻沒想到會這麼快，所以寫的時候，是沒想到會很快出版的。但是只要一念及「只問耕耘」的話，我就繼續幹下去，決不把時間浪費在做沙發和木器上。一九七六年發生地震，我住在「地震棚」裏，條件很差，但我卻感覺到很充實，因爲我的寫作已接近尾聲了。在「地震棚」裏，我完成了《批判哲學的批判》一書。

當然，我在《批判哲學的批判》和《中國近代思想史論》中，好些思想還沒有充分展開，許多地方只是點到一下、暗示一下而已。那兩本書是在「四人幫」剛垮台和垮台不久交出去的，當時「凡是」氣氛仍濃，不能多說，只好那樣，現在趁此機會說明一下。因爲好幾位同志曾問我：爲什麼好些重要論點都一筆帶過，語焉不詳？

不過，「語焉不詳」的也不只是那兩本書。我的美學文章，特別是《美的歷程》，這種現象也很突出，但那是另一種情況，另一種原因。我的好些文章都寫得相當「粗」（如《美的歷程》、《美學之題議》），因爲我喜歡先畫出一個粗線條的輪廓，先有個大致的框架，以後有時間和機會再去「工筆重彩」，細細描繪。「先立乎其大者，則其小者不能奪也」。我有過先搞「小」的經驗，愈積愈細不能自拔，繼續下去，很可能我這一輩子就只能研究一個人、一本書、一個問題了，這與我的興趣、個性頗不合適，所以非常苦惱。治學之法有多途，各人宜擇性之所近；一些細緻的、愛好精密分析、仔細考證的同志可以做的，我做卻不一定適宜（儘管我也愛看這類文章）。當然，「見木不見林」和「見林不見木」都不好，最好兩者都見，但畢竟可以有所偏重。分析與綜合、推理與直覺、微觀與宏觀、細與粗等，就如是。科學事業需要大家分工合作來做，不是一個人所能包得下來的，所以不妨就個性之所近，發揮所長。這個看法，不知對否？

據說有人曾說我「雜」，又是中國思想史，又是外國哲學，又是美學……，我欣然接受。因爲我從來不想做一生治一經的「專家」，據史載這種專家就四個字可以寫上數萬言，這當然很可以自炫，但我無此本領。我倒是覺得，今天固然不可能再出現一個如亞里士多德那樣的百科全書式的學者，科學分工愈來愈細；但另方面也要看到，今天我們正處在邊緣科學方興未艾、各科知識日益溝通融合的新歷史時期，自然科學如此，社會科學亦然。中國文史哲素來不分，這其實是個好傳統。如今（至少是目前）好些中、青年同志在知識方面的主要問題恐怕也不在於雜、多、亂，倒在狹、少、貧。而古今中外，第一流的哲學社會科學名家都幾乎無一不是知識極爲廣博，能多方面著書立說的。取法乎上，僅得乎中，雖不能至，心嚮往之。我以爲，一方面的確應該提倡狹而深的專題研究，但另方面也不應排斥有更高更大的目標，特別是對作理論的同志來說，更加如此。我自恨太不「雜」，例如對現代自然科學知識太少，沒有發言權，否則我想自己的研究工作將是另一番天地。

最後，回過頭來說，我對中外哲學史和美學的研究，其目的仍在爲以後的哲學研究作些準備工作。因此，已出的四本書，似乎題目很散，但也有有心的讀者看出它們指向了一個共同的方向。至於這個方向究竟是什麼，我想，還是暫時不說爲好吧。

（本文收錄在《治學集》上海人民出版社一九八四）

「走向未來」的金觀濤與劉青峯

—大陸學術界的前衞象徵

前　　言

目前在中國大陸的學術界，據說有「四大思想領袖」最有號召力，影響也最大。他們是，大陸社會科學院哲學研究所資深所員李澤厚，科技大學副校長方勵之（天體物理學專家），科技大學化學系教授溫元凱，以及大陸（自然）科學院科技政策與管理研究所科學哲學研究室主任金觀濤。這四位之中，李澤厚算是哲學思想界的頭號人物，我在《文星》一〇一期（一九八六年十一月號）已有專文討論他的「荆棘之路」。方、溫兩位教授則是理化部門的領導人物，自有他們不可忽視的作用與影響。至於年僅三十九歲的金觀濤，是橫跨科學與哲學兩大領域，且又兼攻自然科學與社會科學（尤其歷史科學與世界文明史）的奇才，有無比的創造潛力，他的重要性和影響與日俱增，恐怕已在前面三位之上，無疑是領導新一代開明改革派全面突破馬列教條而「走向未來」的前衞象徵，很值得我們注目。

去年（一九八六）春天，我應邀去大陸社會科學院訪問講學。四月八日下午，我在「中國人民大學」階梯教室演講「西方哲學的挑激與中國哲學的回應」時，金觀濤與他夫人劉青峯也來旁聽，演講完後只交談了幾句，無甚印象。九月初旬，金觀濤夫婦分別獲得美國兩家基金會的資助，以特殊學者身分飛來費城，在賓大訪問一年；因與敝校天普大學鄰近，自然有了不少機會謀面交談。金氏精力充沛，身兼數職，目前又是「科學・經濟・社會發展研究中心」副主任、北京青年經濟學會常務理事；更重要的是，他是「走向未來」叢書（四川人民出版社）主編，同時又主編《走向未來》雜誌，第一期於一九八六年八月出版。其妻劉青峯亦係大陸科學院重要成員，負責該院《自然辯證法通訊》雜誌的編輯工作，也擔任「走向未來」叢書的常務編委之一。他們二位可以說是我生平接觸過、觀察過的海內外中國學者圈內最理想的一對；我半開他們的玩笑說，他們有如「存在主義的標準情侶」沙特與波娃。他們從早到晚共同討論老問題，共同探索新方法，共同編書，共同著述，甘苦與共，相輔相成，十五年如一日，眞令旁觀者不禁感嘆一聲「羨煞我也」。

譬如「走向未來」叢書的編者獻詞，雖無作者署名，其實就是他們共同撰成的總序。「當代大學生叢書」（上海人民出版社）所收的一部極有方法論見地的《問題與方法集》，也是他們共同編寫而成的。尤其他們那本一鳴驚人（已引起不少西方與日本學者注目）的主著《興盛與危機——論中國封建社會的超穩定結構》（一九八四年湖南人民出版社），更是相互勉勵而齊力完成的一部學術傑作，針對傳統經典式的馬列教條進行現代化科學的全面突破，已爲此後大陸的社會科學與歷史方法論研究鋪下一條足以超越馬列限制的新理路，值得我們關注。此書的基本觀點與方法論線索，多半出於兼具科學與哲學雙重思考能力的金觀濤。但也應該指出，從浩繁無比的中國歷史典籍與文獻資料，很有能耐地一一尋找史實，用來例證此書建立的科學假說，且在文字修飾和最後定稿苦下功夫的，是他那兼有學術識見與文學才華的妻子劉青峯。原來劉青峯也是大陸有數的作家，一九八〇年在《十月》文學雜誌登過轟動一時的中篇小說《公開的情書》，不久由北京出版社印出單行本，早已售罄。我在封面上看到她的筆名「靳凡」，才依稀憶起了前幾年在香港《九十年代》雜誌上讀過的，有關靳凡與《公開的情書》的專文報導。

最近在著名的數理邏輯權威學者王浩教授家中，有了一次小規模的座談會，除了來自費城的金觀濤夫婦與我之外，還有周陽山（《時報新聞周刊》紐約版編輯）、楊澤（中國時報駐紐約記者）、劉大任（著名海外作家），以及王浩教授。在這座談會上我們獲致一個基本共識：學術文化的問題應與政治問題分開，海峽兩岸的學術溝通與文化交流不應受到政治統戰的牽制或干擾。我個人尤其强調此點，做爲一個海外華裔學者，十分關心「文化中國」，認爲臺灣與大陸都應客觀地了解對方的學術文化發展動向。我尤其認爲，臺灣應在學術溝通與文化交流上，採取更積極有效的「出擊」政策，多向大陸學者介紹臺灣日求（經濟上）科技資訊化、（政治上）民主法治化、（學術上）多元開放化的發展趨勢，這對代表開明改革派，而設法徹底突破馬列敎條的新近大陸學者，如金觀濤夫婦等「走向未來」叢書的編委與作者們，以及願隨他們「走向未來」的無數廣大的年輕一代大陸知識分子來說，具有正面的思想衝擊與間接的精神鼓勵雙重作用，可以說有百益而無一害。倒過來說，我們向大陸學者「推銷」我們的想法做法的同時，也應該如實客觀地了解他們目前的想法做法。進一步說，如無「知己知彼」的現實條件與實際行動，任何「統一中國」的願望或口號，都只不過是紙上談兵，沒有眞實意義可言，這是我撰寫本文的基本緣由與旨趣。

金・劉的成長過程與治學道路

一九四七年二月，金觀濤生在浙江省義烏縣，家裏很窮，祖父是不識字的靴匠，父親金松壽倒是當了杭州大學化學系教授，曾任該系系主任，現已退休。劉青峯是山西岢嵐人，自小學到中學經常隨家到處遷徙，足跡踏遍重慶、武漢、鄭州等地，因此自年少卽已識廣多聞。劉於一九六三年考進北大物理系，兩年之後，金也考入同校化學系，那時都志願當科學家，認爲發展科學是救國救民必需的捷徑。劉因健康關係，放棄了物理，轉到中文系，而於一九六九年畢業。金則一直留在化學系，也兼攻數學與物理，於一九七〇年畢業。他們就在這一年認識，於翌年結婚。

文革剛發動時，劉青峯的思想極左，但因家庭背景（屬於「紅五類」）總被排擠，不能參加文革活動。北大畢業之後，分配到貴州清鎭的一家中學敎書，生活很窮困，又目睹鄉下農民過著疾苦淒慘的日子，刺激很大，從極左的文革惡夢幡然覺醒。她在一九七二年寫成《公開的情書》，但拖到一九八〇年才在《十月》雜誌發表，掀起了一陣旋風。金觀濤在文革期間屬於逍遙派，沒有參加政治活動；北大畢業後，分配到杭州當普通工人數年。他對我說，在一九六六年後半（文革開始不久），思想上極爲痛苦，意識型態陷於混亂，完全自覺到經典式馬列敎條的根本矛盾。我問金、劉二位，他們何時開始感受到問題的嚴重，他們都說，在四淸運動期間就慢慢了解到了；四淸運動在文革以前的幾年進行，這時毛、劉兩派對於農村改革等等問題的意見分歧已表面化。不過，他們兩位徹底覺醒於馬列敎條解不開的纏結，還是文革爆發以後不久的事。

金、劉二位對我的馬列敎條批判都有相當的了解。我對他們說，馬列毛敎條的一些根本難題或偏差，都可以推溯到十九世紀的馬克思本人身上，譬如「宗教是人民的鴉片」，「祇有階級的人性，沒有超階級的人性」，或「達到高度的共產主義目標是不可避免的歷史的必然」之類的武斷，應由馬克思負責。令我驚異的是，金觀濤不但了解我的意思，還更進一步說，他在一九六九年就已意識到，造成整個馬克思主義到馬列教條的概念混亂與理論纏結的始作俑者，應該推到黑格爾的辯證法。我問他說，是否可用我對三種馬克思主義的嚴密分辨——科學的馬克思主義（只具科學蓋然性的唯物史觀），哲學的馬克思主義（辯證法的以及歷史的唯物論，乃屬自謂絕對眞理的哲學獨斷論），與意識型態的馬克思主義（通過階級鬥爭和無產階級專政，必定達到共產主義目標的「應然」信念）——來說明哲學層次的辯證法對於科學研究的無謂干擾，以及意識型態化了的辯證法（唯物論），對於哲學研究與科學研究所造成的雙重思想禍害；他立刻點頭，表示同意。

數學與理化基礎極其深厚的金觀濤，如果願意依照本來的志向，去當一個成功的理論科學專家，是早就能够達此目的的。但是，覺醒於文革惡夢的他，立刻發現到，他的終身工作目標不應局限於小小的理論科學研究範圍，因爲經典式馬列教條與文革浩刼所引起的許多嚴重問題，已非數理化等純粹理論科學研究所能徹底解決。思路活潑而精銳，且有宏觀能力的他，終於跳過狹窄的數理化研究，廣泛地從事於自然科學與社會科學交叉理論的研究工作，研究領域包括（非馬列教條意義的）自然辯證法、科學史、科學哲學、科學方法論（如控制論、系統論等）和歷史。他的研究特色是，力圖將自然科學理論和方法，如控制論、系統論、突變理論等應用到上述研究領域中。到目前爲止，已經出版七本學術專書，以及四十餘篇論文；訪問美國之前，又完成了《整體的哲學：組織的起滅、生長和演化》這部書稿，我也親眼看到，據說已在發稿排印，將收在「走向未來」叢書。

到目前爲止，金觀濤的學術成就大致可分四項。第一，在科學哲學的方法論方面，他發表了十幾篇論文，以現代自然科學成果探討有關涉及科學與哲學雙層的問題。譬如〈質變方式新探討〉一文，通過大量的自然科學研究成果，且應用突變理論討論了質變和量變的關係，提出了關於質變方式的新觀點。此一研究極富創見，實有助於徹底突破馬列經典式「自然辯證法」的理論限制，只是作者並未如此明言罷了。他也應用控制論，重新探討「實踐—認識—實踐」的結構，發表了〈認識論中的信息與反饋〉等論文(「信息」即「資訊」，「反饋」即「回饋」)，足以取代毛澤東早年的那篇馬列主義〈實踐論〉。他在《中醫與控制論》一書，以及〈中醫：科學史上的一個奇蹟〉等論文，應用控制論・系統論去重新發掘中醫方法。〈中醫〉這篇論文在日本《漢方研究》雜誌(「漢方」即「中醫」)以日譯連載，頗受日本學者注意。此外，金氏還發表了一些探討自然科學方法論意義的專論，如〈突變理論和黑箱方法〉、〈哥德爾理論及其深遠的方法論意義〉、〈邏輯悖論和自組織系統〉等篇，富有開創性；還與劉青峯合作，探討自然科學與社會科學交叉統一的方法問題，也發表了若干論文。目前，他們還在進行此項研究。

第二，在科學史和科學社會學的研究方面，金觀濤與樊洪業、劉青峯合作研究「近代科學爲甚麼沒有在中國產生」這個問題，發表了以〈文化背景與科學技術結構的演變〉爲中心的幾篇論文；於此提出了一種計量方法，對中國和西方兩千五百年來的科學理論、實驗和技術三項成果試做統計分析和比較研究，探討了近代科學加速發展的機制以及它和文化的關係。一九八三年金氏在意大利召開的「國際時間研究會第五次學術討論會」，以英文提出〈古代中國的科技結構及其演變〉這篇論文，頗受西方學者的好評。在科學社會學方面，金氏與賈新民、劉青峯合作，發表了〈科學技術促進經濟進步機制的探討〉(一九八四)一文，提出有效需求等新概念，探討科技成果轉化爲經濟效益的必要條件。

第三，在歷史研究方面，金觀濤夫婦應用控制論・系統論研究中國封建社會結構。一九八〇年，他們提出中國封建社會是一個超穩定系統（an ultra-stable system）的科學假說，有系統地探索中國封建社會長期延續的原因，且探討運用系統論到歷史研究的可能性。於一九八四年出版專著《興盛與危機》，奠定了他們在大陸史學界無可動搖的學術地位，李澤厚與老一代著名學者一致推許其爲具有代表性的一家之言。金觀濤又同時發表了此書的縮寫本，書名《在歷史的表象背後》，收在「走向未來」叢書。在縮寫本的序言之前，有一句「一切理論探索，歸根到底都是方法的探索——無名氏」。金氏贈我此書之時，另外複印一份「序言」，把「無名氏」改爲「作者」，又在該句之前加上自己書寫的下面一段「作者的話」:「如果我們去考察一個民族世世代代活動組成的歷史長河，就可以發現：雖然每一代人都有自己明確的目的，但在千百年的整體上都表現著某種盲目性。歷史的規律就深藏在這種盲目性之中。揭示這種盲目性亦讓更多的人認識它，這就是一個歷史學家的良心。」這段「作者的話」（大概有意在再版時加印在序言之前），具有很吃緊的言外之意，無疑地暗示，以建立在控制論、系統論等科學方法上的科學假說，去探索歷史發展的因果規律，才是眞正「實事求是」的辦法，足以取代帶有馬列教條的歷史唯物論(「不以人的主觀意志爲轉移的必然規律」)。不過，作者在他書中常把「歷史唯物論」改寫成爲「經典式的決定論」，故令一般讀者感到，只有「暗鬥」而無「明爭」。

金觀濤還進一步應用系統論和組織理論，去探討世界各大文明的演化規律，在一九八五年與一九八六年，分別出版《西方社會結構的演化—從古羅馬到英國資產階級革命》（唐若昕爲其助手），與《悲壯的衰落：古埃及社會的興亡》（王軍銜爲其助手），這兩本書都收在「走向未來」叢書。目前，金氏夫婦又在共同探討中國歷史上生態、災荒與社會關係的研究課題。

第四，在自然科學方面，金觀濤曾用黑箱方法討論量子力學的理論基礎，寫成〈論量子力學之理論基礎〉；又與郭其悌合作，解決了單組分體系相圖拓樸結構問題，也發表了論文。另外，他用突變理論研究化學中的鍵參數圖，寫成英文論文，一九八四年發表在《數學物理學報》。

上面已經多次提到，金觀濤夫婦共同研究的成果。劉青峯自己也從《自然辯證法》雜誌（編輯部主任亦係金觀濤）創刊以來，八年之間一直主持該刊的「人物評傳」專欄，由於此一專欄注重科學家的重大研究成果的思想價值，以及科學家獨特的成長道路等等，且文筆生動，具有高度的可讀性，因此成爲該刊普受讀者歡迎的專欄之一。她又單獨出版了《讓科學的光芒照亮自己—近代科學爲甚麼沒有在中國產生》(一九八四)，也收在「走向未來」叢書。她在自序中說:「這本書的基本觀點和研究方法，是在和一些同志的長期研討中形成的。……我們將通過大量科學技術發展史上生動事例的具體分析，來闡明近代科學技術的結構及其飛速發展的內在機制。在此基礎上，我們又用簡明的線條勾勒了科學的起源和發展過程，特別是強調了科學技術發展和社會變動之間的關係。最後，我們把問題集中到討論中國古代傳統科學技術的特點上。這是全書的落脚點。儘管本書提出了一個重大理論問題：爲什麼近代科學技術結構沒有在比西方中世紀相對先進的古代中國產生？但是，我們深知，我們的工作僅僅是一個初淺的嘗試和探索。」在這序言之中所提到的「生動事例的具體分析」，恐怕就是劉青峯足以協助金觀濤開創新思路的特長；她有豐富的（中國）歷史知識與文獻資料的掌握，加上國學根據與寫作能力，確是金觀濤的不平凡的賢內助。理論（金）與實驗（劉）兩相配合，才有上述幾項研究成果，尤其是《興盛與危機》一書所展現的理論創見與簡潔寫法。

三論：控制論、信息論與系統論

維吉尼亞州立大學歷史系教授汪榮祖，在一九八六年夏天也去大陸做過學術訪問，回美之後曾來短函說：「大陸文史學生對所謂三論（信息論、結構論、控制論）甚爲傾倒，未悉吾兄有所聞否？」他在信中沒有提到，倡導「三論」的頭牌人物究竟是誰。我跟金觀濤（卽頭牌人物）討論過這「三論」與系統論，他說他並不滿足於結構主義，因爲它祇顧及各別部分與全體結構的形式上的關聯性，就方法論的嚴密性與深邃性而言，遠不如控制論、系統論（與信息論的合成），故在自著之中多半避免結構主義的進路。又說他把現代西方的控制論·系統論應用到自己的社會科學研究、歷史研究與科技管理討論時，已經適予改造一番，因此他所了解的控制論·系統論，與西方原原本本的大有不同。我們要理解並評介他與劉青峯合著的《興盛與危機》之前，首先應該認識一下他們的科學方法論大致內容。我們不妨專就金觀濤與華國凡合著的《控制論和科學方法論》這本專書，作一鳥瞰。

在序言開頭，金觀濤提到這小册子的撰寫緣由，原與十幾年前（一九七三）一個偶然的事件有關。他說：「有一次，我們向一位化學界的老教授（其實就是他的父親金松壽）談起控制論，認爲這門和電子計算機一起成長起來的邊緣科學提供了許多有益的方法論啓示。他不相信，他認爲一切被稱爲方法論的東西，無非是事後諸葛亮，對科學研究無濟於事。在爭論中，他向我們提出了挑戰。當時他正在探索的確良合成的新工藝，實驗遇到巨大的困難；做出來的產品的粘度總是太低，一個多月來，還沒有找到失敗的原因。他說，如果你們的控制論眞對科學方法論有所建樹，就應該拿出解決的辦法來。在他的提議下，我們這些旣沒有做過聚合實驗，又沒有足够的化學知識的外行幫助他分析起問題來。我們發現，老教授雖然對這一具體的化學問題有比我們豐富的知識；然而，有一些在我們搞控制論的人看來極爲簡單的原則卻被忽視了。比方說，反應釜是一個黑箱，實驗的目的要控制化學反應朝某個方向進行，從控制論的角度來分析，很顯然，爲了控制反應，我們必須獲得關於反應進行程度的足够的信息，並使信息系統構成負反饋體系。在分析了實驗過程後，我們認爲失敗的關鍵在於未能獲得足够的信息量，因此不能形成有效的控制。這不是一個化學問題，而是一個控制方法的問題。爲此，我們提出了一個簡單的改進辦法，例如建立一個新的儀器系統，準確及時地取得反應釜中變化的信息以及考慮信息的反饋。最初，老教授半信半疑。第二天，他和助手們開始考慮我們的方案，不到一個星期，實驗成功了。從此以後，老教授對控制論的方法論發生濃厚的興趣，並運用有關的原理，又陸續完成了一些很出色的工作。他建議我們把控制論的方法論講一講，認爲這是一件有意義的事情。這本小册子就是在幾個講座的基礎上開始寫作起來的。」金觀濤在這裏所提到的偶然事件，不但成爲催生《控制論和科學方法論》一書的觸媒，更觸發了金觀濤日後逐步構想出來的科學哲學理論，以及有關歷史研究的科學假說。

在他序中，金觀濤追溯控制論思想的源流，乃是至少三條悠長的支流滙合的結果：一條是數學和物理學的發展，尤其是統計力學和量子力學的發展，迫使人們回答必然性和偶然性（或確定性與非確定性）之間的關係。概率論的成熟，熱力學中的熵直至信息概念的提出，就是此一研究的逐步深入。第二條是生物(科)學的進展，尤其本世紀三、四十年代，生物學家提出了（生命機制的）「內穩定」概念，而爲控制論的誕生奠基。第三條是人類對於思維規律的探討，集中地反應在計算機製造和數理邏輯的發展，在二次大戰前後，電子計算機的製造成爲控制論成熟的前奏曲。一九四七年出現的維納（Philip Wiener）所著《控制論》，便是統合這三條支流的最初嘗試。自此，控制論・系統論成爲不可忽視的科學思潮，而在經濟控制論、社會控制論、工程控制論、生物控制論、信息論、教育控制論等等領域都取得了輝煌的成果。金觀濤說明他自己如何拓展控制論和系統論到整個科學領域，也討論到近年來出現的突變理論：認爲突變理論的出發點，便是控制論中有關系統穩定性的問題。有趣的是，作者引述的例子，有一部分來自中國古典哲學，因爲「現代科學的某些思想往往在今天我們能够以精確的方式表達之前，就被我們的祖先注意過，有的甚至還被認眞地研究過」。

顧名思義，控制論是控制（如控制遺傳、控制癌症、控制宇宙飛船等等）的理論；控制論最基本的概念則是可能性空間，亦即「事物發展變化中面臨的各種可能性集合」。我們要控制的對象儘管不同（如癌症或空氣污染），被控制的對象必須具有多種發展的可能性空間；我們須在這些可能性中去發現選擇最適宜有效的控制辦法。從不確定性或矛盾性的角度來看待事物的發生和發展，是現代科學和經典決定論的一個重要區別。事物發展的可能性空間，或事物的不確定性，是由事物內部的矛盾決定的。我們根據自己的目的，改變條件，使事物沿著可能性空間內某種確定的方向發展，就形成控制。控制就是在事物的可能性空間中，進行一個有方向的選擇過程。一切控制過程，都是由三個基本環節構成：⑴了解事物面臨的可能性空間是什麼，如癌症患者可能好轉、惡化或死亡；⑵在可能性空間中選擇某一些狀態爲目標，如治病的目標是使病情好轉；⑶控制條件，使事物向既定目標轉化。由於事物的可能性空間與影響事物發展的內外條件錯綜複雜，與之相應的選擇過程也就顯得複雜，須在事物發展的不同階段控制不同的條件，同時注意各種條件之間的配合和狀態的相關作用。

關於控制方法，作者逐一討論隨機控制、有記憶的控制、共軛控制、負反饋控制等，當做一切複雜控制方法或藝術的基礎；然後進一步探討控制過程的傳遞，以及事物間互相作用的方式和整體結構，如此聯貫了控制論、信息論與系統論。

信息的傳遞，是指（信息來源與信息接受者之間）可能性空間縮小過程的傳遞，故與控制有密切關係。傳遞信息，需要我們實行某種控制；反過來說，控制過程又必須依賴信息的傳遞。信息和控制的這種依存關係，反映了認識（卽知識論）中知和行的統一，「知」表示獲得信息，「行」表示實行控制。傳遞信息和實行控制的過程，都貫穿著事物可能性空間的變化，並且它們之間存在著一定的質和量的約束關係，這就深刻地揭示了知（信息論）和行（控制論）在本質上是統一的。

信息概念與一個系統組織（如生物體的組織、社會集團或銀行系統）的程度也有密切關聯。所謂「組織過程」，乃是事物之間聯繫的可能性空間從大變小的過程，亦卽從混亂無序發展到有秩序的過程，是一個建立聯繫的過程；聯繫適不適當，有沒有效，當然與信息的精確完全與否息息相關。控制論尤其指出，一個系統必須獲得一定量的信息才能組織起來。譬如說，我們今天如無電話、電報、報紙、電腦、汽車等等傳遞信息的種種必需工具，整個社會卽有解體的危機。因此，我們必須綜合一個事物的整個控制、反饋和信息傳遞過程，進行宏觀的考察。不僅要考慮單向傳遞，更要考慮相互影響及其綜合效果，這就是系統理論。如說控制和信息是一座大廈的基本磚塊，則系統理論就是要研究這些磚塊如何構成大廈；由是可知系統理論的必要性。

系統理論經常採用一種建立「相對孤立體系」的方法，一方面要考慮到與（所研究的科學）問題相關的一大批變量，另一方面又要（至少暫時）忽略掉關係不大的變量。作者特別强調，對於（相對孤立）系統內究竟應當包含那些變量，是依客觀情況和主觀目的來決定的。作者說:「嚴格地講，系統並不是指一個客觀存在的實體，而是人們的一種規定。人們把一組相互耦合並且相關程度較强的變量規定爲一個系統。這種規定一方面考慮到各種變量之間的因果聯繫形式，尤其是那些互爲因果的聯繫形式。另一方面也考慮到各變量之間因果關係的緊密程度，卽相關性。當某些變量與我們所要考察的那些變量的相關性小到一定程度，就不再把它們作爲系統的組成部分。實際上，我們採用規定系統的方法，也就是對客觀事物之間錯綜複雜關係的一種科學抽象。通過一個系統的規定，把一些無限的問題變換成了有限的問題來考慮。當然，這種有限是相對的，因此系統又被稱爲『相對孤立系統』。」(第七十九頁）假定在某一生態環境，存在著鹿、森林、氣候、土壤等因素，當我們祇考慮短期作用時，土壤和氣候的影響相對比較穩定，較少變化，我們可以把鹿、森林、捕食者三者看作一個（相對孤立）系統來研究，而暫時忽略土壤和氣候的影響變量。這種系統的劃分當然是相對的，是根據我們研究對象的要求而決定的。如果我們要研究較大範圍的生態變化，涉及幾十年到幾百年，我們就不能再忽略土壤、氣候的相互影響，這時原有的系統就得變成包括土壤、氣候在內的更大系統。

作者進一步討論穩態結構和科學預言的關係說，利用系統的穩態結構，我們可以預見那些看來極爲複雜的系統將怎樣發展變化。如果我們能判斷系統的未來可能結構中，那些穩定，那些不穩定，我們就可以期望那些穩定的結構將是事物最可能趨向的目標，這對需要做出預言的科學家尤爲重要。用穩態結構來預測事物的發展方向時，特別需要分析與比較可能結構中所有的穩定狀態，看那個更穩定些。作者舉大禹治水之例說明，大禹不用他父親的「湮」法，改用「導」法疏通河川，讓洪水東流歸海;「歸海」是洪水最穩定的狀態，大禹所以治水成功，就是因爲選擇這個最穩定狀態爲治水的目標，可以說是利用到了控制論·系統論的基本道理。了解系統變化中的穩態結構，就是爲了我們在控制系統時能好好利用它，改造它，俾使事物朝著有利的方向發展。但如自然的穩態結構不利於我們所要達到的目的，我們就得實行控制改變系統，選擇適當的條件，破壞自然的穩態結構，建立有利的穩態結構。

作者對於系統理論的討論，還包括不穩定和周期性振盪、超穩定系統、系統的演化與崩潰、自組織系統、質變的數學模型、黑箱認識論等等項目；尤其「超穩定系統」，是作者用來研究中國歷史的基本概念，我們在下一節另外詳論。作者在本書下了結語說：「一個時代，人所認識的眞理都是相對的，它直接依賴於人在自然界的位置，和人控制自然的能力。它告訴人們，就科學本身來說，它永遠是圍繞著人爲核心展開的。深入理解這一點，對於認識自然界和認識我們自己，都是重要的。它也是控制論和科學方法論得出的最重要的結論。」（第一九九頁）

我在本節的簡介中，沒有分辨現代西方原原本本的控制論、信息論與系統論等「三論」，與金觀濤適予改造之後的「三論」。我自己也不敢冒稱「三論」專家，來說明他所新加的方法論觀點。不過，有一點我應肯定的是，他把原屬自然科學方法論的控制論、系統論、突變理論等等應用到社會科學的研究，建立了社會科學與自然科學交叉理論或統一方法論，再進一步運用控制論·系統論去重新解釋歷史，重新探索世界文明的演化規律，這種思想靈感的發揮與開創性的理論突破嘗試，是很少見的。尤其難能可貴的是，在馬列教條仍然束縛人心的中國大陸，居然能够產生金觀濤這一批新時代的學術思想工作者，可見在大陸重新打開「學術自由、思想自由」這新局面的可能性，不能說是完全沒有的。在《問題與方法集》這本書的引言，金觀濤與劉青峯齊聲說到：「讀完這本論文集，有的讀者或許會產生這樣一種錯覺：控制論、信息論、系統論是萬能的。儘管我們大量地採用了三論的概念和方法，但是細心的讀者會發現，我們在對具體問題分析時，對這些方法的運用不是生搬硬套，而是進行了必要的改造，並且結合具體對象還有所創新。我們的探索只是表明當代一些新興交叉學科和橫斷學科的出現，爲自然科學方法在社會科學中的運用提供了一條有效的途徑。但研究者絕不應將某一方法固化，而是要不斷創新。控制論也好，系統論也好，突變理論也好，它們是近代科學方法的有機部分，只有生長在長青的科學之樹上，它們才會有生命力。……我們正處於一個自然科學與社會科學大綜合的時代，因此也是方法論創新的時代。……我們對自然科學與社會科學相結合的方法的探討，必然帶來不同的看法和爭論，這是正常的。就連研究者本人也對自己的研究沒有十分的把握，但我們勇敢邁出了這一步。對於科學來說，任何命題和方法都不會也不可能一成不變。但我們內心永存著對眞理、對創造的渴望！」我們從這段引言不難體會到，金觀濤夫婦做爲科學家的謙虛與客觀態度，敢予不斷創新的探索精神與雄心自信。我在他們身上看到了中國大陸「脫胎換骨」的一縷希望！

《興盛與危機》的評介

金觀濤夫婦的主著《興盛與危機—論中國封建社會的超穩定結構》，醞釀多年，劉青峯曾對我說，前後寫了四遍，相當堅苦，在最後定稿之前又「忍痛犧牲」了一大堆積下的歷史資料與事例，也大大修潤簡化了原先的冗長文字，終於壓縮成爲二十五萬字左右的書。九月初我們會面時，他倆贈我一册，我放在書房好幾天。有一晚，漫不經心地隨便拿起來翻翻前面幾頁，不知不覺被作者的論點吸引，繼續翻閱，欲罷不能，終於花了整晚吞下這本創見叠出的史學傑作。這種讀書經驗，我很少有過，也因此格外嘆服作者的功力與才氣。翌日，情不自禁地打了電話，恭賀他們的學術成就。我最近剛與彼得·郎出版公司（Peter Lang Publishing, Inc.）—總公司在瑞士，並在柏林、慕尼黑、法蘭克福與紐約設有分處—簽定「亞洲思想與文化」叢書的合同，擔任總編輯五至十年。已開始邀請包括臺灣與大陸的海內外中國學者，把好的書稿交給我，編入這套新叢書裏。金觀濤夫婦已表示有意請人英譯他們的主著，交給我出版。我更鼓勵他們考慮德、法、意等歐文譯本，都可放在我這套叢書出版。我所以有此想法，是爲旁助他們新一代的開明改革派，能够踐行馬列敎條的全面突破，大無畏地開拓大陸學術研究的自由化道路，也是爲了讓更多的西方學者了解並支持他們十分艱苦而充滿荆棘的學術奮鬥。

本書沒有作者自序，卻有史學家包遵信所寫的代序，題名「史學領域的新探索」。他說：「還是三年前（一九七九年），一次偶然的機會，我在一位朋友那兒讀到一篇論文打印稿。它就是現在這本論著的雛型：『中國封建社會的結構：一個超穩定系統』。當時給我一個突出的印象，就是它有股迷人的魅力；進而對作者這種大膽的探索，表示由衷的嘆賞。……他們不再滿足於引經據典，而是放開了視野，從歷史整體的宏觀角度來對這一問題（即「中國封建社會長期延續的原因」）進行探討。……作者充分吸取了前人和時賢研究的成果，運用現代科學的方法，對這一問題提出了一個嶄新的看法：中國封建社會是個超穩定系統，這就是它能長期延續的原因。作爲一種學術觀點，對『超穩定系

❶ 我的「亞洲思想與文化」叢書共分三項：⑴亞洲古典英譯（包括已佔「古典」地位的近現代作品）；⑵亞洲（及比較）哲學與宗教專著，包括碩士與博士學位論文；⑶廣義的亞洲思想與文化，範圍廣及文化、歷史、文藝、音樂、美術、表演藝術、醫藥（如中醫）、武術、政治社會思想等等。

統』這個說法，當然只能褒貶隨人，可以繼續討論。但作者這種從歷史整體觀上解剖中國封建社會的內部結構，從經濟、政治和思想文化幾個方面的交互影響，和互為因果的歷史變化中進行綜合的探索，同那些單純從某個局部、某個方面去尋究歷史演變的終極原因相比，在方法論上不能不說是個長處。」

據我的了解，包氏最後一句是在明攻「經典決定論」（金觀濤的慣用語），暗刺馬克思以來的歷史唯物論的，因為歷史唯物論始終以經濟基礎為歷史變動的「終極原因」，也就是說，以「單純從某個局部、某個方面」（偏生產力論、偏經濟基礎論或偏社會存在論）似是而非的科學觀點，硬要發現「不以人的主觀意志為轉移的必然的歷史發展內在規律」，這與金觀濤等具有清醒冷靜的科學頭腦，以及宏觀微視兼而有之的嚴謹精密的歷史研究方式，形成顯著的對蹠，有極大的差距。

本書一開頭，作者就直截探問「一個古老的難題」（首章章題）：為什麼中國封建社會長期延續達兩、三千年之久❷？換句話說，中國封建社會（自秦漢到清末）長期停滯而形成一種「超穩定結構」的歷史原因究竟為何？作者先對以往幾種學說提出疑難。第一種觀點是，由於中國封建社會自給自足的小農經濟長期得不到必要的變更，而商品經濟未獲充分發展，這就造成了中國封建社會的長期延續。但是，為什麼資本主義文明，正是從歐洲高度自給自足的封建莊園，和規模不大的城鎮中產生，而在城市和商品經濟相對地發達的中國封建社會裏，資本主義文明

❷ 作者給我的《在歷史的表象背後》一書「作者的話」複印上，加有一條新註：「在此我們暫時使用人們習慣的用法，把帝國時代的中國古代社會也稱為『中國封建社會』。正如很多學者所指出的，用『封建』來描述帝國時代的中國（從秦漢到清朝），是不太妥切的。但在這裏，我們僅僅是用這個名詞，因為關於帝國時代中國社會結構，在我的後面分析中，要重新加以嚴格定義，『封建』這個詞的暫用僅僅是為了方便和順應人們習慣。」

卻難以產生和發展？作者承認，經濟原因應該重視，但又反對把重大歷史現象歸結爲某種單一的原因。

第二種觀點是，分析中國封建剝削關係的殘酷性，指出這種剝削制度如何迫害農民，而使生產發展和積累中斷，造成了中國封建社會的長期延續。但是，歐洲與日本的封建社會的剝削關係，比中國封建社會的殘酷性有過之無不及，爲什麼歐洲和日本都能前後順利產生了高度的資本主義？

第三種觀點則以强大的中央集權，說明專制主義國家組織了龐大的官僚系統，依靠政權力量獨尊儒術，而對思想文化嚴密控制，這些政策有效地延續著封建制度。作者雖然承認，此一學說著重從上層建築對經濟基礎的反作用，來探討中國封建社會停滯性問題，有其一定的意義。然而，爲什麼世界史上，絕大多數的封建國家，都保持著與小農經濟分散性相適應的分裂割據狀態，而中國封建社會卻能長期確立强大統一的專制主義國家政權？

第四種觀點則以「亞細亞生產方式」來剖析中國封建社會。但是，已有學者指出，馬克思所說的「亞細亞生產方式」，是指原始公社制狀態，是一切文明類型在其歷史初期都曾出現過的，則爲什麼這種原始型態能在東方長期保存下來呢？還有一種說法是，中國封建社會是處在與外面隔絕的地理環境，這種環境容易成爲對外交流的巨大障礙。但是，同樣的地理條件，從西周到秦漢一千年間，中國社會結構一直在變動著，所謂停滯問題只是發生在秦漢建立大一統封建帝國以後的兩千年歷史中。因此作者認爲，與世隔絕的地理環境只能說是一種外部條件。

作者總結對於上述觀點的各別評析說，「歷史研究的困難常常在於：對於一些重大歷史現象，我們不難從經濟上、政治上、意識型態上分別找出許許多多的原因來。使歷史學家們深感困惑的，不是他們懷疑自己觀點的局部正確性，而是一旦把自己的觀點放到整體中，放到歷史發展中去看，就會發現各種原因互爲因果，而自己不過抓住歷史發展的鏈條中的一環而已」。我們從作者此語，以及其對以往學說的一一評析，多少可以看出作者本身的立場。第一，以往學說採取一種「微視的化約主義」(microscopic reductionism) 觀點，有見於歷史發展的一環，卻無見於整個鏈條，因此產生理論偏差。對於歷史問題的科學探討，必須避免任何化約主義的偏失。第二，從分別在經濟、政治、意識型態方面尋找終極原因的化約主義方法擺脫出來的結果，就得針對三者的相互關聯、相互作用，去建立一種重視整體性發展的宏觀考察方法，以便重新探討這一古老的難題。

第三，教條化的歷史唯物論有偏向唯生產力論、唯經濟基礎論或唯社會存在論的缺陷，而變成一種獨斷的「經典決定論」。社會學家韋柏，在《新教倫理與資本主義的精神》所作的歷史解釋，則有强調意識型態（新教倫理的禁欲主義等等）的偏差，作者的宏觀考察法則不偏向經濟基礎或意識型態，而以嚴格的純科學態度，「對中國封建社會的社會結構進行分析，也就是要考察中國封建社會的經濟、政治、意識型態三結構的特點，以及它們之間是怎樣相互作用、相互調節的，也即從社會組織方式上來把握結構的特徵。只有理解了這種結構在相互調節方式上的特點，才能從整體特徵上去追溯中國封建社會的停滯性原因」（該書第十一頁）。作者畫出一張「社會結構分析框圖」如下：

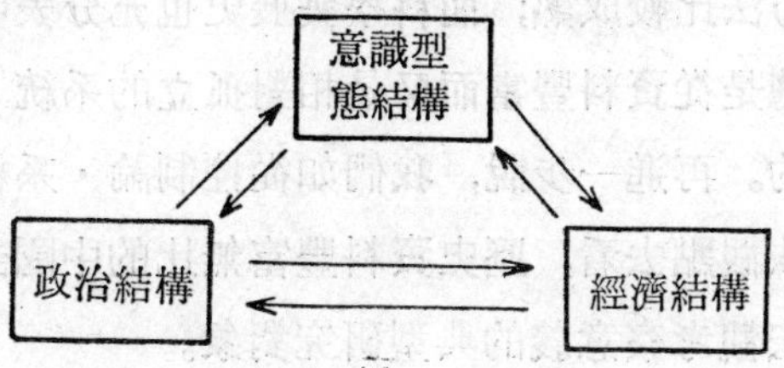

作者的宏觀考察法，與我個人長期以來堅持著的「整全（顧及全面）的多層遠近觀」(holistic multiperspectivism) 頗有異曲同工之妙。所不同的只在，作者的宏觀考察法的思維靈感來自現代西方科學方法論中的控制論與系統論；我的「整全的多層遠近觀」模型，則是借用「創造的詮釋學」，重新挖掘大乘佛學與中國形上學（尤其道家）的深層結構所獲取的心得。作者的宏觀考察法大大克服了經典決定論型態的馬列敎條；我也應用「整全的多層遠近觀」，嚴厲批判過三種馬克思主義混淆不清的馬列敎條。由於基本立場相當接近，我格外能够體會到，作者在本書之中全面突破馬列敎條的學術苦心，也更能了解到，書中多處虛加「力圖在歷史唯物主義原則的指導下」等等套語所暗示著的難言之隱，有心的讀者只有在字裏行間去體察言外之意了。

系統論・控制論所以提供作者豐富寶貴的理論資糧和方法靈感，乃是由於系統論・控制論主張，要了解一個系統，尤其像社會這樣複雜無比的龐大系統的整體特徵，就必須剖析此類系統的結構和作用機制，亦即分析大系統是由那些子系統組成，而這些子系統之間又是如何相互作用、相互調節。而中國封建社會的兩大特點，也正好爲運用控制論・系統論的科學方法去研究歷史，提供了適宜有利的條件。第一特點是，綿延流長的中國文明具有重視歷史的良好文化傳統，且保存著其他國家無法比擬的豐富史料。第二特點是，中國封建社會基本上是一個自成體系的相對孤立的系統。我們已在上節提示，在系統論・控制論中，研究相對孤立體系的方法比較成熟；而科學發展史也充分表明，那些成功的科學研究，最初總是從資料豐富而又是相對孤立的系統入手，然後再去擴充既得的知識的。再進一步說，我們如從控制論・系統論與信息論合成的「三論」方法觀點去看，歷史資料豐富無比的中國封建社會，可以說是最有科學的宏觀考察意義的典型研究對象。

作者提醒我們，控制論・系統論在研究系統結構的穩定性時，並不是去追溯那些使事物及其關係保持不變的因素，而是從揭示系統內部各部分之間相互調節、相互適應的動態角度，來考察系統的穩定性，尤其注重系統內部的不穩定因素，被系統內在調節力量克服之後，整個系統回到穩定狀態（而形成停滯性）的動態過程。如就社會系統而言，在一個社會內部，經濟、政治與意識型態三個子系統，始終都在發展變化著，並調整著相互關係。當三個子系統之間的關係極不適應，而社會結構顯出不穩定和危機時，就得調整社會結構。系統論・控制論的研究指出兩種可能性，一種是通過激烈的革命之後，原有社會結構由新的結構完全取代，如歐洲封建社會到資本主義社會的結構演化卽是。另一種可能性是，三個子系統偏離適應狀態，以至於舊社會結構無法維持時，引起原有舊結構的崩潰，其後果是消除了各子系統中互不適應的因素，消除和壓抑了三個子系統中還未成熟的新結構的萌芽，而使大系統回到原有適應狀態，譬如經由魏晉南北朝的分裂動盪之後，再度出現的大一統封建帝國隋唐就是。這種系統由於存在著不斷消除和壓抑內在不穩定因素的振盪機制，因此就總體言，結構長期不變，依控制論可稱之爲「超穩定系統」。中國封建社會就是這麼一個系統，一方面具有大一統的穩定性，另一方面表現出周期性的振盪；大一統的穩定性，乃是依靠它本身所具周期性振盪的調節機制而得以實現的。作者特別指出，「中國封建社會結構內部具有特殊的調節機制，使它每隔兩、三百年就發生一次周期性的崩潰（卽振盪），消滅或壓抑不穩定因素並恢復舊結構。正是這種特殊的調節機制，保持了中國封建社會兩千餘年的延續狀態，使之呈現出社會結構的巨大穩定性」（該書第十四頁）。

以上簡介作者運用控制論・系統論方法所提出的，「中國封建社會的結構是一個超穩定系統的假說」的基本論點。在本書各章，作者依此假說，步步分析中國封建社會的構造，及其內部子系統之間的相互作用機制，創見迭出，不禁令人感嘆作者在方法運用的自如，科學推論的嚴整，史料分析的細密，宏觀考察的深透，以及組織力的高强與想像力的豐富。作者在「後記」說道：「恐怕任何研究者都會有這樣一種體會：一旦要把自己多年來思索的觀點寫下來的時候，都將碰到巨大的困難，這就是思想和概念在定型化過程中會發生某種畸變。本來，對於讀者來說，理解作者的思想方法、看問題的角度，以及作者在形成觀點過程中所走過的彎路，往往是比讀其觀點更有興味的。但是在著作中，作者只能拿出自己思想的結晶，而不能奉獻孕育著這些結晶的混沌而又豐富的母液。一九八一年九月，我們完成了這部書稿，當時內心的激動難以用語言來表達。我們深知，我們的學識和能力與本書的議題及它所涉及的廣闊的中外歷史知識，是不相稱的。我們也不打算用我們不是專業歷史研究工作者，爲本書的不成熟之處和尙存在的大大小小的錯誤疏漏之處辯護。我們之所以敢于公開發表自己的觀點，是出于一種責任感。我們認爲，對於我們偉大祖國的歷史，每一次從新的角度來認識她，不論這種認識是否全面，是否更接近於科學，這種努力和探索都不會是沒有意義的。」我們在這段「後記」不難看出，作者態度的謙虛，以及謙虛中流露著的自信；他們治學的眞誠，以及眞誠中顯示著的責任感。我與他們兩位謀面暢談已有多次，對於他們勇往直前的探索精神與純樸天眞的共同性格，直令我深深感到後生可畏。

我讀本書，讚賞之餘，仍難免有兩點疑難，一直找不到適當的機會究問金觀濤夫婦，了解他們的眞正想法。第一點是，書中「歷史唯物主義原則的指導下」等等套語，雖不過是作者爲了應付中共領導層的敎條保守派，權且使用的「口頭禪」，他們似仍相信，做爲「非常重視整體的、相互聯繫的思想方法」，科學的馬克思主義是應該繼承的；不但如此，「現代科學的發展，系統論·控制論對複雜系統的研究，恰恰可以使我們在運用馬克思主義的這些基本觀點時，進一步在方法上做到豐富化、具體化、細緻化」（第九頁）。然而，非教條意義的科學的馬克思主義，與系統論·控制論，旣然都是一種科學理論或方法，爲什麼只能片面地强調，以系統論·控制論去豐富化或細緻化馬克思主義，而不進一步大膽主張，爲了「走向（更開放、更前進的）未來」，應該辯證地揚棄或超脫馬克思主義與非馬克思主義的對立，尋求不受馬克思主義牽制的科學探索與哲學思考之路？作者主編的「走向未來」叢書，豈非暗示這種進一步徹底開放學術研究的用意或旨趣嗎？

第二點是，我雖多少能够了解並接受，作者試圖建立貫通自然科學與社會科學兩個研究領域的統一方法論，如控制論·系統論，然而自然事件與歷史事件基本上仍有相當的差異，我們是否能够等同自然界的（因果）規律探索，與歷史社會中的（因果）規律探索？歷史事件旣屬一回性，就無法重現於實驗操作，遑論實驗的重覆；則我們運用現代科學中的控制論·系統論，去研究歷史，難道只能說是運用科學方法來建構假說，藉以發現歷史發展的因果規律嗎？我們是否可說，所謂歷史規律的科學探現，深一層地看，其實是我們當代人爲了「走向未來」，回過頭來重新探索、重新了解並重新詮釋以往歷史的意義或蘊含呢？我們的歷史研究，究竟是對於歷史事實的一種科學說明（a scientific explanation），或毋寧是一種詮釋學的探討（an hermeneutic inquiry）呢？

「走向未來」叢書及其他

到目前爲止，《興盛與危機》足以代表金觀濤夫婦的最高成就；但就後文革時期所亟需的啓蒙教育（教育改革），以及思想開放（學術改革）而言，金觀濤所主編的「走向未來」叢書，恐怕是最有助於全面突破馬列教條的精神催化劑，實有不可忽視的潛在影響力量。據說此套叢書如在北京出版，未免太過醒目，而遭教條保守派的忌惡，故由離京極遠的四川人民出版社刊行。此套叢書已出版的約有四十册，涉及哲學、歷史學、語言學、經濟學、科技史、文藝理論、數學、生物學、物理學等等較爲廣闊的自然科學和社會科學領域。叢書預定出一百册或以上，分爲著作、編著、編譯與翻譯四類，反映了大陸近年來中青年富有創造性的學術研究成果。譬如金觀濤自己所著《在歷史的表象背後》，是《興盛與危機》的簡化普及本。他與唐若昕合寫的《西方社會結構的演變》，則是與《在歷史的表象背後》相照應的歷史（哲）學方面的一本著作，乃運用現代系統論與組織理論的方法，去研究羅馬共和國走向羅馬帝國的演變過程、西歐封建社會的確立過程，以及西歐資本主義的形成與發展過程。他與王軍銜合著的《悲壯的衰弱》，也是運用同一方法研究古埃及及社會的興亡因果。本書作者認爲，古代埃及社會是人類早期文明中形成的另一個超穩定系統；同時指出，人類社會演化可以分爲四種最爲典型的模式，即靜態停滯型、超穩定系統、滅絕型和取代型。作者還研究了古埃及超穩定系統如何崩潰，如何與古希臘羅馬文明衝突，以及古埃及社會滅亡的前因後果。劉青峯所著《讓科學的光芒照亮自己》，通過大量而生動的科學史實，和對於兩千項科學技術成果的分析，展示出科學發展和停滯機制的歷史圖畫。作者在最後一章探討中國近代科學落後的原因，指出近代科學技術結構的形成與發展需有三個必要條件：(1)原始科學結構的種子；(2)大一統型的通訊技術；(3)社會結構的轉化，特別是新的社會結構要比舊結構有更大的容量。在這三大要件中，中國封建社會只具備了大一統通訊技術這個條件，因此未能產生近代科學。

叢書之中楊百揆等人合寫的《西方文官系統》，論述西方各國文官系統的產生、形成和發展，指出西方文官系統對於西方國家的政府工作的穩定、延續方面有不可忽視的作用，並介紹了西方文官系統中的各種規章制度。我讀此書之後，對金觀濤夫婦表示我的感想說，此書當是專爲中共本身的政治改革而寫成；他們聽了，默然微笑，未置然否，似有心照不宣之意。有趣的是，作者特別聲名，「日本本是東方國家，但因現時其經濟、政治體制，及發展水平與西方發達國家更爲接近，且在國際上已成爲西方集團中的一員，所以……把它作爲西方國家」；言下之意，似乎暗示大陸本身對於西學西潮的吸納，遠遠不及日本那麼開放，那麼伸縮自如。在翻譯類，有一本日本學者森島通夫所著《日本爲什麼「成功」？——西方的技術和日本的民族精神》（原係英文，一九八二年劍橋大學出版社印行）；此書順著韋柏的理路，强調日本的意識型態（尤其日本化了的儒家世俗倫理）對於近現代日本經濟發展的積極作用，足以補正哈佛大學社會學教授傅格爾那本《日本第一》，完全忽略意識型態的反作用的不足。

金觀濤主編的《走向未來》雜誌（季刊）於一九八六年八月創刊，首篇便是李澤厚的〈啓蒙與救亡的雙重變奏——『五四』回想之一〉，給陳獨秀很高的評價。第二篇是金觀濤自己的〈發展的哲學——論『矛盾』、『悖論』和『不確定性』〉，試圖提出「不確定性」原理，來完成辯證理性的重建，而下結語說：「不確定性一旦昇華爲對立統一規律的精確表達，就確實成爲一個核心環節，而把當代科學方法論極爲重要的各個方面有機地統一起來。於是我們似乎隱隱看到一種新的綜合，那是一座在地平線上的大廈，我們雖然未曾到達那裏，卻可以斷言那不是海市蜃樓。」讀完此文，我隱隱感到，它在取代著毛澤東那篇〈矛盾論〉的地位；金觀濤自己當然不會如此明言。

我在這創刊號也看到靳凡（劉青峯）的散文詩一組（共四首），總題「往事在說……」，每首都有特別意涵在內。譬如第三首「誤人子弟」，有心的讀者當可發現詩意何在，不必由我揭穿，只需照抄該首如下：

荒誕的理論並不可怕。可怕的是把一種衆所周知、然而卻是貧乏的思想嚼來嚼去，然後用一種一本正經、純學術的面孔來講述它，老師帶著一羣研究生坐在課堂上，像皇帝新衣故事中兩個騙子那樣，不斷用手和鞭比劃著，煞有其事地裁剪著……

可憐可憐青年人吧！他們的光陰是寶貴的。不像老頭可以把這些烏有的新衣帶到棺材中去。青年的身體是美的，是敏感的，他們不能厚著臉皮穿上這些虛無的外套在大街上散步。不要欺騙孩子，要珍惜他們的光陰，特別要珍惜他們學術上的生命力和害羞感！

（一九八六年十二月六日晨九時不眠不休撰成，於費城郊外，原載《文星》第一〇三期）

沒有沙特，是否有波娃？

今年四月十四日西蒙·德·波娃於巴黎病逝，本刊曾立卽推出「懷念西蒙·波娃」專輯。專輯文字與本月十一日刊出之「娜拉的選擇」一文，大致均從女權運動的觀點回顧波娃一生的活動與思想，肯定她的正面貢獻及象徵意義；傅偉勳教授的文章，性質亦屬回顧與評價，但主題放在波娃與沙特之間智性活動方面的「不平等關係」，提出相當證據，說明波娃本人並未能完全體現「第二性」所鼓吹的男女真正平等，足供參考。——編者

我生平撰文從來沒有像寫這一篇這樣三心兩意，充滿猶豫與掙扎。爲甚麼呢？時報讀者或仍記得人間版上連載過兩天的拙文〈沙特與西蒙·德·波娃——一對存在主義的標準情侶〉（一九八四年十二月十五日與十六日）。正如該文副題所示，我在開頭確加讚辭說：「存在主義大師沙特與法國首席女作家西蒙·德·波娃依循他們的絕對自由原則從未正式結婚，却同居了整整五十年，相敬相愛，無疑是世所罕見的一對理想伴侶。他們在哲學思想與政治行動上又是志同道合，步調一致的『親密戰友』。」今天沙特與波娃已先後告別人間，我並無意收回「世所罕見的一對理想伴侶」等描敍。但如退一步重新考察，我不得不說，所謂「理想伴侶」或「標準情侶」，是應該打點「折扣」的，不是存在主義

的絕對自由原則所能完全解釋的。他倆相敬相愛了五十年，志同道合而步調一致，乃是不可否認的事實，却不能說完全體現了波娃自己在主著《第二性》(*The Second Sex*) 所主張過的男女之間的眞正平等；這一點極有助於我們重新探討「男女究竟有別與否」的棘手問題，以及戰後女權運動的功過得失。

我在該文暗示過：「沙特是以哲學與文學創作爲唯一終身工作目標的稀世天才，飽滿自信而又特立獨行。就哲學思想言，沙特一直是波娃所敬佩的唯一導師，她完全接受前者的存在主義自由論與倫理觀」。祇是那時我沒有明白指出，做過哲學教師的波娃並沒有表現過西方哲學家應有的嚴格尖銳的批判精神，反而毫無條件地（即毫不加思索地）「完全接受」沙特思想的一切，不論是好是壞；在政治行動上更是如此。我的意思是說，做爲「第二性」的第一號戰後女權運動名將波娃，並不是一開始就以大無畏的平等身份與沙特結合的，而是完全迷上了沙特無與倫比的智力與自信，自始至終祇不過以附屬的地位依從沙特的一切，甘願成爲他的「親密戰友」，借助於沙特的國際聲望逐漸提高了她的文壇身價的。說得更露骨一點，如無沙特生前的聲威，波娃決不可能享有今天的「死後哀榮」。

做爲戰後法國的一對左派運動健將，波娃（女）與沙特（男）之間所形成的「親密戰友」關係，如與十九世紀德意志的另一對左派運動「親密戰友」恩格斯（男）與馬克思（男）的眞正平等地位相較，是有天壤之別。馬克思在中年以後爲了政治經濟學的研究與《資本論》一書的完成，不再從事於純正哲學的探討。他的「親密戰友」却有足够的思辨能力，在《反杜林論》、《自然辯證法》、《路德維希・費爾巴哈和德國古典哲學的終結》等一系列的晚期著作裡，發展了一套後來形成馬列主義哲學基礎的辯證法唯物主義。我雖認爲辯證法唯物主義原是一種形上學的獨斷論主張，混淆了科學眞理與形上學道理，却不得不承認，辯證法唯物主義是超越馬克思唯物史觀的恩格斯本人的哲學創獲。就此而言，恩格斯與馬克思的「親密戰友」關係可以說是完全平等，旣是志同道合，又有各別的獨立自主性，而兩者的思想史地位也是難分高低的；如專就哲學思想言，恩格斯的地位毋寧更高。反觀波娃與沙特的思想關係則不然，沙特能够突破《存在與無性》(*Being and Nothingness*) 的早期存在主義（抽象游離意義的）絕對自由論限制，經過一番政治倫理的思想掙扎，終在一九六〇年完成了《辯證法理性批判》(*Critique of Dialectical Reason*)；自認爲於此標出二十世紀的「時代眞理」而取代了《資本論》的原有地位，雄心勃勃地以馬克思衣鉢的眞正繼承者自居。姑不論沙特是否抓到了「時代眞理」，他從早期的存在主義轉移到新派馬克思主義的晚期觀點，充分表現了他那無所依傍的獨立思考精神。相比之下，他的「親密戰友」波娃的哲學思考能力是多麼薄弱，多麼具有傳統女性的依賴性！波娃生平祇出版過唯一的哲學著作《兩義性的倫理道德》(*The Ethics of Ambiguity*)，在這小册子裡她有意續完沙特在《存在主義即是人本主義》(*Existentialism Is a Humanism*) 所未完成的存在主義倫理學，撰寫之前大受沙特的鼓勵與支持。但在這本書，我們不但看不到半點波娃自己的創見，反而發現到存在主義倫理觀的一種不太高明的簡單化、通俗化，令人失望，實與富有哲理蘊含的《存在主義即是人本主義》，不可同日而語。

我個人對於波娃作品的評價是，一九五四年曾獲龔固爾文學獎的長篇小說《滿大人》(*The Mandarins*) 還差强人意，但與二十世紀法國男性作家如紀德 (Gide)，莫里阿克 (Mauriac)、普魯斯特 (Proust)、卡繆 (Camus) 甚至沙特等人相比，文學成就仍相差太遠，難臻不朽。那麼多的波娃作品之中，還有一點點「不朽」希望的是那本構成戰後女權運動的首部理論大著《第二性》，處處顯揚女性從體力到智力的潛能，藉以標榜婦女獲得徹底解放之後的男女平等。她在「獨立的女性」(The Independent Woman) 這一章結尾說：「自由的女性剛剛誕生，……女性的各種潛能曾被壓制，她爲自己爲人類大大發揮己力己能的時候已經到了！」做爲思想開放的男性讀者，我當然雙手贊成波娃擁護女權運動的基本論點。人類歷史發展到一九八〇年代的今天，任何有良知與見識的男女都不得不爲男性沙文主義 (male chauvinism) 等等傳統陋習的掃蕩與男女之間的眞平等而奮鬥努力。但是，做爲戰後女權運動頭牌領導者的波娃，顯示了甚麼好榜樣呢？她豈不是以反叛家庭制度，旣不結婚也不生育子女，且又浪漫尋歡（沙特不是她生平的唯一男友）的「輕便」辦法爭取「第二性」的所謂「絕對自由」嗎？這種個人浪漫主義的解放方式能够代表女性的自由眞諦嗎？這與逃避車馬喧囂的日常塵俗，躲到深山幽谷而自求「涅槃解脫」的小乘佛敎和尙，在精神上有多大差別？再者，沒有沙特的存在，波娃眞有獨立自主的思想本領，爭取到「絕對自由」嗎？這種存在主義的「絕對自由」，是今日的女性（以及男性）所應追求的嗎？我今天悼念波娃逝世之餘，仍不得不如此設問，強逼八〇年代衷心關注「第二性」的解放課題的（女性）讀者重新認眞探討一次：所謂「自由」(liberty or freedom)，所謂「解放」(liberation or emancipation)，就個人與社會雙層而言究竟應具甚麼義諦？

很少讀者知道，一九六五年美國的《時髦》(*Vogue*) 雜誌七月號曾刊載過記者哥貝豫在一九六二年訪問沙特而成的一篇〈對話〉，其中有好幾段涉及沙特與波娃的關係，以及沙特對波娃的看法（沙特很少自動談及波娃)。哥貝豫問沙特：「在她回憶錄中，波娃花費很多頁數談論到你，你對有關她的事情，却守口如瓶，令人驚異。爲甚麼呢？」沙特回答說：「因爲沒有適當的機會。我剛開始寫《言語》(*Words*) 這本自傳，但不知會不會繼續寫完。也不過寫到十歲爲止，我十歲時的生活還沒有波娃在內，她那時還太小。但從另一面看，如你認爲波娃在那三本回憶錄中寫到我的全面，也就是說，寫到我的生涯與我倆的關係，那麼我應該說，她所寫出來的有關我的一切，我都可以表示同意。……她不但最了解我，她描寫到我們各別都如何感到彼此結合的重要，完全是正確的。正如她所說的，三十年來晚間就睡，我們從未貌合神離過。不，祇有一次，那是很傻的事。我們如果彼此生氣，那多半是爲了哲學上的問題，多半是由於提出問題的方式不對。正如她所說的，如果有人向我倆同時發問，在多半場合我們會給同樣的回答，這實在很妙。」沙特在這裡祇說他與波娃有時生氣，多半是因爲提出哲學問題的方式不對；他並沒有說，是因爲彼此的哲學思考方式不同或所獲結論相左。他又完全同意波娃所說，兩人對於他人的質問，經常給予相同的回答。這祇證明了我對波娃的看法與評價：她從未試過與沙特不同的哲學思考，因爲她過份相信沙特的思考能力，完全聽從他，崇拜他，接受他對形而上學、倫理道德、政治行動乃至文藝創造的所有結論。假定他倆的思考方式與結論有一點點相左之處，沙特眞的能够容忍她嗎？他倆眞的能够相敬相愛，到死爲止嗎？可是，依照沙特存在主義的第一原則，「實存（即以絕對自由現實地存在並眞實地存在着的人本身）先於本質」(Existence precedes essence)，則依沙特與波娃各別實存的絕對自由所投射出來的哲學思想、政治行動等等怎麼可能一模一樣而無由分辨？理由很簡單，是較有依賴感的「第二性」波娃迷上沙特之餘，自動（不論是有意無意）讓步，放棄自己的「絕對自由」，一切依從沙特而形成的；換句話說，「志同道合，步調一致」是假相，優柔而依賴的女性隨後跟從（女隨）專斷而自主的男性（男唱）才是眞相。波娃死後的女權運動者應從這一對「理想伴侶」學到良好的教訓：新時代的女性如要從傳統以來的

「第二性」眞正解放自己，則千萬別靠男性的餘威，應該依靠自己本有的潛能獨立思考，自立自主。沙特曾勸我們說：「你要證明自己是個好朋友嗎？不要祇在嘴上說說，朋友有困難時你以實際行動證明出來。你要證明自己是個好作家嗎？不要自吹自擂，眼高手低，不如提筆動手，寫成書後拿出證明來看看再說不遲」。我對女權運動者也想奉勸一句：「你想證明自我解放，男女平等嗎？不要祇叫男性自動放棄沙文主義的生活態度，你自己也要掃蕩傳統女性的依賴感才行。」

哥貝豫又問沙特：「你如何去看做爲女性的波娃？」沙特回答說：「我認爲她是個美人，我一直認爲她是美人。……波娃最大的優點是，她兼有男性的頭腦與女性的感受性。換句話說，我在波娃身上找到了我所需求的一切。」沙特在這裡並沒有說清楚波娃的所謂「男性的頭腦」。波娃的「男性的頭腦」如與沙特的腦力勢均力敵，甚或稍強，沙特眞的能夠接受她爲「理想伴侶」嗎？沙特敢說自己完全從傳統以來的男性沙文主義解放出來了嗎？對此，我是不無疑問的。哥貝豫再問：「如在你的生涯沒有波娃的存在，你會不會與此刻的你有所不同？」沙特的回答有點模稜兩可，說：「一個人對另一個人欠負甚麼，實在難於表達。從一方面看，可以說我對她欠負一切。但從另一方面看，即使沒有她的存在，我仍然會從事於我那些寫作的；因爲我本來就有如此欲望。」其實沙特的眞意是，波娃存不存在，多半不會影響他自己的人生路向與思考方式的，因爲他自己是毫無羈絆，道道地地的存在主義者。如果我們一樣套問波娃，她的回答又將是如何？聰明的讀者是很容易猜想出來的。

沙特死後，波娃出版了《懷念沙特》(Adieux—A Farewell to Sartre) 這本書。我讀了其中〈與沙特的對話〉許多段節，更加强了「波娃始終依從沙特，而沙特未從男性沙文主義徹底解放自己」的個人看法。他倆的所謂「對話」其實是毫不對稱的一問一答，給讀者的印象是，波娃好像是專爲沙特死後的紀念性出版進行「對話」，窮問沙特種種問題，由沙特自己隨意回答的。我讀到沙特談女人談性愛的那一大段，祇能搖搖頭；西方的不少評論家却讚美波娃與沙特的坦誠，對於男女問題毫不隱瞞。譬如沙特說到他所喜愛的女性，要有「旁助他的思維觀念更加豐富的一種（女性特有的）感受性」。波娃緊接著問他學例說明，沙特就說：「具象性意義的感受性，對於我在理智層次所論說的，能够給予情緒情感上的解釋」。所謂（女性特有的）「情緒的解釋」（emotional interpretations），眞有助於（男性特有的）理智思考的豐富化嗎？做爲長期的哲學教育工作者，我不得不對沙特提出質疑，也不得不說，男性沙文主義的渣滓在他身心之中多少仍然存在，而「第二性」的波娃也有意無意變成了他的「幫手」，令人遺憾不已。

沙特死時（一九八〇年），波娃寫道：「他的死不會分離我倆。我的死不會使我倆再度結合。事物的存在就是如此。」跟隨沙特主張反宗教反上帝的波娃當然祇有如此說。而今波娃也死了，不論有否解答，涉及生死智慧的宗教（解脫）問題却不因波娃之死而解消。

（一九八六年五月五日晨二時於費城郊外，原載中國時報五月十九日人間副刊）

〔附文〕波 娃 與 沙 特

——兩個獨立自主的存在

李 元 貞

五月十九日人間副刊傅偉勳先生的〈沒有沙特，是否有波娃？〉一文，拜讀之後，感到十分驚訝，因爲傅先生在民國七十二年十二月十五日及十六日，亦曾在人間副刊上寫過〈沙特與西蒙・德・波娃——一對存在主義的標準情侶〉一文。他在兩年多前對沙特與西蒙波娃的比較，雖然以波娃陪襯沙特，還不至於像今年波娃過世後，所寫之文，對波娃如此厚誣。傅先生在〈沒有沙特，是否有波娃？〉一文中所引用的資料，除了來自波娃的自傳及沙特與波娃的作品外，還有一九六五年美國《時髦》(*Vogue*) 雜誌七月號刊載的記者訪問沙特的一篇題爲「對話」的文章，再就是一九八一年沙特逝世後波娃所寫的《懷念沙特》一書。就這些資料而言，如果細加考查的話，應該不會得出〈沒有沙特，是否有波娃？〉一文中種種不公平的推論；如果他能注意到美國最近（一九八四）出版的愛麗絲・史瓦妶（Alice Schwarzer）所作的西蒙波娃訪問錄《第二性之後》(*After The Second Sex*，中譯書名爲《拒絕作第二性的女人》曾在《婦女新知》雜誌連載)，可能會對波娃與沙特有更全面性的了解。不會在討論波娃的成就時，處處以沙特的架構來看波娃，對波娃作不公允的批評。作者本文旨在提供傅先生所忽略的觀點和資料，希望還給波娃應有的公道，讓大家更了解波娃的重要成就以及她與沙特之間眞正平等的男女關係。

在波娃七十八年的生涯中，著作等身，多才多藝，不但寫小說、散文、劇本、遊記、評論，也寫哲學，討論思想，同時參與社會運動、政治運動、女權運動，其人生的多采多姿，絕不在沙特之下。她的小說《滿大人》獲法國文學最高榮譽的龔固爾文學獎，她的四部回憶錄也享譽西方世界，而她在婦女研究上的寶典《第二性》，更是世界性的經典之作。

如果硬要拿波娃與沙特作比較的話，沙特是存在主義的思想家，波娃在這方面完全接受沙特的影響；若就存在主義的小說家而言，波娃可以與沙特一較長短；但就《第二性》對婦女研究的貢獻，以及作爲婦女運動的理論基礎而言，套一套傅先生拿波娃的哲學作品來比照沙特作品而貶低波娃的方式，則我們是否也可以拿波娃《第二性》的成就來折扣沙特的成就呢？因爲沙特在這方面並無貢獻，同時他在婦女問題的觀點上是完全追隨波娃的。

傅先生在討論波娃著作時，以波娃最少成就的哲學著作來與沙特最大成就的哲學著作相比，等於是我們以波娃的最大成就《第二性》對婦女研究上的貢獻來折扣沙特在這方面的成就一樣，實在毫無意義。再以今日觀之，沙特的存在主義已不再流行，而波娃的《第二性》對世界婦女運動仍具巨大的影響力，我們是否就可以說波娃的成就會超過沙特？傅先生的文章對波娃的成就缺乏了解，所以本文將分三點來對傅文作個釐清。由於所引資料泰半從美國一九八四年出版的愛麗絲・史瓦茲所撰《第二性之後：西蒙波娃訪問錄》而來，爲了行文方便，在下文皆簡稱史瓦茲《波娃訪問錄》。

無論有沒有沙特，波娃就是波娃

由傅文顯示，傅先生對波娃這部女權運動的理論大著《第二性》並非不知，他也同意波娃在此書中掃蕩男性沙文主義傳統的努力，却極爲慳吝地評論道：「那麼多的波娃作品之中，還有一點點『不朽』希望的是那本構成戰後女權運動的首部理論大著《第二性》……」而事實上，《第二性》早已不朽，豈能說「還有一點點不朽希望」？

在《波娃訪問錄》序言中，史瓦玆對《第二性》如此評價：「如果沒有波娃的《第二性》，西方世界婦女的運動或許仍將產生，但可能至今仍然基礎不穩，在理論上必須步步爲營。」《訪問錄》中波娃自己也說得很明白：「我和沙特各不相涉，……雖然《第二性》的哲學基礎是沙特的存在主義，但我感覺此書仍是純粹的創作——基於我對婦女的洞識所做的創作。」波娃的哲學思想是來自沙特的存在主義，但《第二性》這個解釋婦女處境的觀點，以及從社會、心理、歷史、哲學來分析和推論婦女《第二性》的成因及自求解脫之道，却完完全全是波娃自己的創見。

正像傅文所說，恩格斯在馬克斯的理論基礎上別有發展和創獲一樣，波娃利用了存在主義的哲學思想，創造了《第二性》這部著作，此書一直到今天，在透視婦女問題的廣度和深度兩方面來看，都還是頂尖的作品。再以波娃所處的年代而言，她有勇氣剖析婦女——包括她自己—的女性處境及女性心靈，敢面對許多作風粗鄙的男性的惡意中傷與挑釁，則是沙特在處理哲學問題所不必面對的困難，正證實了波娃有無比的探索精神和冒險勇氣，亦是她的成就之一。而傅文却處處避重就輕，不特別强調波娃《第二性》的成就，偏去以波娃所寫的哲學小册子來證明波娃在智力上依賴沙特，這對波娃公平嗎？還是因爲傅先生不甚了解婦女問題，才對波娃作出如此偏頗的衡量？

波娃與沙特互相影響又互相尊重

傅文特别引用了一九六五年美國《時髦》雜誌七月號所刊載的記者哥貝豫訪問沙特的一篇「對話」，但在解釋和推論上面，傅文犯了有意忽略部份引文、簡化引文，武斷推論的毛病。引文中，沙特談論他與波娃的關係，明明說：「正如她所說的，三十年來，晚間就睡，我們從未貌合神離過。」「我們如果彼此生氣，那多半是爲了哲學上的問題，多半是由於提出問題的方式不對。」「正如她所說的，如果有人向我倆同時發問，在多半場合我們會給同樣的回答，這實在很妙。」傅文在引文的解釋中，並不說明沙特滿意他與波娃貌合神合的關係，反而將「哲學上的問題」與「提出問題的方式不對」這兩句話簡化爲一句「多半是因爲提出哲學問題的方式不對」，以含混的方式來推論波娃與沙特沒有思想上的爭論，證明波娃在思想上依賴沙特，更藉着沙特與波娃會給發問者同樣的回答，就武斷地推論波娃完全崇拜迷信沙特所有的言論。

傅文並以自問自答的方式來暗示波娃完全的仰賴沙特：「假定他倆的思考方式與結論有一點點相左之處，沙特眞的能够容忍她嗎？他倆眞的能够相敬相愛，到死爲止嗎？」「……理由很簡單，是較有依賴感的『第二性』波娃迷上沙特之餘，自動（不論是有意無意）讓步，放棄自己的『絕對自由』，一切依從沙特而形成的，換句話說，『志同道合，步調一致』是假相，優柔而依賴的女性隨後跟從（女隨）專斷而自主的男性（男唱）才是眞相。」傅文這種自問自答，不顧與引文有無關聯的推論，不但厚誣波娃，也對沙特所言充耳不聞，完全陶醉在他自己片面的、一廂情願的曲辭中。

不止在哥貝豫訪問沙特文中，沙特表示滿意他與波娃之間互相影響的關係，在史瓦玆《波娃訪問錄》裡面，沙特也說得明白：「我認爲我們完全互相影響。」「就男人與女人之間的關係來說，我完全贊同波娃。」「我相信婦女是受到壓迫的，而且男人大都視婦女爲『第二性』——依據西蒙波娃的定義」。另外，誰都知道，波娃談及她與沙特的關係，遠比沙特多，但傅文從不引證波娃的言論來討論她與沙特的關係，這在資料的引用上對波娃也不公平。《波娃訪問錄》中，波娃對她與沙特的關係說得更明白：「我認爲那不是影響，而是互相滲透。」「我們常將作品給對方看，沙特批評我所寫的任何東西，而我也幾乎批評他所有的作品。」「在哲學上，他是創造性的，而我並不——但沒有創造性的男人比比皆是。我始終承認他在那方面的優點，因此談到沙特的哲學，說我師法沙特是公允的，因爲我自己也支持存在主義……。例如：當他在寫『存在與虛無』一書時，我反對他的一些觀念，而有時他也稍加修改。」

因此我們可以說，波娃與沙特的確是一對「志同道合」「互相影響」又「互相尊重」的平等的男女關係，她與他兩人都公開承認彼此有這種平等的男女關係，而她與他兩人不但在著作上發揮各自的成就，而且在人生的實踐上也都各自完成自我。

男女有別與男女平等

傅先生由於要貶斥波娃的智力成就，他對沙特說波娃「兼有男性的頭腦與女性的感受性」頗不以爲然，他並不批評沙特所提出的波娃的「男性頭腦」與「女性的感受性」是受傳統男女有別思想的影響，在事實上完全沒有研究的根據。

近年來有關大腦的研究已顯示，人腦左腦司空間敏感及運動的功能，右腦司語言、記憶的功能；同時在男女智力是否有別的實驗中，也發現了統計上的一項現象，即男性長於三度空間的敏感能力（左腦較發達），女性長於語言表達的能力（右腦較發達）。但是，雖然有這種統計上的一般傾向，例外者比比皆是，而且男女兩性經由訓練皆可增强自己對三度空間的敏感能力及語言表達的能力，故男女在智力上的相異，還是以「個人」而非「性別」爲依歸較爲符合實情。

傅文在貶斥波娃的智力成就時，並未就男女智力作更深入的檢討，仍然與沙特一樣談這種沒有根據的「男性頭腦與女性的感受性」，未免有落伍之嫌。因爲事實上，不但知性與感性是人腦（男女）共有的功能，本身難以截然劃分，更何況傅文除了將知性歸於男性，感性歸於女性之外，還加上優劣褒貶的價値判斷，豈非荒唐無稽之至！男女有別在生理上、生殖結構中是正確的，但在男女的智力上，個人差異大於性別差異，早已成爲一項普通常識了。

另外，傅文對於波娃人格侮辱最嚴重的一處，便是以輕薄語辭說波娃：「做爲戰後女權運動頭牌領導者的波娃，顯示了甚麼好榜樣呢？，她豈不是以反叛家庭制度，旣不結婚也不生育子女，且又浪漫尋歡（沙特不是她生平的唯一男友）的『輕便』辦法爭取『第二性』的所謂『絕對自由』嗎？這種個人浪漫主義的解放方式能够代表女性的自由眞諦嗎？……」

波娃的《第二性》雖在戰後的婦女運動上，居於思想領導的地位，波娃却遲至一九七一年才實際加入女權運動。而波娃「反叛家庭制度，旣不結婚也不生育子女」，並且交過沙特以外的男友，並不是如傅文所說的以「輕便」辦法爭取所謂「絕對自由」。波娃並不喜歡浪漫尋歡，這些在《波娃訪問錄》中，波娃都說得很明白：「沒有任何男人有力量影響我，除非我們之間已存有很深厚的情誼。」「不，從沒有所謂一夜風流，那和我根本是完全不相容的。」「即使在我沒有異性朋友，有好一陣沒有性生活時也不例外。我從來沒想過就這麼走出去找一個男人。」

從波娃許多資料中，都可找到波娃不結婚不生育子女，是她很嚴肅認眞的一種人生抉擇，這是波娃信仰存在主義，要求自己從第二性的處境中掙脫社會制約的一種自主性的抉擇，波娃並以一生來承擔這項抉擇所必經的考驗與掙扎，不但不是以什麼浪漫尋歡的「輕便」辦法來爭取什麼「絕對自由」，而是嚴肅認眞地檢討人類的自由、人類的家庭制度、女性自主性等基本人類問題，與所謂的放蕩行爲根本是兩碼子事，扯不上絲毫關係，不知傅先生爲何如此厚誣波娃？如果照傅文如此粗率的說法，豈不是同樣可以批判沙特？沙特也反對家庭制度，也除了波娃之外有其他女友，而在反對家庭制度上，傅文所提到的，馬克斯與恩格斯比波娃更加如火如荼，傅先生爲何不公允的一齊批判他們？爲何每每在討論波娃的問題時，傅先生不從波娃的基本立論着手？常常東拉西扯一番，是不是傅先生對男女學者採取雙重標準的批判態度？

波娃與沙特，兩個獨立自主的存在，旣不必以波娃的框架來看沙特，更不必以沙特的架構來看波娃；她與他確實緊密結合，基本思想一致，但是她與他在著作與人生實踐中，却各有成就。更可貴的是她與他能够互相平等對待，這是更值得我們學習的。

（原載中國時報一九八六年六月九日人間副刊）

理想與現實之間

——劉青峯《公開的情書》解說

《公開的情書》直截地描述並逼真地刻劃出文革期間有自覺的男女青年，如何通過愛情的誠摯追求與理想的不斷探索，暗中摸索能落實於現實群己生命裡的新方向、新道路。

《文星》雜誌發行人蕭孟能先生決定自該刊五月號起，分期連載大陸女作家靳凡所著中篇小說《公開的情書》，要我針對此作寫篇介紹文，解說此作所由產生的文革背景，它所反映的當時大陸知識分子的代溝問題與意識型態問題，及它所蘊涵着的時代意義，以助於臺灣讀者對它有更深一層的認識與了解。我試圖環繞着《公開的情書》的主題——「理想與現實之間」（的衝突、掙扎、奮勉與超克）這個文藝創作的永恆課題之一，來解說此書或明點或暗含的種種旨趣。

靳凡是劉青峯的筆名，原是大陸（自然）科學院所員，也是大陸學術界新進奇才金觀濤的太太。我在〈『走向未來』的金觀濤與劉青峯——大陸學術界的前衞象徵〉這一篇文中（見《文星》復刊第五號）已介紹過，讀者應該記憶猶新。就體裁而言，《公開的情書》是類屬書信體的中篇小說。但是如果我們祇將它當做普通意義的純文學作品看，恐怕會大失所望。理由很簡單，作者的寫作動機原不在爲了滿足讀者欣賞或享受文藝作品的興趣或欲望，却是在於直截地描敍並逼眞地刻劃，文革期間有自覺的男女青年，如何通過愛情的誠摯追求與理想的不斷探索，暗中摸索能落實於現實羣己生命裡的新方向、新道路。

我們當前的臺灣社會正在朝着已開發國家的（後）現代化道路前進，在「經濟第一，金錢第一」的極端現實主義氛圍裡成長的臺灣新一代，恐怕已不太能夠了解（何況欣賞），在較貧窮的農業社會裡長大的老一代，所曾有過的高度理想主義的生活情調；再加上不幸的戰後政治局勢所造成的海峽兩岸長期的文化斷層，要使我們此岸的年輕讀者，去體會《公開的情書》中，充溢着的理想主義韻味，恐有雙層困難或阻礙。不過，我們如從另一角度去發掘此書所要揭示的要義，則不難看出，此書作者正如古今中外不少文藝作家，所環繞着的人生一大難題「理想與現實之間」而運思動筆的，祇是她所經歷的特殊環境與時代是苦難的大陸與浩劫的文革罷了！我們如能設身處地去體會這一點，也許會對作者產生一種「移情同感」（empathy）的回應。

靳凡（劉青峯）與金觀濤結識一年之後，於一九七一年結婚，不久她就開始撰寫《公開的情書》，翌年三月完成初稿，一直擱在身邊，沒有準備拿出來發表。後來，有位專攻地質的朋友讀了之後頗爲感動，鼓勵她早日設法出版。他的理由是：當時文革結束不久，大陸到處充塞所謂「傷痕文學」，題材與內容幾乎千篇一律地暴露文革的慘狀，人性的摧殘、理想的幻滅、生命的失落等等純屬負面消極的東西；相比之下，《公開的情書》所提的主旨是，要在艱苦無比的現實生活之中，百折不撓地探索人生理想的正面意義，實可以大大補正「傷痕文學」的偏差，提供後文革時期成長的新一代，足以鼓舞他們向上精神的文學資糧。

終於，在一九八〇年元月《公開的情書》刊載於《十月》文學雜誌，當時的女主編蘇予評道：「這部作品不屬於迷茫的一代，憤怒的一代，而是屬於追求的一代，思考的一代」。我自已讀後，也有同感。金觀濤夫婦去年（一九八六年）九月與我初次見面之時就對我說:「文革的一大錯誤，是祇破不立。我們這一代知識分子所應該做的是,祇立不破」。他們兩位在一九八四年出版的那本一鳴驚人的史學傑作《興盛與危機》,證明他們確是「祇立不破」的實例，也同時證明了他們是一對足以代表後文革時期眞正「追求（羣己理想）的一代,(冷靜做科學)思考的一代」。

《公開的情書》發表之後，在大陸文壇曾掀起了一陣旋風，不到二十天就陸續收到各地讀者的來信，據說其中兩位少年讀了此作之後自動打消了原定自殺的念頭，可見它的理想主義高昂情調，如何打動了在「理想與現實之間」的十字路口，徘徊惶惑而無所適從的年輕讀者羣了。由於此作轟動一時所引起的震盪，《十月》雜誌受到上面的相當壓力，而當時北京的某單位主管也稍加干涉，不許多所評論，以免影響太過。一九八一年三月,《公開的情書》正式收在「十月文學」叢書之中，由北京出版社印出初版三十一萬册，很快地售罄。

《公開的情書》在《十月》雜誌出現不久，大陸的「文藝報」就刊登了〈波動及其他〉這篇評論文章，幾將此作視如後文革時期（大陸派）存在主義文學的根苗或濫觴，認定此作在青年文學之中，對於還醞釀着的一股強烈的存在主義文學潮流起了帶頭作用。就表面上看,《公開的情書》之中的許多話語，似乎具有沙特一派的西歐存在主義所倡導的「實存的自由抉擇」蘊涵，強調個別實存的主體性意義的生命探索與理想追求。譬如書中男主角老久（即金觀濤）致眞眞（即劉青峯）第一輯的第四封信說道:「我讚嘆否定中包含的發展的力量。在心靈上，我要求衝破一切枷鎖。我們的時代，需要的是大膽、明快、激動人心的形象」。這類極端突出存在主義般的個性或主體性自由比比皆是，我們不妨再舉若干例如下:

同輯的第五封信，老久致老邪門:「如果我碰到了理想的人物（即眞眞)，我會不顧一切地追求。卽使她在月球上，我也要去愛……我們忠於自己的感情，我們的感情是光明磊落的。我厭惡舊道德和宗教的虛僞。我們有自己的生活準則。我們仇恨欺騙和自我欺騙，從不因爲追求眞理要付出巨大代價而逃避眞理」；第二輯第七封信，眞眞致老久：「文化大革命的巨浪把我從養尊處優的特權地位，無情地拋到堅實的地面上。……這時，我才第一次感到：我是個人，我應該有人的尊嚴，我應該有和別人一樣的權利。特權的被剝奪，只能使我清醒。……我大聲疾呼：我是人！我要普通人的權利！」；第三輯第二封信，「對於很多人來說，生活進一步的展開，只能是性欲和現實的小家庭。只有少數人，才去進一步探索『愛』的更深沈的內容」；第三輯第七封信，老久致眞眞：「我們決心走一條和許多年輕人不同的道路——在理論上進行探索的道路。……我們從現實的痛苦追溯到理論，又從理論的雲端追溯到它的基礎——哲學。我們甚至熱烈地討論着黑格爾和存在主義」；第四輯第九封信，老久致眞眞：「對於一個眞正的人，他的弱點一旦被自己理解了，這種弱點就不存在了。新生力量中的最强者往往是舊營壘中倒戈的戰士」；第四輯第十四封信，老嘎致眞眞：「你問我爲什麼大膽地促成了這件事嗎？因爲我愛你，我認爲他(卽老久)可以給你帶來你所需要的一切。我以自己的痛苦來幫助你投入事業。……我已經失去了一切，但我絕不遺憾。……我第一次，也是最後一次傾吐了我對你的愛，我將會以更加勇敢的步伐走今後的路。」

如說《公開的情書》標榜存在主義般的實存主體性，這主體性也許可用一句話概括：「忠實於自己！」在第四輯第九封信中，老久對眞眞說過：「也許有一天，事實終將證明，我們仍然落在時代後面，成了可悲的落伍者。……但是我們還是要向前走，盡一切力量向前走，直到生命火花最後熄滅。因爲我們是這樣地忠於歷史，這樣地忠於我們生活的時代！」從存在主義的觀點去解釋，所謂「忠於歷史」或「忠於我們生活的時代」，歸根究底即不外是「忠實於自己」，而不致陷於自我逃避或自我欺騙的非本然性狀態。懂得如何眞正「忠實於自己」的老久，就是依此實存的主體性原則，同樣地眞正忠實於他所發現的新時代生活理想，忠實於科學、哲學眞理的不斷探索，忠實於不爲政治權威或傳統陋習所囿的新一代倫理道德，忠實於（超越文革與馬列教條的）祖國土地與人民，更且忠實於愛情與友情。正因他忠實於愛情，他敢於批評眞眞，而鼓舞她從離脫現實的空幻理想（不如說是失落狀態）恢復自己的本然性，而去重新「忠實於（她的）自己」。正因他忠實於友情，他也一樣敢於批評藝術家的好友老嘎，勸他「忠實於自己」，大膽去對眞眞表示愛意。在第四輯第五封信中，老久對老嘎說：「爲什麼你要那樣狹隘地對待愛情？爲什麼我愛她了，你就不能愛她？你應該經常去看她，大膽地愛她。要知道，只有解放的愛情才是眞正的愛情。」

我讀到這裡，頓時憶起中學時期所讀過的哥德名著《少年維特的煩惱》，就打了電話給靳凡說：「《少年維特的煩惱》與你的大作很相似，用的是書信體裁，內容也環繞着青年男女的愛情掙扎與試煉。」她回答說：「在北京，也有人這樣說過。」其實兩者的類似祇在外表而已，就生命的探索與實存的抉擇而言，《少年維特的煩惱》不及《公開的情書》豐富，根本表現不出「忠實於自己」的人生道理。我相信，存在主義大師沙特如果有機會閱讀《公開的情書》，必定褒此貶彼無疑。我們如能借用「忠實於自己」的準則，去評論此作品中所出現過的人物之高低優劣，則老久、眞眞、老嘎、老邪門等幾位，當屬「忠實於自己」（實存的本然性）的一類，而石田（眞眞的前任愛人）、眞眞的姨丈（和藹平易的中國近代史學者，其「生活中充滿了欺騙」）、童汝（裝做好人的眞眞同系高班同學）、眞眞的哥哥（盲從馬列經典的公式敎條）、英（老久的初戀對象)，老久的父親(把一切歸罪於自己的教書先生)，鄔叔叔(老久的父執)等人，則應該屬於不能或不願「忠實於自己」(實存的非本然性)的另一類。

這裡值得我們注意的是，文革所無情地暴露出來的嚴重代溝，據我所知，一直存在到今日，並不因文革的結束而消解。在第三輯第四封信，老久致眞眞的長信中，提到自己的父親與鄔叔叔，說:「可悲的是，一種陳腐的道德觀引起了有罪感，引起了心靈的迷亂。然而這一切並不能歸罪於我父親，而應歸罪於他們生活的那個時代。……文化大革命開始一年多以後，我回到家鄉，被允許在勞改大院與鄔叔叔一見。我幾乎認不出他了，他不再是那個熱情、有朝氣、知識淵博的鄔叔叔了。……我突然發現，以前我只看到鄔叔叔光明的一面，今天才發現他還有另一面。我第一次感到了我們和老一代的差別。他們中很多人的人格中，光明和陰影是分裂的。他們掌握的科學武器只能破除對自然界的迷信，却不能破除對社會、對人的迷信。」讀了這一段，我忽然感到，我們的臺灣作家如以臺灣社會的代溝問題爲主題，去寫一本小說出來，當會怎樣描敍新一代對於老一代的看法與評價，又與《公開的情書》相比，會有什麼顯著的差異，這應該是值得嘗試的文藝題材。

我在上面稍有誇張《公開的情書》的存在主義意蘊之嫌，現在應該改變口氣說，此作在理想與現實之間的取捨抉擇，實與沙特的存在主義(即實存主體的絕對自由論)大異其趣，有其獨特而具體的想法。譬如老久所堅持着的新一代生活理想，不是脫離現實的理想主義，而是包括羣己雙層的事業與幸福之結合，科學眞理的探索與應用，馬列教條的批判與突破，公式敎條化倫理規範的破除，現實人格的嚴格磨鍊，脚踏實地的工作精神，勇敢樂觀的人生信念等等。在第四輯中，老久致眞眞的第九封信中說道:「『在痛苦的生活中學習、探索。』——這是我們的座右銘。我們的結論是：一個人的價值不在於他現在的水平有多高，而在於他是否能在生活中不停頓地前進。眞理的道路是無數勇敢的探索者走出來的。……人們常說，一個人擺脫不了時代的局限，但這不等於說時代預先已經給我們規定了局限。時代的限制只有在這個時代結束後才能說明。從這個意義上說，我們爲什麼要依靠時代呢？還不如讓時代來依靠我們。未來是屬於我們年輕一代的啊！」我們在這裡，不難看到，日後成爲領導後文革時期的新一代廣大知識分子，如勇往直前「走向未來」的大陸學術界奇才金觀濤的影像；中國大陸如果還有「脫胎換骨」的一絲希望，就得看看金觀濤所帶頭的這一批新人，有否機會擔當重任，徹底突破馬列籓籬而進行種種必要的改革了。

我已指出，老久與眞眞分別代表金觀濤與劉青峯，但我又不得不提醒讀者，《公開的情書》之中的人物與內容，乃是實際與虛構揉合而成，任何有關實際如何的猜測是毫無必要的。靳凡曾對我說，《公開的情書》刊登之後，她的一些朋友就開始亂猜書中人物指此涉彼，令她頗爲窘窘不安。《公開的情書》畢竟是一部小說，而不是報告文學或告白文學，這是應該向我們的讀者交代淸楚的。

做爲書信體的中篇小說，《公開的情書》的文學價值究有多高？這不是我能回答的問題。由於靳凡的寫作動機不在純文學的創造，而是在於環繞着「理想與現實之間」，描敍她們新一代知識分子的生命探索，以及提示我所說的「理想與現實相卽不二」意義下，大陸新一代應有的生活理想與理念。所以，我們如把《公開的情書》硬要當做純文學作品去賞析評價，恐怕不太公允。不過，我們如能暫時套用傳統以來的「藝術爲藝術」（art for art's sake）與「藝術爲人生」（art for life's sake）之分，則我們確可以將此作看成純屬「藝術爲人生」的中篇小說，不妨視爲一種「（生命）探索文學」（life-searching literature）。舊俄大文豪托爾斯泰(Leo Tolstoy),在他那著名的《藝術論》中,大大貶低「藝術爲藝術」的作品,有如無病呻吟,無甚價値與意義,而以「藝術爲人生」界定藝術的眞諦。依此分辨,托氏早年的作品《戰爭與和平》以及《安娜卡列尼娜》應屬前者,晚年作品如《復活》,則屬後者。托翁卽自認《復活》比《戰爭與和平》更有文學價値。但是,幾乎沒有一位文藝批評家同意他的自我評價,可見文藝批評常是「仁者見仁,智者見智」,難有共識共認。不過,有一點我敢堅持的是,文藝作品如登峯造極之境(足以成爲「古典」之謂),則就應超越「藝術爲藝術」或「藝術爲人生」的爭辯。雖然,《公開的情書》還不能說是登峯造極的文藝創作,但是,我們不應忽略它所代表的時代意義。也就是說,針對一九六六年(文革爆發)直至一九七九年(文革過後)這一段充滿荊棘與苦難的中國大陸,及其老少兩代(甚至三代)的知識分子而言,《公開的情書》儼然構成一部極其重要,且不容忽視的時代見證的作品。靳凡在她的「彷徨・思考・創造——致《公開的情書》的讀者」這一篇後記裡說:「你們問我爲什麼要寫這部小說,我並不是在寫小說。我只是獻出了一顆不說謊的心。」親愛的臺灣讀者們,你們讀完《公開的情書》之後,也會欣然同意作者的自評與我旁觀者的評價吧!

(原載《文星》第一〇七期)

理想與現實相即不二的道理

大家應曾聽過兔子與烏龜賽跑的西方寓言。兔子飛跳如矢，片刻間就跑到終點，卻一時萌起輕敵自滿之心，躺在路上貪個懶覺，醒過來時發現烏龜已達終點，後悔莫及。《列子・湯問》篇所載「愚公移山」的寓言也在我國家喻戶曉了將近兩千年。據說年近九十的北山愚公，因太行、王屋兩座大山阻礙屋前交通，決意把山剷平，「遂率子孫荷擔者三夫，叩石墾壤，箕畚運於渤海之尾」。河曲智叟笑他愚蠢。愚公答謂：「雖我之死，有子存焉。子又生孫，孫又生子，子又有子，子又有孫；子子孫孫，無窮匱也；而山不加增，何苦而不平？」如此每日挖山不止，上帝為之感動，乃命夸蛾氏二子把山揹走。

以上兩則寓言，一中一西，皆喻有志竟成，有恒必達，賽跑終點的到達與兩座大山的剷平都象徵着所謂「理想」(ideal)；烏龜的勤苦不懈與愚公的堅忍不拔，則指謂時時刻刻奮勉不已的所謂「現實」(actual)。但這兩則寓言的哲理旨趣大有不同：烏龜的「理想」距離「現實」的奮勉不算太遠，何時實現，可以事先盤算預期；愚公的「理想」實現則似乎遙遙無期，需要代代子孫承先啓後繼續努力，才有希望可言。難怪庾信在〈哀江南賦〉不禁感嘆，唱云：「豈冤禽之能塞海，非愚叟之可移山」。我們在這裡不難看出，愚公的「理想」遠較烏龜的「理想」更為崇高可貴，前者的哲理蘊含亦比較後者更為深刻豐富，充分表現利他無我的精神。我們在這裡也可以發現到關涉哲學（道理）與宗教（智慧）雙層的一個人生問題：甚麼是「理想」與「現實」的眞諦？「理想」與「現實」之間的哲理關聯又是甚麼？這裡並沒有兩個問題的分開，應該說是問題本身的一體兩面。

乍看之下愚公移山的「理想」似乎遙遙無期，卻非永不可臻；愚公自己也堅信着，此一「理想」必能實現。必能實現的「理想」不妨稱為「目的」(end)；為了實現此類「理想」的「現實」工夫則可叫做「手段」(means) 或「進路」(approach)。於此，目的與手段有所分隔，「理想」與「現實」亦是相離而不一。我認為，愚公移山的寓言並未提示「理想」的眞諦，遑論「理想」與「現實」之間的哲理關聯，因為萬物之靈的我們也常為了永不可臻的「理想」而奮鬥努力，不計成敗，甚至犧牲小我生命亦所不惜，誠如董仲舒所云，「正其誼不謀其利，明其道不計其功」。帶有高度哲理或宗教智慧的人生「理想」多屬此類，我們不但能在中國的儒道佛三大傳統處處發現此類「理想」，在西方第一流的哲學或宗教思想也比比皆是。

《論語・憲問》篇藉諸晨門（朱注：「掌晨啓門，蓋賢而隱於抱關者也」）之語描敍孔子為一位「知其不可而為之者」。開創儒家傳統的孔子確實是個典型的「道德的理想主義者」(a moral idealist)，他當然深知儒家道德的終極理想，亦即中庸所云「止於至善」，在我們的人間世不可能有徹底實現的日子。尼采豈不曾說，祇有夾在天使與禽獸之間的人類才會講求道德，天使（自然純「善」）與禽獸（自然純「惡」）則在善惡的彼岸，毋需道德嗎？我們既非天使，當然不可能期待我們的人間世終有一天會變成完善完美的天國。既然如此，孔子為何仍要「知其不可而為之」？《論語・微子》篇亦云：「君子之仕也，行其義也，道之不行，已知之矣。」「道」卽人倫道德的最高理想之謂。孔子所教導的儒家君子所以「憂道不憂貧」，所以「朝聞道，夕死可矣」，所以「仁以爲己任，不亦重乎！死而後已，不亦遠乎！」，乃是由於儒家的道德理想（不論可臻與否）對他來說，構成萬物之靈應有的終極生命意義或價值，必須承受之爲自己的「正命」，生於斯，亦死於斯。因此，儒家可以說是一種「道德的宗教」(a moral religion)，人倫道德及其實踐卽是宗教，捨此之外別無宗教。這是儒家有別於其他各大傳統的最特殊處。

構成中國哲學與宗教三大傳統之一的大乘佛教則屬「超道德的宗教」(a transmoral religion)，始於菩薩誓願善度一切衆生脫離苦海的終極關心，終於一切衆生的涅槃解脫，亦卽成佛。大乘菩薩懷大慈悲，上求菩提，下化衆生，修行諸婆羅蜜（布施、持戒、忍辱、精進、禪定、智慧等），不捨世間，與衆生共甘苦，而不先自取正覺。儒家君子也講求「己欲立而立人，己欲達而達人」，其行爲表現與利他精神並不在大乘菩薩之下，但二者各別的人生理想則大異其趣。儒家所要踐行完成的是世間道德意義的內聖外王之道，大乘佛教所企求的則是超世間意義的人人成佛，人人獲致涅槃解脫。

儒家君子並非不知外王理想（卽完善完美的大同世界之實現）永不可臻，但決不放棄此一理想，知其不可而爲之。個人範圍意義的成德成聖亦談何容易，中國歷史上足稱聖人的理想人格，自孔（「聖之時者」）孟（「亞聖」）以來亦鳳毛麟角，幾不可得。陸王心學高倡「滿街皆是聖人」，原是誇張之詞，不過意謂人人生具現成良知，原則上不難自然推廣罷了。又就佛教傳統去看，自釋迦牟尼在菩提樹下成道成佛以來，兩千五百年間究有多少佛教大德涅槃過，成佛過？大乘佛教經典，如《華嚴經》，如《無量壽經》，常有「十方無量不可思議諸佛世界」等語，這也多半屬於神話傳說之類，眞正成佛者恐怕寥寥無幾，並不見得好過儒家。

據說生前爬到菩薩十地之中的初地（卽歡喜地）者，祇有龍樹與彌勒二人，唯識法相宗的印度祖師世親據說更差，生前祇停留在「世第一法位」（卽十住、十行、十回向、十地等菩薩行位之中十回向的最後階位，恰在菩薩初地之前），死後才進入初地。至於中國大乘佛教的天台大師智顗，據其高弟章安灌頂所述，「安禪而化，位居五品」。「五品」指謂「五品弟子位」，還在《菩薩瓔珞本業經》所提五十一位（十信位、十住位、十廻向位、十地位與等覺位）之前，屬於「內凡」，未破無明，猶屬凡夫，可見成道成佛之難乎其難。由是可知，儒佛所倡「理想」，非愚公移山的「理想」可比，外表上看似與「現實」斷然隔絕，無從連貫。事實則不然，因爲在儒家君子與大乘菩薩的心目中，所謂難乎其難或永不可臻的「理想」早已化入他們的生命歷程與價值取向，而與「現實」無由分辨。這就是說，「理想」與「現實」於此構成一種不卽不離的弔詭關係。如無內聖外王或人人成佛的「理想」在先，就不可能有儒家君子或大乘菩薩的「現實」奮勉；而他們的「現實」奮勉也正是爲了「理想」的實現。這是「理想」與「現實」的不卽不一。從另一方面看，明知「理想」永不可臻而又不放棄「理想」，反將「理想」化入自己的生命「現實」，而使「理想」與「現實」轉變成爲日日生活的兩面一體，這又彰顯「理想」與「現實」的不離不異。

根據我多年來的儒佛薰陶與生命體驗，我深深覺得，我們應該更進一步提升「理想」與「現實」的不卽不離爲徹頭徹尾的相卽不二，强調「現實」卽是「理想」，捨「現實」之外別無「理想」。更具體地說，生命「現實」的日日奮勉卽不外是所謂「理想」的日日實現；也可以說，日日奮勉的「現實」工夫卽是「理想」本體，工夫就是本體，工夫之外別無本體。專就儒佛二家而言，君子之道卽是成德成聖，捨君子之外別無聖人；菩薩道卽是成道成佛，捨菩薩之外別無佛陀。

子貢稱讚孔子說:「仲尼，日月也，無得而踰焉。……夫子之不可及也，猶天之不可階而升也」(《論語・堯曰》篇)。孟子更稱孔子爲「聖之時者也」。但是，我們翻開《論語》，找不出孔子自稱聖人之語。孔子豈不自云:「若聖與仁，則吾豈敢；抑爲之不厭，誨人不倦，則可謂云爾已矣」(〈述而〉篇)。傳統儒家，尤其宋明大儒，動輒倡言「成德成聖」，恐有隔斷「理想」與「現實」之嫌。我們今天如要重新發現儒家思想的眞諦，則必須講活內聖外王之道，不再重彈「如何學做聖人」的傳統高調，祇倡「君子之道卽是成德成聖，君子就是聖人」。

儒家所謂「聖人」必須具備內外兩個條件：內在地說，心性修養已臻完善完美；外在地說，行爲表現（包括是非判斷與實際行動）合乎時中，無懈可擊。我認爲，我們的世間道德不太可能有所謂完善完美的聖人，尤其在日益多元化的現代社會裡更不可能有道德聖人，而爲決定是非善惡的絕對權威。我們如要講求儒家倫理的現代化落實，如要發現「理想」與「現實」相卽不二的道理，就得改變口氣，着實提倡君子日日奮勉的「現實」工夫卽是成德成聖的「理想」本體。這樣，我們較能避免戴東原所指摘的「以理殺人」，不必責己責人太過，而還出原具人味（凡人之味，非聖人之味）的儒家思想本來面目。依此相卽不二的道理，我們也不難重新發現隱藏在儒家經典的種種更深一層的哲理蘊含出來。譬如《大學》首句可以重解之爲「大學之道卽在明明德（立己達己）與親民（立人達人），明明德與親民卽不外是『止於至善』」；而「苟日新，日日新，又日新」則是宣揚「理想」與「現實」相卽不二的儒家道理最恰當的語言表達。又如《論語・述而》篇中孔子有云:「聖人吾不得而見之矣。得見君子者，斯可矣。善人吾不得而見之矣。得見有恒者，斯可矣」。孔子此語亦可當做「理想」與「現實」相卽不二的道理詮釋，不妨改寫之爲：「君子有恒，苟日新，日日新，又日新，非聖人歟！非善人乎！」。〈堯曰〉篇引子貢之語云:「君子之過也，如日月之食焉。過也，人皆見之，更也，人皆仰之。」子貢此語，原始儒家的道德人味十足，亦彰顯出上述相卽不二的道理，强過後來宋明儒過份偏重內聖之道而有的陳腔濫調。

我不但主張「君子之道卽是成德成聖，君子卽是聖人」，也同時强調「菩薩道卽是成道成佛，菩薩卽是佛陀」。理由很簡單，大乘菩薩皆須誓願，如有衆生尙未獲致涅槃，則不先自求涅槃，寧等一切衆生獲致涅槃，而後隨之成道成佛；旣是如此，菩薩當然永遠不會捨離世間，永遠要做普度衆生的努力，也自然不會變成佛陀。原則上，一切衆生悉有佛性；但事實上我們人類多半不會成佛。依此實事求是的了解，以及「理想」與「現實」相卽不二的人生道理，我們應該强調，大乘菩薩時時刻刻普度衆生的「現實」工夫卽是成道成佛的「理想」實現，菩薩道就是成佛，捨菩薩之外別無佛陀。我在這裡提出的「相卽不二」的哲理旨趣，其實已在傳統大乘佛學（如天台圓教）與禪道（卽大乘佛教與老莊思想經由辯證的綜合而形成的中國禪）處處有所闡明，譬如「生死卽涅槃，煩惱卽菩提」，「卽心是佛，非心非佛」等等弔詭之語皆是良好例證，有待我們現代人重新發現其中深意。

「理想」與「現實」相卽不二的道理，如應用到我們生命歷程上的日常實踐，就會形成禪道所倡「日日是好日」或「平常心是道」的生活藝術。「日日」意謂生死或煩惱，更可意謂日日修行的「現實」工夫；「好日」卽是涅槃或菩提，卽是「理想」本體的彰顯，彰顯於日日修行的「現實」工夫。這是禪道的修證一如論，也十分契合儒家的知行合一論。在儒家，相卽不二的道理就是「知」，君子日日奮勉的樂道精神或生活藝術就是「行」。我們在道家傳統，尤其莊子的哲學思想，更可以發現到「理想」與「現實」相卽不二的道理，以及依此道理而成的道家

「無心無念、自然無爲」的生活藝術。

記得上高中時，讀過英國作家茄斯特頓(Gilbert Chesterton,1874-1936）的短篇散文「追回自己的帽子」（“On Running After One's Hat”），印象仍深。風把自己的帽子吹走，祇好隨後快步追趕，却逗起了喜看好戲的人們在旁發笑，自己邊跑邊怒，又急又難過。茄斯特頓以幽默的口胳說，祇要稍稍改變追回自己帽子的一時之念，想成週末慣常的跑步運動，豈不解決了一時的痛苦？我那時還體會不出這珠玉篇所蘊含着的「理想」(追回帽子）與「現實」(跑步運動）相卽不二之理。三十多年來「讀破（儒道佛三大傳統的）萬卷書」之後，今天才深深體會到這篇散文的哲理旨趣，眞可說是「踏破鐵鞋無覓處，得來毫不費工夫」。我國的傳統思想與文化仍有無窮盡的寶藏，有待我們發掘（再發現與再創造)，「理想」與「現實」相卽不二的道理，就是其中一個好的例子。

（一九八六年六月一日於費城近郊，原載聯合報一九八六年七月十五日與十六日副刊）

後馬克思主義與新馬克思主義

——當代左派思潮的評析

一、前言：「新馬熱」的情境分析

這一兩年來一陣「韋伯熱」風吹過之後，接着又湧起了「新馬熱」潮，加上最近的「大陸熱」，已够臺灣的報章雜誌與作者讀者手忙脚亂、應接不暇的了。我本不知「新馬」一辭指謂什麼，還是到了今年（一九八七）八月間回國開會完後，準備離華回美直前，接到執政黨文工會的電話要我去講「新馬」之時，這才「悟」到「新馬」原來就是「新馬克思主義」(Neo-Marxism)，又稱「西方馬克思主義」(Western Marxism)。「新馬」之類的新奇名辭不斷出現在報章雜誌，固然說明了知識份子這些年來對於新近西學西潮的好奇與關注，未嘗不是臺灣出版界與文化界的一件盛事，但是我們如作一番深層分析，又不難發現在好奇與關注之中同時隱藏着一種思想探索的路向掙扎，甚至社會文化的危機意識，當前流行的「新馬熱」(兼涉「大陸熱」)算是較為顯著的例子。因此，我們在評析環繞着馬克思主義問題的當代各派思潮之前，實有必要先對「新馬熱」作一情境分析，藉此分析的機會提醒大家研討馬克思主義問題的重要性，希望此一研討能够整合到人文學科與社會科學的有關部門，俾能導向更有積極成效的學術研究之路，而大大提高我們的知識水平。

依我「旁觀者」的觀察，導致今天「新馬熱」的情境要因，大致有四。其一，執政黨自五十年代以來基於反共國策，在思想教育與學術研究採取長期的高壓手段，嚴禁任何有關馬克思主義或共產主義的左派書刊，在人文學科與社會科學的研究工作大受影響。但是近年來由於（政治）民主自由化與（思想）多元開放化的民間要求與共識形成，終使執政黨的開明改革派採取較有伸縮餘地的開放政策，再也杜絕不住「飢渴」良久的知識份子對於馬克思主義一類書刊的「貪讀不厭」了。「新馬熱」可以說是對於長期思想統制的一大反動。

其二，二十年來急激的經濟發展、社會變遷以及政治氣候的轉變，並未帶來與此相配合的思想文化創新的跡象，在「傳統與現代化」問題、「本土化意識」問題、「臺灣結」與「中國結」問題乃至大陸問題等等，始終摸索不到足以建立共識共認的思想文化指導原則。執政黨所堅持着的三民主義，自從孫中山先生創立以來直到今天，仍停留在墨守成規的階段，還談不到新時代的「批判的繼承與創造的發展」❶。在幾乎一成不變的三民主義基本國策之下，知識份子祇有在極有限度的思想文化討論範圍之內摸索掙扎，從六十年代的存在主義熱潮到近年來的「韋伯熱」等等，處處反映着有心的知識份子的挫折感與無力感。最近戒嚴法的解除以及其他有關政策與措施的日趨開放，自然促使他們在多元開放

❶ 今年八月間曾與最近逝世的國民黨考紀委員會主任周應龍兄（係省立新竹中學同班同學）以及臺大孫震校長等位聚餐相敍。談話間，應龍兄忽然對我說：「你所提倡的『批判的繼承與創造的發展』在我們黨裡有不少人在研究，蠻有影響的。你在《中國論壇》與《文星》雜誌發表的大作，我們也經常翻閱參考。」但願執政黨的有心人士能够爲幾乎一成不變的三民主義多所重新探討，發揮「批判的繼承與創造的發展」精神出來。

的思想文化新雰圍裡廣泛涉獵左右各派思潮的書刊，從中重新探索可獲共識共認的主導原則或理論指南。「新馬熱」與「大陸熱」可以說是在這種雰圍下突發而風行起來的。尤其這半年來「大陸熱」的形成更會刺激「新馬熱」的升高，因為了解中國大陸的眞相，不得不對馬克思主義及其問題有所探討認識之故。

其三，除了上述兩項不可分開的政治思想因素之外，還有一項純學術性的因素。就是說，馬克思主義一百多年的發展，已在社會科學與人文學科引起不可抹殺的反響，影響所及，今天在科際整合的學術大趨勢中決少不了馬克思主義（問題）的探討研究。在西方、日本等先進國家，馬克思主義的學術研究（且不說實際的左派政治活動的容忍）乃是司空見慣之事，在臺灣有心的社會科學、人文學科的教授學者都有心照不宣的基本默契。尤其應該指出，隣邦日本一百年來對於馬克思主義研究所下的學術功夫，以及有關的書刊出版，令人咋舌，祇讓在反共政策下無可奈何的臺灣學者搖頭太息，自嘆不如而已。「新馬熱」的催生，部分來自長期的學術研究封閑情境這個不可忽視的負面因素的。

其四，隨着急速的經濟成長與社會結構的巨幅變動，種種棘手的社會問題接踵而生，諸如勞工保險問題、養老問題、女權問題、交通問題、收入分配問題乃至一般社會福利問題等等，涉及美國社會哲學家羅爾斯（John Rawls）所云「公正理論」（theory of justice）的根本課題，亟需理論與實踐的雙層探討與解決。多年來「沙特熱」、「韋伯熱」等熱潮所催生的探索理路，都還無法提供全盤解決諸般社會問題的新時代思維靈感；「新馬熱」潮的湧現，也可以看成一些有心的知識份子急切尋探此類思維靈感的一個當前情境的反映。

最近有些執政黨要員深懼「新馬熱」的風行，可能帶來知識份子的「左傾」運動，故而大肆評斥「新馬熱」的無謂不當。我却認為，如果我們如實了解到造成今天「新馬熱」(以及「大陸熱」)的上述情境及其要因，則毋需如此大驚小怪。我十分相信，如果政府有足够的信心與毅力逐步適予解決我們的社會問題，示範全民逐步往向名副其實的民主自由化與多元開放化的後現代化道路前進，則我們的社會與知識份子决不可能「左」到不可收拾的程度。且看隣邦日本的知識份子，他們對於馬克思主義與左派運動的公開硏討，已有一百年的歷史，而戰後日本所表現出來的民主自由與多元開放的精神比歐美國家有過之無不及，左派份子的活躍與日共的合法存在，毫不足以動搖自民黨「唯我獨尊」的穩定政局。這對我們的政府是否有點啓示？大家知道，中國大陸的廣大知識份子早已厭棄極端的共產主義或社會主義，祇是不敢直言不諱而已。我們此岸的自由社會，却還不敢讓人公開閱讀早已不合時代需求的《共產黨宣言》或《資本論》。在這種極端恐共懼左的封閉情境下，請問我們在社會科學的學術研究如何與歐美日等先進國家爭長競短？當前流行的「新馬熱」豈不會像「韋伯熱」之類，變成「文化暴發戶」式的一時風尙而已？

二、古典馬克思主義的詮釋多面性

爲了理解後馬克思主義(post-Marxism)以及新馬克思主義種種不同的理論形成與發展，必須對於古典馬克思主義(classical Marxism)的詮釋多面性(hermeneutic multidimensionality)有個基本認識才行。古典馬克思主義指謂馬克思(及其親密戰友恩格斯)生前所有發表過的理論學說，以及遺稿(如著名的《1844年經濟學哲學手稿》，簡稱《巴黎手稿》)所蘊含着的種種理論線索的全部。依我個人對於古典馬克思主義的了解，它的詮釋方式至少許有下列數種。第一，馬克思主義基本上是一種通過「異化」(alienation)分析所形成的社會批判理論(a critical theory of society),具有強烈的人道主義或人本主義(humanism)色彩,旨在建立一種哲學人類學,當做社會改造與人性改造的理論奠基。自從一九三二年上述遺稿被發現而公諸於世之後,不少西方馬克思主義者採取這個詮釋方式,而後文革時期在中國大陸一度流行的人道主義討論,以及延伸出來的「社會主義異化論」,多半也是環繞着《手稿》引發的理論線索而形成的。自稱馬克思主義正統的蘇共、中共官方,却依馬列教條大加壓制,判定之為投靠資本主義的異端論調,乃屬修正主義(revisionism)的一種。無論如何,馬克思早期的「異化論」對於整個西方馬克思主義有不容否認的鉅大影響。

第二,馬克思主義是批判地繼承黑格爾辯證法(但揚棄其觀念論的片面性)而發展出來的一種注重歷史與社會(甚至自然)整體性(totality)的宏觀哲學方法論,並不偏重「唯心」或「唯物」的任何一面,也不强認「經濟基礎」(economic base)或「上層建築」(superstructure)為社會、歷史發展的根本動因。著名的盧卡奇(Lukačs)與沙特採取此一看法。

第三,馬克思主義基本上是一種科學方法,而它在《資本論》等政治經濟學著作所使用的概念,如「剩餘價值」、「(社會)階級」等等,都是社會科學的術語。馬克思主義的社會學、經濟學、歷史科學、政治科學等等理論,如果站得住脚,當然需要經驗事實的嚴格檢證。也就是說,馬克思唯物史觀所主張的「經濟(基礎)決定論」,有關剩餘價值的經濟學說,以及階級分析、階級鬥爭、資本主義國家形成的政治社會理論等等,都是經過科學的經驗檢證的客觀眞理。採取這種所謂「經驗(主義式)的馬克思主義」(empirical Marxism)詮釋觀點的,有一九一〇年代開始興起的「奧國馬克思主義」(Austro-Marxism)學派,意大利共產黨的代表性哲學家德拉·沃爾培（Della Volpe）及其弟子哥勒第（Colletti）的學派，以及英美馬克思主義陣營的柯亨（G. A. Cohen）、哥維奇（Gurvitch）等人。

第四，從恩格斯倡導「科學的社會主義」（scientific Socialism）以來，遵循馬列主義正統的共產黨人認爲馬克思主義是「放諸四海而皆準」的絕對眞理，以辯證法唯物論（dialectical materialism）爲哲學奠基，歷史唯物論（historical materialism）則爲由此衍生而成的理論，這兩種唯物論兼有科學的與哲學的雙層眞理性，無由推翻。自斯大林那本《辯證法唯物論與歷史唯物論》小册子出版（1937年）以後，恩格斯所云「科學的社會主義」終於變成一成不變而僵化了的馬列敎條；其實就是原有馬克思主義的意識形態化，可以看成一種「政治宗敎」（a political religion）。

第五，如果將上述意識形態化的馬克思主義（ideological Marxism）推進一步，强調普羅（即無產階級）革命實踐優位觀點，則馬克思主義就被詮釋成爲一種通過階級鬪爭與無產階級專政，而奪取政權並建立過渡到共產主義最後階段的社會主義政治體制的理論指南，換句話說，就是一種徹頭徹尾的革命實踐論（a theory of revolutionary praxis）。馬克思本人在〈關于費爾巴哈的提綱〉最後一條就已說過：「哲學家們只是用不同的方式解釋世界，而問題（的關鍵）在于改變世界。」如果順此實踐優位理論（the priority of praxis over theory）强調意識形態的上層建築不斷革命，就會導致晚年的毛澤東思想以及他所帶頭發動的所謂「無產階級文化大革命」，而西方馬克思主義之中，一九三七年死於獄中的意大利共產主義者葛蘭西（Gramsci）的革命實踐論、一九六八年巴黎一帶的極左派學生所釀成的革命行動、乃至其他一些所謂「新左派」（New Left）運動都多少有此偏向。

我曾分辨過三種馬克思主義，即科學的馬克思主義、哲學的馬克思主義與意識形態的馬克思主義❷，上面五種詮釋方式之中，第五種當然屬於意識形態的馬克思主義，第三種則屬科學的馬克思主義，至於第一、第二以及第四這三種則爲哲學的馬克思主義，其中淪爲馬列教條（亦即似而非宗教的信條）的第四種也可以說是已顯意識形態化的馬克思主義。我們如此分別安排五種詮釋方式在三套馬克思主義系統之中，應有助於進一步了解後馬克思主義與新馬克思主義各派思潮的基本理路與特色。

三、後馬克思主義與新馬克思主義的分辨

依我個人對於「後馬克思主義」一辭的用法，此辭可有下列廣狹三義。(最廣的) 第一義是，馬克思與恩格斯以後所有試予繼承發展古典馬克思主義的圈內理論，包括馬列主義與新馬克思主義等等「修正主義」，以及直接間接受過古典馬克思主義影響（Marxist-influenced）但非屬馬克思主義系統（non-Marxist）的圈外學說，譬如較爲緩和的種種社會主義理論、人道主義、民主主義等等有馬克思主義影響的都算在內。孫中山先生開創的三民主義，算是受過馬克思學說的某些啓發而又批判地超越馬克思主義的政治理論，可以看成非馬克思主義的一種「後馬克思主義」。

第二義是，戰後（尤其越戰結束以及毛澤東死後）產生出來的一些受過馬克思主義啓發或影響但又批判地揚棄馬克思主義的新派非馬克

❷ 參看拙著《批判的繼承與創造的發展》（一九八六年東大圖書公司出版）一書之中有關馬列主義的幾篇論文。

思主義學說。馬列主義與修正主義的對立，到了一九七〇年代，隨着越戰的結束與文革的結束，由馬列主義所代表的馬克思主義「正統」終告一個歷史的段落，而毛的死亡也立即引起世界各地共產黨組織的四分五裂，同時引發美國左派刊物《每月評論》（*Monthly Review*）主編蘇依濟（Sweezy）及其他親毛左派人物重新探問：「馬克思主義往何處去？」（Whither Marxism?）。毛的死亡可以說象徵了站在十字路口的馬克思主義者（尤其極左派份子）的挫折與徬徨；在這個年代產生出來的批判地超越馬克思主義的新派理論，譬如哈伯瑪斯（Habermas）的新批判理論（Critical Theory），算是典型的代表性學說。

第三義是，爲了此後往向後現代化道路提供理論基礎，而又足以批判地超越馬克思主義與非馬克思主義的死對立的任何可能理論。我個人認爲，未來的政治社會（批判）理論應該吸取此二者各別的理論優點，進一步建立能够解消資本主義與社會主義的理論間隙與敵對狀態的一種後現代化觀點，而對下一世紀的人類社會予以樂觀合理的展望。我在結論部分當另提示我這個着想。

依照上述（最廣的）第一義，新馬克思主義算是後馬克思主義的一類；如照第二義，則與後者有所分辨。美國哥爾曼（Robert A. Gorman）教授在他主著《新馬克思主義》一書，依照第一義分出新馬克思主義的五大類❸。第一類是「唯物論的馬克思主義」（materialist Marxism），始於恩格斯，而由考茨基（Kautsky）、普列哈諾夫（Plekhanov）、布加林（Bukharin）、列寧（Lenin）、斯大林（Stalin）等人繼承發展，

❸ Robert A. Gorman, *Neo-Marxism: The Meanings of Modern Marxism*, Greenwood Press, 1982. 此書最近由周陽山君推薦並在紐約爲我代購，藉此機會表示謝意。此書作者另外主編 *Dictionary of Neo-Marxism*, 亦極精彩，經陽山的介紹而細讀其中有關項目，獲益匪淺。

尤以列寧的《唯物論與經驗批判論》與《哲學筆記》爲辯證法唯物論的經典著作。第二類是「黑格爾式唯心論的馬克思主義」(Hegelian idealist Marxism), 主要代表有盧森堡(Luxemburg)、盧卡奇 (Lukačs)、柯爾希 (Korsch)、葛蘭西 (Gramsci)、伊伯利特 (Hyppolite)、柯拉克烏斯基 (Kolakowski)等人, 而以盧卡奇的《歷史與階級意識》(History and Class Consciousness) 爲最重要的著作。第三類是「非黑格爾式唯心論的馬克思主義」(Non-Hegelian idealist Marxism), 又可細分之爲馬庫色 (Marcuse) 與弗洛姆 (Fromm) 所代表的「弗洛依德式馬克思主義」(Freudian Marxism)、阿爾圖塞 (Althusser) 與毛所代表的「結構主義的馬克思主義」(structurist Marxism)、以及奧國馬克思主義學派與意大利的德拉・沃爾培、哥勒第等人所代表的「經驗論的馬克思主義」(empirical Marxism)。第四類是「(主體性) 體驗的馬克思主義」(experiential Marxism), 又可細分之爲沙特所代表的「實存的馬克思主義」(existential Marxism)、梅露・龐蒂 (Merleau-Ponty) 所代表的「現象學的馬克思主義」(phenomenological Marxism)、以及馬庫色的早期理論等等。哥爾曼又加上哈巴瑪斯的批判理論與「新左派」(New Leftism), 算是離脫並超越馬克思主義的新思潮。

哥爾曼所作的五大派別分類, 我並不太贊同。譬如把毛澤東放在「結構主義的馬克思主義」一類、稱呼沙特、梅露・龐蒂等人的理論爲「體驗的馬克思主義」等等, 不太恰當。無論如何, 哥爾曼所了解的新馬克思主義範圍較廣, 可以看成最廣義的後馬克思主義之一大派系。依照一般學者的了解, 新馬克思主義特指盧卡奇在一九二二年出版的主著《歷史與階級意識》爲始點, 在東西歐、英美乃至蘇俄境內分別形成發展的種種馬克思主義理論, 與我所云第二義的「後馬克思主義」有所分辨。新馬克思主義亦可稱爲「西方馬克思主義」，其基本特色是，通過對於本世紀的新式資本主義與蘇俄式官僚化與僵化的社會主義體制的批判性考察，重新設法建立着重個體自由與社會主義民主的普羅社會實踐理論，强調上層建築的主體能動性，捨離辯證法唯物主義的獨斷教條與偏生產力論（或經濟決定論）等等馬列主義觀點，同時注重馬克思主義與其他社會科學、人文學科（諸如心理分析、黑格爾式的總體性宏觀哲學、現象學、存在主義、經驗論、日常語言分析理論等等）之間的整合（integration）或綜合（synthesis），如此給予馬克思主義以具有創新意義的理論活力。由是，新馬克思主義不但須與並不主張推翻資本主義體制而建立社會主義民主政體的（第二義）後馬克思主義（如哈巴瑪斯的批判理論）分辨，亦與任何馬列主義理論（包括阿爾圖塞的結構主義式馬克思主義）分道揚鑣。以下簡擇盧卡奇、沙特、東歐人道主義的馬克思主義以及法蘭克福學派，爲「新馬」的典型代表，扼要評析各派思潮的基本論點，而在結語稍提我對「新馬」與「後馬」的未來展望。

四、西方馬克思主義之父——盧卡奇

法國現象學的馬克思主義者梅露・龐蒂曾經說過，盧卡奇是「西方馬克思主義之父」。盧卡奇的哲學思想大致經歷過四個階段：⑴前馬克思主義（「浪漫的反資本主義」）時期；⑵彌賽亞式革命的馬克思主義時期；⑶斯大林主義時期；以及⑷（斯大林死後）批判改造式的馬克思主義時期❹。他在美學與文藝批評方面的成就，在本世紀中已佔數一數二的極高地位。對於整個西方馬克思主義思潮的產生與發展最具影響力

---

❹ 參閱 Robert A. Gorman, ed., *Dictionary of Neo-Marxism*, p. 267.

的，倒是第二時期的早年巨著《歷史與階級意識》，於此書中他通過黑格爾去重新檢視馬克思主義的眞正義諦。除了黑格爾哲學之外，也間有新康德派知識論與韋伯的資本主義合理化概念等等的思想影響。此書的基本論點大致有五。

第一，我們應該回到馬克思當初强調總體性優位（the primacy of totality）的歷史方法，才能眞正抓到所謂「正統馬克思主義」的本來意義。他採取較偏唯心論的黑格爾宏觀立場，主張：「馬克思主義和資產階級科學的決定性差異，不是經濟動機在解釋歷史中占首位的原則，而是總體的觀點。」依據歷史的總體性原則，經濟基礎與上層建築應該看成一體的兩面。由於盧卡奇特別强調「實踐的總體」（the totality of praxis），自然容易看重上層建築的革命實踐作用，而否認傳統馬克思主義的偏生產力論或經濟決定論具有科學眞理的性格。

第二，馬克思的辯證法祇適用於歷史學、社會學的社會研究，本質上與恩格斯的所謂「自然辯證法」迥然有別。盧卡奇說：「恩格斯對辯證法的表述之所以造成誤解，主要是因爲他錯誤地跟着黑格爾把這種方法擴大應用於自然界。而辯證法的一些基本要素，如主體和客體的相互作用、理論和實踐的統一、各個範疇背後的現實的歷史變化是思想變化的根本原因等等，並不存在于我們對自然界的認識中。」我們知道，恩格斯的「自然辯證法」經由列寧與斯大林步步唯物公式化，終於變成一套辯證法唯物主義體系，敎條化爲絕對眞理。難怪年青的盧卡奇出版此書之後，遭遇到蘇俄乃至歐洲不少自認正統的馬克思主義者的圍攻，此書直至一九六〇年代在共產主義圈內始終屬於禁書。

第三，「物化」（reification）現象顯示資本主義社會的本質，深透到人際關係的各個層面。人（尤其無產階級）在普遍的商品關係中變成商品（卽「物化」），祇有當無產階級意識到歷史發展的眞實趨勢時，「物化」現象才會消除。大家知道，馬克思的《巴黎手稿》直至一九三二年才被發現，人們才開始注意到馬克思遺稿之中所提出的「異化」概念。此一概念後來變成沙特的實存的馬克思主義、東歐人道主義的馬克思主義，乃至後文革時期大陸學者熱烈討論「社會主義異化」與人道主義的主要根據。盧卡奇撰寫《歷史與階級意識》之中的長篇〈物化與無產階級的意識〉時，根本不知馬克思在一八四四年已有「異化」概念的提出，可見他對「物化」現象的分析具有獨特的馬克思主義洞見，而與馬克思原來的「異化」概念不謀而合。

第四，無產階級在世界史歷程上具有創造未來歷史的能動作用，通過馬克思主義的革命實踐消除「物化」等等資本主義社會的禍害，並解放所有的人類。盧卡奇對於無產階級實踐能動性的强調，亦予後來西方馬克思主義思潮重大的影響。

第五，無產階級如無政治組織，祇不過是一片散沙。因此，共產黨就成爲「無產階級意志力的客體化」代表，而爲現實存在（「實然」）與道德實踐（「當然」）之間的媒介。盧卡奇此點，多少契合列寧所倡「布爾什維克黨（後來改稱共產黨）即是無產階級的革命先鋒隊」這個政治主張。

盧卡奇遭遇到其他共產主義者的群攻之後長期保持緘默，在斯大林時代更是如此。《歷史與階級意識》在一九六七年獲准重版之際，盧卡奇撰寫一篇新版自序，自承書中許多觀點犯了「錯誤」，不合乎馬克思主義的原旨。其實，盧卡奇在一九二二年就敢於揭發恩格斯「自然辯證法」的似而非科學性格，實可以說對於後來辯證法唯物主義的官方教條化具有先見之明，而他所提出的黑格爾式「總體性」概念，對於後來沙特等人的馬克思主義再探索亦有開拓之功。從馬克思主義的學術研究觀點去做評衡，這本經典著作是值得我們注目的。

五、從存在主義到馬克思主義——沙特

法國存在主義大師沙特在第二次大戰期間參加過抵抗納粹的地下運動，而與法共接觸頻繁，開始接受馬克思主義的影響。戰後不久，沙特在巴黎公開演講著名的「存在主義即是人本主義」，面對法共與天主教雙方代表辯護他的存在主義決不是倫理的虛無主義，而是實現相對主體性自由的「實存的倫理」(existential ethics)。同時他又出版一篇〈唯物論與革命〉，大大批判承繼恩格斯理路的公式化馬列主義爲庸俗決定論的唯物主義，却稱讚了馬克思本人的「人本主義辯證法」。此篇論文象徵着沙特早期存在主義的終點以及馬克思主義思維的起點。自此以後他一心一意想要綜合他那存在主義所標榜的「實存的自由」與勞動階級的社會正義，而於一九六〇年終於完成了大著《辯證理性的批判》第一部（但未完成第二部），儼然以馬克思的眞正繼承者自居，宣言馬克思主義爲「時代眞理」，而自承早期的存在主義思想是維護資產階級自由的意識形態，應以脫胎換骨的方式寄生在馬克思主義知識體系的邊緣❺。

沙特在《辯證理性的批判》第一部，乃以黑格爾式馬克思主義的「批判的辯證法」爲哲學方法論，志在建立能够統合諸般個別眞理的「總體化眞理」。沙特並未全然拋棄存在主義，却爲了在馬克思內部恢復實存的人本性，把存在主義依附於馬克思主義的辯證法之中，藉以舖下未來一切人類學（結構的、歷史的人類學）的理論基礎。總之，在《批判》一書沙特想要解決相互關聯着的兩項課題：一是確立做爲人類總體性論理功能的「辯證法理性」，依此構築總體性的（結構的、歷史

---

❺ 參閱《辯證理性的批判》序論《方法問題》(自成單行本)的緒言部分。

的）人類學所需要的哲學理論奠基；另一是結合馬克思主義與存在主義的分別功能（但以馬克思的社會實踐爲主，存在主義的實存的自由爲副），超克馬列主義的官方敎條（亦卽斯大林主義），而予眞正的馬克思主義以新時代的革命實踐活力。對於實存的馬克思主義者沙特來說，資產階級意識形態的超克與官方敎條化馬克思主義的超克，乃是同一時代課題的一體兩面。

沙特對於恩格斯以來唯物論的化約主義的批判，他那「總體性眞理」的概念，他對「結構的、歷史的人類學」的構想，以及他對無產階級革命實踐的主體能動性的强調，實與盧卡奇的理論有異曲同工之處。但是，做爲實存的馬克思主義者的沙特，旣不願也無由隨從盧卡奇的說法，主張無產階級的集體意志力必須客體化爲共產黨的集中組織，因爲完全埋沒或解消個體實存的自由到共產黨的嚴密組織之中，有違他那「實存的馬克思主義」原則。

沙特重新回到馬克思《巴黎手稿》所提出的「異化論」予以考察的結果，發現到馬克思的「異化論」乃是結合存在主義（强調人的主體實踐）與歷史唯物論（强調歷史法則的客觀性）所必需的樞紐。問題是在如何應用辯證法的批判理性，適予建立具有「總體性眞理」性格的馬克思主義人類學，謀求主體與客體的統一（亦卽「總體化」）、理論與實踐的統一、自由（實存主體的實踐性抉擇）與必然（歷史的客觀性法則）的統一等等。

沙特企圖以馬克思的「異化論」重新建構包攝存在主義在內的歷史唯物論，使其完全脫離實證論的或自然科學的化約主義。他規定自己的方法爲一種「前進的、回溯的方法」（a progressive-regressive method）。他在已完成的《批判》第一部中，祇記述到結構的（亦卽社會學的）「回溯的經驗」，而未及處理有關歷史發展動態的「前進的經驗」，因此我們無法全盤了解沙特所謂「前進的、回溯的方法」的整套完整的內容。不過有一點值得我們注目的是，馬克思的《德意志意識形態》一書與沙特《批判》的基本理論頗有符合之處。前者的理論採取(1)個人生存與自然的關係→(2)家族的人際關係→(3)各種生產力與生產關係（即生產方式）→(4)社會關係→(5)階級鬥爭這五層次序，而後者的理論亦與前者相配應，採取(1)個人的實踐（有機體與其周邊物質的關係）→(2)二元以及三元（即加上第三者）的人際關係→(3)稀少性（scarcity）與加工的物質（即生產方式）→(4)社會存在的集合狀態→(5)集團的實踐與階級鬥爭這五層次序。不過前者旨在具體地提示歷史的說明原理（唯物史觀），後者記述「回溯的經驗」的目的，則是在理論的高層次探討前者所提示的唯物史觀原理之所以可能成立的哲學根據，且以「批判的辯證法」重新建構唯物史觀的原理。在(1)的層次，沙特明示唯物史觀的原理乃是根基於個人的生存活動。在(2)的層次，他要說明人際關係的根源實存性與實踐性，藉以了解人際關係的「物化」現象究竟爲何。在(3)的層次，他要指出無法化約到任何特定歷史社會的經濟結構的一種「原始的異化」（物質的「稀少性」與人的生存「需要」自然導致這種「異化」），藉以探討人的「異化」範圍到底多大、社會主義社會有否「異化」可能等等問題，同時又以「異化論」重新把握歷史的法則性，如此完成辯證法地（而非實證論地）建構歷史唯物論的哲學使命。在(4)的層序，沙特以「惰性的集合狀態」概念把握社會存在或階級存在，藉以痛斥資產階級民主的擁護論調以及普羅革命的「自然成長」說法。最後在(5)的層次，沙特想用社會動力學的研究方式了解革命的實踐集團，藉以提示馬克思主義者研究資本主義社會以及已經形成的社會主義社會本身的理論可能性；如此通過上述種種「回溯的經驗」（即結構的、社會學的人類學）總體性的記述與處理，重新提供歷史唯物論以新的哲學奠基。

以上簡述沙特《批判》的基本綱領。我們從他苦心自創的名辭，如「稀少性」、「惰性的集合狀態」、「原始的異化」等等，不難想見沙特從存在主義轉向馬克思主義的荆棘之路。《批判》第二部雖未完成，不少歐美學者却認爲此書乃是「打破黑格爾以後的哲學沈滯狀態最强有力的現代哲學思維探險」。當然，也有不少學者認爲沙特此著太過抽象而艱澁，無助於無產階級的革命實踐。也就是說，當初馬克思已經宣言「哲學的超克」，而今沙特反要講求「哲學的復興」，專爲馬克思主義的唯物史觀舖下什麼（具有「總體性眞理」意義的）哲理奠基，豈非徒費工夫，有違馬克思主義祖師爺的原旨？無論如何，如果臺灣當前的「新馬熱」不致變成「文化暴發戶」趕時髦的一時風尚，則必須考慮到沙特此著以及盧卡奇那本名著等等極具理論份量的「新馬」作品的長期而有系統的漢譯計劃，這是做爲哲學教育工作者的我對於國內學術界與出版界的一點建議。

六、東歐馬克思主義思潮

戰後東歐偏重人道主義的新馬克思主義思潮的興起，可以說是對於斯大林主義（卽官方公式化的馬列主義教條）的一大反動，隨着赫魯雪夫在一九五六年對於斯大林的公開鞭屍與斯大林主義的解消（de-Stalinization），東歐各國的人道主義「新馬」思潮大大湧現，我們可從「自我治理的社會主義」（self-management socialism）、「社會主義的人道主義」（socialist humanism）、「鐵托主義」（Titoism）、「批判的馬克思主義」（critical Marxism）、「多元主義的社會主義」（pluralist socialism）、「自國共產主義」（national Communism）、「改革的共產主義」（reform Communism）、乃至一九六八年春夏之交在捷克產生的

「帶有人（性）面孔的社會主義」(socialism with a human face) 運動等等許多東歐「新馬」名辭，不難想見此一新思潮的生氣如何蓬勃的了。連共產主義大本營的蘇俄境內，竟然也隨着時代潮流出現了「社會主義民主體制」(socialist democracy) 之類的政治思潮，譬如著名的蘇俄歷史學者梅特維特夫 (Zhores Medvedev) 就曾寫過以此爲書名的反官方敎條的著作，而被蘇俄政府嚴禁。蘇共與（文革結束以前的）中共對於此類「新馬」思潮，以及其他西方馬克思主義思潮一律評斥之爲「修正主義」或「走資派投降主義」，不但毫無道理（因爲馬列主義也是一種修正主義），更掩飾了官方馬列敎條本身的死牢結。

東歐「新馬」思潮的代表人物，有波蘭的夏甫 (Adam Schaff) 與柯拉克烏斯基 (Leszek Kolakowski)，南斯拉夫的吉拉斯 (Djilas)、培特羅維支 (Petrović) 與馬爾克維支 (Marković)、東德的哈甫曼 (Havemann) 與哈利 (Harich)、捷克的斯特林卡 (Strinka)、柯西克 (Kośik)、卡利窩達 (Kalivoda) 與哥德斯蒂克 (Goldstücker)、以及匈牙利的納奇 (Nagy) 與盧卡奇等人，多係著名的大學敎授，還有數不清的東歐各國「新馬」人物，足見東歐「新馬」思潮的潛在力量相當雄厚，如無蘇聯坦克車的屢次鎭壓，早可形成無法杜絕的大洪流，而構成馬列敎條的一大威脅。東歐式人道主義的馬克思主義主張排除任何獨斷敎條，建立具有民主自由與多元開放性的社會主義新體制，保障個人的尊嚴與基本權利等等，我們在這些「新馬」思想可以看出傳統西方哲學、存在主義、甚至歐美資本主義國家的政治社會乃至經濟思想的影響，而馬克思早期在《巴黎手稿》提出的「異化論」顯然對於東歐「新馬」的人道主義傾向具有更深刻的影響。我們在這裡選出波蘭的夏甫與柯拉克烏斯基這兩位，例示東歐「新馬」思潮的一般趨勢。

夏甫曾任二十多年的華沙大學哲學敎授，著有《人的哲學》(A

Philosophy of Man)、《馬克思主義與個人主體》(Marxism and the Human Individual) 等書，認爲社會主義的主要課題是在創造能够全面發展人的能力以及促進人類幸福的社會條件，這就是哲學的人類學課題，應在馬克思的早期著作重新取得思維靈感，以便補正後期馬克思主義忽略個人主體問題的不足。夏甫批評兩類處理個人主體問題的主張：一是他律說，認爲個人不過是上帝、絕對觀念、命運等等超人力量的產品而已；另一是沙特（早期）存在主義的自律論，認爲人有實存主體的絕對自由，自我創造一切價値與意義。站在他律論與自律論中間，夏甫强調個人主體的社會性，個人的思想與行動必須表現在一個特定的社會體制範圍之內才有眞實意義。個人通過自己的與集體的力量創造歷史，但此創造也得合乎客觀的歷史法則。也就是說人的自律始終是相對的，哲學人類學的課題就是在建立合乎歷史發展的客觀趨勢的社會條件（亦卽具有民主自由的社會主義體制），俾使個人主體發揮最大的潛能，享有最大的幸福。

柯拉克烏斯基也曾任華沙大學近代哲學史教授，但因批評「新階級」的官僚體制而被免職，於一九六八年獲准離國，自此一直在西方各大著名學府執教。他在一九六八年出版的《朝向馬克思主義的人道主義》(Toward a Marxist Humaism) 這本書裡，主張馬克思主義在知識論、烏托邦思想與倫理學三個領域必需一番理論的修正。在知識論方面，他反對列寧的（外界實在的如實）反映論，而採取了類似實效主義觀點的認知作用調整適應說，認爲馬克思主義的眞理概念，應該看成人類勞作、社會需要與自然環境三者相互作用且適應而成的結果。他又認爲革命實踐必須要有烏托邦思想的成份，藉以鼓動前進的行動力量。他對烏托邦主義的着想，當然與「共產主義的目標是歷史的必然」這個公式化的官方馬列觀點有所衝突。至於倫理學方面，柯氏否認個人主體的道德義務與責任完全來自歷史的必然性，反而主張接近沙特存在主義觀點的個人責任論，就是說，個人主體有其行為上的自由，故需負起自己行為的全面責任。他進一步宣稱，如果一個人變成共產主義者，這祇能解釋之為基於道德理由而採取的行為抉擇，却不能說是由於共產主義是歷史的必然性而使然。總之，柯氏的「新馬」倫理觀，等於推翻恩格斯以來的所謂「科學的社會主義」，而代之以人道主義性格的「倫理的社會主義」。柯氏移居西方之後，思想更有極大轉變，逐漸放棄了馬克思主義的基本觀點，走向（第三義的）後馬克思主義道路。

七、法蘭克福學派的「批判理論」

一九三〇年霍克麥爾（Horkheimer）開始主持德國法蘭克福社會研究所，而與阿多爾諾(Adorno)、馬庫色(Marcuse)、弗洛姆（Fromm）等第一流的年青學者共同探討涉及西方馬克思主義的思想文化、政治社會乃至意識形態等等問題，逐漸形成今天所謂「批判理論」（Critical Theory)。該研究所在一九三三年被迫遷往美國（紐約），而於一九五〇年又搬回法蘭克福。法蘭克福學派第二代的代表人物是著名的哈巴瑪斯，他在六十年代就已開始逐漸離開該派第一代的社會批判理論，獨創一格，打出自己的一套新派批判理論。

該派批判理論的第一特徵是在全體化（totalizing）的思維傾向，打破傳統以來各種學科（如社會學、哲學、心理學、政治思想為主）的明細分辨，而以今天所謂「科際整合」(interdisciplinary intergrations)的研究方式探討思想文化、意識形態、政治體制、價值觀念等等諸般複雜的問題。第二點特色則是，在政治研究方面，該派不承認規範性的政治理論與純經驗性的政治科學之間的區別，同時在一般社會科學的研究，批判科學的實證主義與經驗主義，此與馬克思主義一向連貫社會科學與社會批評的作風相當類似。但是正統馬克思主義者却認爲，該派理論由於完全放棄普羅革命的概念，且又遠遠離開實際的政治參與，毫無馬克思主義堅持理論與實踐的辯證性統一這個革命實踐立場，因此根本不能算是「新馬」的一支。該派的批判理論基本上確實對於實際的左派政治運動甚至普羅革命無甚同情，即使從存在主義的馬克思主義觀點評衡，也是屬於無根的政治旁觀者而已。就以馬庫色爲例，他的著作在美國加州曾被左派學生們奉如聖經，其實他自己始終是書齋裡的哲學沈思者。

法蘭克福學派的批判理論家並無共同的統一原理，除了霍克麥爾與阿多爾諾合寫過《啓蒙的辯證法》(1947年）之外，他們多半各自摸索，依照自己的興趣與能力各自探討不太相同的專門課題。譬如阿多爾諾擅長於音樂與美學，寫過不少評論作曲家（如華格納、斯特拉坟斯基、貝爾格等）的專文，也留下了《美學理論》(Aesthetische Theorie）這本重要的遺著。他也爲了卡夫卡（Kafka)、喬伊斯（Joyce）等作家辯護說，他們展現了社會變遷與藝術創新的辯證關係。他又指摘，馬克思主義者使用階級關係說明藝術與社會的相關聯性並不恰當，因爲眞正的藝術作品代表「整體」(the whole)，而非單純地反映經濟基礎或社會存在之故。他與霍克麥爾合著的《啓蒙的辯證法》對於大衆文化（mass culture）的批判不遺餘力，認爲這是一種助長（政治等等各種）權威的統制體系的平板膚淺的「文化工業」而已，這種負面文化現象在法西斯主義、斯大林主義（卽全體主義）與資本主義自由社會大致相同；這三種社會形式在組織、技術、文化與人格等等結構頗爲類似。他們指出，工具（或技術）理性正在高度的工業文明社會（包括蘇聯）逐漸變成「舒服便利而又民主的不自由」。

統制或支配（domination）與權威（authority）這兩種概念一直貫穿該派批判理論家的研究工作。譬如馬庫色在他的主著《愛欲與文明》（Eros and Civilization）應用批判地改造弗洛依德的（個人心理）「壓抑」（repression）概念而成的「剩餘壓抑」（surplus-repression）概念，來說明並指摘權威者為了社會支配所必需的制壓手段。馬庫色批判地結合馬克思的社會分析與弗洛依德的心理分析，認為眞正革命性的人類解放必須超越政治與經濟的改變範圍，還要包括社會的、感性的以及性愛的本能解放，這種人的全面性解放有待於「剩餘壓抑」的解消才有可能。馬庫色宣言傳統以來的馬克思主義已經過時無用，馬克思主義必須通過批判的超克，而後才能重新尊重各種觀念與文化的相對獨立性，同時不為任何政治黨派或運動放棄本身應有的知性眞誠。馬庫色的此一主張，已有超越「新馬」而往向「後馬」的趨勢。

該派另一健將弗洛姆也像馬庫色一樣，依他獨特的觀點批判地結合馬克思與弗洛依德，認為後者有見於人的無意識心理、自然本能的潛力以及社會壓抑，却無見於人性的正面現象（如社會團結的本能、自我實現的本能、愛人的本能、創造的欲求等等）；至於馬克思，雖有見於社會壓制的具體來源與創造性的工作潛能等等，却未進一步發展更積極的人性（人的創造性潛能）理論，致使恩格斯以及後來的馬克思主義者走入「唯物論」的歧途而不自知，沒有眞正解決過馬克思生前未完成的人性論課題（即「異化」的解消與創造性工作潛能的徹底發揮等等）。弗洛姆又認為，弗洛依德心理分析的弱點是容易變成資產階級的觀念論，而正統馬克思主義也有變成庸俗唯物論的全體主義危機；眞正的人類解放，還得經過對於這兩者的片面性或弱點的揚棄超克才可獲致。他的基本立場十分接近東歐的「新馬」人道主義。

八、結語：往向後馬克思主義之路

由於篇幅所限，我無法進一步評析繼承而又超越法蘭克福學派而自創一套新「批判理論」的哈巴瑪斯的基本論點，更無法論及英美派新馬克思主義、法國阿爾圖塞的結構主義式馬克思主義、意大利的德拉·沃爾培學派、乃至南美一帶的「解放神學」(liberation theology)。但是，有一點我不得不特別指出的是，「新馬」各派思想家對於（以美國爲首的）晚近高度科技化的資本主義體制與（蘇共、中共仍在堅持的）馬列主義體制所作的檢視與批判，無論如何精當，仍不等於說這兩種勢不兩立的體制就會依照「新馬」的批判而有所自我改造，脫胎換骨。尤其到了八十年代，種種跡象顯示，整個世界（除了極其落後的第三、第四世界國家）已在大大自「左」轉「右」，資本主義與強硬的馬列式社會主義相比，已佔優勢，要用革命手段改變資本主義已不太可能。既然如此，「新馬」的未來命運將是如何，是很值得我們關注與探討的迫切問題。

依我管見，由於經濟、科技方面的高度發展以及國際間自由貿易與技術合作的日益繁盛，資本主義與社會主義雙方將會通過「和平競爭，互助互利」的方式相互縮小意識形態與社會體制的原有差距；隨着此一實際變化，非馬克思主義與馬克思主義的長期對峙也會逐漸解消，終被批判地超越，而新馬克思主義也終不得不轉向後馬克思主義，而由後者取代。舉例來說，代表東歐人道主義的「新馬」主將之一柯拉克烏斯基移居西方之後，思路大有改變，在《馬克思主義的主流》(Main Currents in Marxism) 這三大本巨著之中評斷：「馬克思主義曾是本世紀最偉大的幻想」("Marxism has been the greatest fantasy of our century")❻, 必須予以批判地超越。哈巴瑪斯也基於晚近資本主義的發展，雖有種種本身的問題存在，却非通過任何左派運動可以推翻，故而否定馬克思主義而轉向資本階級改良主義的路線，倡導「後馬克思主義」意義的新派「批判理論」。

中國大陸這幾年來有關（魏京生等人所觸發的）「第五個現代化」的地下討論、人道主義問題的公開論辯乃至最近的所謂「資產階級自由化」運動，雖因中共領導層的壓抑而屢遭挫折，却强烈地反映了大陸學者與廣大知識份子亟欲超越馬克思主義（尤其馬列敎條）而往向更有民主自由化、多元開放化意義的後馬克思主義道路的心願。我們今天在臺灣掀起「新馬熱」風之際，也應同時關注海峽彼岸從馬列主義可能逐漸轉向後馬克思主義路線的晚近趨勢❼。也許我們從中國大陸知識份子的「後馬」心願與臺灣目前的「新馬熱」與「大陸熱」的情境了解，能够冷靜客觀地探索出來，環繞着「文化中國與中國文化」的新時代課題可望進行的兩岸學術文化交流辦法。

（一九八七年十一月五日晨二時於費城北郊，
原載《中國論壇》第二九三與二九四期）

❻ 參看該著第三卷第五二三頁。
❼ 關於此一研究課題，我正爲政大國際關係研究中心張京育主任將在今年聖誕節期間主辦的「現代華人地區發展經驗及中國前途研討會」撰寫一篇〈大陸學者的文化再探討評析〉。

兩岸處境與中國前途
——從雙結問題到大陸問題

一、前　言

《中國論壇》社舉辦此次「中國結與臺灣結」研討會的邀請函，開頭便說：「『中國結』與『臺灣結』之形成，原為國人在鄉土與國家意識間之一種探求，過去忌於釐清，反使問題趨於複雜。尤以近年社會變遷急劇，政治開展進步以及臺灣海峽兩岸競爭形勢之消長，海內外對此一問題更為關注。《中國論壇》社基於參與國家社會事務，理性客觀研析問題之一貫立場，深感對此重大問題，不容廻避，應及時建立正確共識，尋求有利於臺灣地區未來發展及中國前途之解決問題方法。」短短數語，即把「雙結問題」的背景、關鍵以及研討會的舉辦主旨點明無餘。[1]據我個人的了解，所謂「雙結問題」(自創用語)，歸根結柢即不外是大陸問題，亦即「如何面對政治體制與意識形態大異其趣的中國大陸，徹底解決臺灣地區未來的出路」問題。也就是說，大陸問題乃是雙結問題的深層眞相或根本關鍵；雙結問題祇不過觸及問題的表面，大陸問題才是問題的核心。

依此問題的本末了解，我想首先重新探討雙結問題的產生緣由，而把此一問題還原之爲大陸問題之後，分就海峽兩岸（「此岸」臺灣與「彼岸」大陸）的當前處境試予一種深層分析（in-depth analysis）與比觀評較（critical comparison）。有了較爲公平客觀的現況了解之後，才有可能發現雙結問題（解消之爲大陸問題）的一些解決線索。依據這些線索，我在結論部份準備提出自認可行有效的具體建議。

生在日治時代的臺灣，曾受日式小學教育與中學大學的祖國教育，最後又遠遊異國（美國）完成學業，而以華裔學者的身份在美國學府執敎哲學與宗敎學科將近二十年的我，今天應邀參加此次硏討會，提出個人的管見，可說感慨萬千，心事重重。去年（一九八六）四月間，首次應邀訪問大陸講學三週，曾先後在紐約的《知識份子》季刊與臺北的《哲學與文化》月刊，發表了長篇〈大陸三週學術演講旅行後記〉。七月間，又應邀回國參加國建會，在陳奇祿先生主持的社會文化組討論會上正式提出有關文化「出擊」的三項建議❶。同一時候，也爲《中國時報》人間副刊舉辦的文化周講座公開演講〈學術之旅——我對大陸學術界的觀感〉，聽衆相當踴躍。今年元月十二日晚，在耕莘文敎院公開演講，〈『文化中國』與海峽兩岸的學術交流〉時，又重新提出上述三項建議，事後演講大要也在《文星》雜誌發表（見復刊七號）。三月十六日《新新聞周刊》

---

❶ 我的三項建議是，第一，與政治無關的大陸純學術性書刊，應該有限度地開放。如果怕開放會有問題，則不妨設一審查委員會，如可開放的書刊內容有不適當處，該會可以加印一篇評語，但毋需更改書刊文字。第二，同時開放自五四直至一九四九年爲止在大陸出版過的文藝作品，包括魯迅、巴金、老舍等人的老作品在內，俾使生長在臺灣的年輕一代，對於我國文藝傳統從近代到現代的發展與延續，有一如實客觀的了解機會。第三，我們利用現有外滙存底的一小部份，委託民間機構或海外學術團體，在美國、香港或新加坡等地舉辦學術文化討論會，邀請包括大陸學者在內的海內外中國學者參加，一律使用中文討論，不但我們可以握有開會程序的主動權，亦可藉此機會影響大陸學者。請參閱拙稿〈『文化中國』與海峽兩岸的學術交流〉，《文星》雜誌（民國七十六年三月一日），頁七十。

的創刊號中，有一（該刊編輯部所撰）極其醒目的獨家專文〈大陸『登陸』臺灣？〉，文中載有下面一段：「最近一兩年，大陸和臺灣的實質關係愈來愈增，而且漸漸由地下轉到地上。上個月，目前在美國大學執教的傅偉勳教授正式提出了『文化學術交流』的主張，認爲只有透過雙邊的知識份子對話，才能找出兩岸眞正和解的途徑。」此文最後以「我們眞的需要一個和解的新時代！」結束。耐人尋味的是「和解」二字，値堪國人反思深省。我認爲，「和解」祇能算是解消雙結問題之爲大陸問題而後，再去設法解決大陸問題的必需程序之一，但是暫時性的「和解」祇不過是徹底解決大陸問題以前的緩衝而已——且不說海峽「彼岸」並不見得願意「和解」了事。從「和解」到大陸問題的徹底解決，還有一段相當漫長的距離或路程，是個極其棘手而艱巨的課題。

今年五月初旬，再度應邀訪問大陸講學觀光，共有三十四天之長，幾乎跑遍了半個大陸，且有機會與大陸學術界、出版界人士多所交談，並得以深入民間觀察大陸的面面相，自信對於大陸的眞相更有深一層的理解體認。八月八日晚，我爲《新新聞周刊》主辦的公開演講，就以〈大陸一年來的生活新貌與學術文化——再度學術之旅〉這個講題報導我在大陸的所見所聞，也提出了一些我對雙結問題與大陸問題的具體建議。我想，臺灣學術文化界一般人士可能已對我的問題看法頗爲熟悉。我在本文將依「知已知彼」才有可能了解問題、解決問題的着想，亦依我「親歷其境」的具體觀察與心得，進行海峽兩岸的處境分析與兩岸問題的解決試探，聊供國人參考。不敢强求共識共認，但願拋磚引玉而已。

二、從雙結問題到大陸問題

尋文思義，「臺灣結」與「中國結」這一對政治性意識形態名辭，極有主觀偏見與心理糾結的雙重蘊含，又有彼此抗衡、相互仇視等等敵對意味，一提此對名辭，卽令人感到雙結問題的嚴重性與皮面性。之所以嚴重，乃是由於此一問題的存在，充分暴露了日日深化着的臺灣當前的危機意識，且由於大家對此問題毫不知所措而徒增臺灣知識份子年年積下的無力感之故。之所以皮面，乃是由於雙結問題的根本癥結原在大陸問題，問題意識的無謂轉移與問題提出的偏差失當，無形中顚倒了本末輕重。我們在設法解消或還原雙結問題到大陸問題之前，首須分別考察「臺灣結」與「中國結」的產生背景與緣由，藉以尋探雙結的形成與存在所以原屬「莫須有」而應可適予解消的箇中道理出來。於此（相互主體性意義的）道理如能獲致「雙結」兩邊人士以及一般人民的共識共認，則可再進一步認淸，大陸問題才是癥結所在。

首就「臺灣結」的形成背景及緣由而言，它可以溯至臺灣光復不久產生的不幸事件「二二八」。如說「二二八結」是「臺灣結」的原身，絕不算是誇張之詞。我仍記得，一九四五年秋天，當陳儀所率領的國軍來到臺灣，從日人接收失土之前，我們國民學校的老師們事先自動教導我們（我在國校六年），背誦國父遺囑與熟唱「義勇軍進行曲」（抗戰前後此曲亦在國軍流行，並非共軍專有），我們也興高采烈地大背大唱，夢想回歸祖國之後的幸福美景。我仍記得，當國軍浩浩蕩蕩地進入新竹市東門一帶的黃昏時刻，我們這些小學生紛紛與國軍將士們手牽着手，齊唱「進行曲」，歡呼祖國萬歲，此景此情，卽使在四十二年後的今天猶若湧現眼前一般。當時軍民旣然如此歡欣鼓舞，爲何一年半後却爆出

「二二八事件」出來呢？其中複雜的前因後果自有史學專家細予探究，而今年在海內外各地舉行過的種種大小規模的二二八事件研討會，也有許多與會代表各從不同角度探討事件的原委，我在這裡不必重述。我所要强調的祇是一點：今日所謂「臺灣結」，一大部分是「二二八結」的心理延伸與政治意識化。這是了解並解消「臺灣結」的首要條件。

依我多年的觀察，韓戰以後在美國、日本等國逐漸醞釀形成的一些臺獨組織與政治運動，溯其緣由，十之八九與二二八事件所引起的「二二八結」具有密切關連。五〇年代以來，常有本省籍的老一代在他們子女出國前夕，細述二二八事件的慘痛經驗，叮囑子女到達異國留學之後，「千萬不要忘記二二八的敎訓」，爲臺灣人的政治前途努力奮鬥。這些子女之中對於政治問題較有興趣的，日後自然容易傾向臺獨立場，而所謂「二二八結」也就容易構成海外臺獨的主要政治意識形態了。同時，在臺灣本地，「二二八結」的存在及其深化自然容易催生「臺灣結」，且有助於後者的滋長蔓延。從政治意識形態史的角度去看，可以下一結論說：「二二八結」的深化與「臺灣結」的滋長，構成了奇妙的正比例。所不同的是，「二二八結」祇在（中年以上）本省籍人士圈內形成，近年來產生的「臺灣結」則有超越本外省籍界限的傾向。也就是說，除了帶有「二二八結」的純本省籍人士容易擴大之爲「臺灣結」之外，外省籍的老一代以及中年以下（已無實際本外之分而土生土長在臺灣）的年輕一代，如果形成「臺灣結」，多半與「二二八結」無關。「二二八結」暴露了本外省籍兩者之間的政治與心理雙重「異化」，以及本省籍人士本身的心理創傷與糾結。「臺灣結」則是與海峽兩岸之間政治形勢消長有關的新結，雖說一大部分源於「二二八結」，而有「臺灣結」的純本省籍人士仍遠遠超過祖籍外省的人士這種情形；但是除了「二二八結」外構成「臺灣結」的重要因素，還應包括政治利害、經濟利益乃至恐共心理等等，極其錯綜複雜，不一而足。

關於「中國結」的形成背景與緣由，如果專從黨外人士的「自決」立場去看，乃是執政黨中當年自大陸撤退而來臺灣的純外省籍人士所始作俑者，目的是在繼續把持鞏固已有的政權，保護經濟上的既得利益，透過「反共復國」（五、六十年代）乃至「以三民主義統一中國」（七、八十年代）等政治意識形態的製造，以便維持早期民國以來國民黨自認「正統」的過時觀念，以及爲了「治療」來自大陸的純外省籍人士（尤其老一代）的懷鄉病。總之，黨外人士多半認爲，與「臺灣結」對立的「中國結」，乃是這些無謂因素作祟所致。從海外學者較「中立」客觀的立場去省察，此類分析部分攻到「中國結」的要害，但也夾雜了具有「臺灣結」的黨外人士的某些主觀成見在內。

無論如何，「臺灣結」與「中國結」都是一種心理糾結，我們必須除去「雙結」，才有辦法進一步還原雙結問題爲大陸問題。雙結問題的產生，我們的政府與民間都各有責任，不得不自我坦承。就「中國結」來說，執政黨既然高唱「以三民主義統一中國」，爲何多年來假借「對中共統戰絕不上當」的似是而非政治理由，一直不肯採取文化「出擊」，通過學術與文化的雙重交流，步步影響大陸學者與廣大的知識份子改變大陸的馬列路向？爲何始終不肯有限地開放大陸的純學術書刊？爲何一直禁止魯迅、巴金、老舍等人的文藝作品？爲何不讓臺灣的知識份子有更多機會去眞正了解（而非曲解誤解）大陸的面面相？爲何讓來自臺灣的許多海外學者搖頭太息，說：「國民黨就是那麼小氣派，中共不再罵臺灣，就說是統戰故技，至於自己的報章雜誌則天天痛罵大陸的一切，總是抱着幸災樂禍的奇怪心理，恨不得大陸垮下來？」爲何對於海內外到處流傳的謠言（如屬謠言的話），不主動拿出證據，一一澄清，譬如「國民黨人並沒有在香港等地，與中共暗中貿易而肥私」之類？爲何始終拿不出主意，向臺灣地區的全民公佈「以三民主義統一中國」的長期具體步驟，且依此步驟推行對付大陸問題的政策措施？爲何　孫中山先生所創始的三民主義，到了八十年代的今天，還看不出有什麼新時代的一番「批判的繼承與創造的發展」？以上這些疑問，都是環繞着大陸問題而產生的，我們的政府實應拿出勇氣，面對黨外人士與一般人民一一適予置答。這一年來執政黨已經採取較開放的政治立場，已在設法面對上述一連串的大陸問題謀求可行有效的解決。又如戒嚴法的解除、黨禁報禁的解除等等閃電般的政治措施，深獲中外一致讚賞。但要百尺竿頭更進一步，光靠這些措施並不充足，至少還做不到解消「中國結」以及「雙結」對立的程度。

至於「臺灣結」，黨外人士還未能向外完全澄清「自決」與「臺獨」的區別所在，也還未能面對執政黨與中共皆倡（不同意義的）「統一中國」的現時政治處境，提出超越「統一中國」的可行步驟。我在今年元月公開演講「『文化中國』與海峽兩岸的學術交流」時曾批評過執政黨的幾位要員，在去年年底大選之前以「民進黨如倡『自決』，則避免不了中共使用武力侵犯臺灣的嚴重危機」等語，想要抵制民進黨的過份囂張。我說，此類抵制辦法不但無效，反而顯得缺乏政治慧識，反而容易自落中共統戰的陷穽而不自知。但是，倒過來說，難道民進黨就有解決大陸問題的更高明的政治主張與實際辦法？也祇不過借用含混的「自決」二字避開超越雙結問題的大陸問題罷了。總之，雙結問題的本質乃在大陸問題，解開「臺灣結」與「中國結」這雙結的鑰匙，乃是在乎大陸問題的解決線索上面。雙結問題的深化，雙結意識的存在，祇有增加臺灣全民的無力感、危機感、無安全感等等純屬負面的精神負擔而已。

我的眞正意思是，我們必須坦白承認，臺灣問題乃是大陸問題的一個環節。我們如果坦承我們沒有反攻大陸的實際能力與辦法，又對中共

「並不排除武力解決的可能性」這種統戰口號不知所措，則不論傾向「中國結」或「臺灣結」，也都不過是一種逃避主義，對於臺灣地區的未來出路問題（實質上與大陸問題無甚兩樣）祇有百害而無一利。因此，我們必須共識共認，雙結問題一定要解消之爲大陸問題。

讓我舉一實例說明我的論點。今年四月十九日（也是民進黨原定在總統府示威遊行而終於取消的那一天），在紐約近郊的一家美國旅館首次舉行了海峽兩岸年輕一代的留美學生（或訪問學者）之間一項討論會，雙方代表各有十八位，濟濟一堂，面對政治、經濟、教育、學術等等問題舌戰兩天。我旁聽了其中一項專就現時政治討論的會議，恰由來自北京的訪問學者金觀濤君主持❷，雙方代表評己斥彼，旗鼓相當，幾分不出軒輊。會後我對金觀濤等位表示我的感想，說：「此類海峽兩岸知識份子的討論會應多舉辦，把開會的一切拍成錄像帶電影之後，在臺北與北京分別同時播放，一定有政治教育的啓廸意義，旣公平客觀，又無統戰意味。」那晚又有一場額外座談會，雙方代表針對「統一」問題展開激烈論辯，甚至用上「離婚」（國共分裂，中國一分爲二的政局）、「再婚」（大陸代表說法）、「不再嫁回」（臺灣代表說法）等等比喩，妙不可言。最值得注目的是，大陸代表之一丁學良說道：「如果我到了老年，臺灣說要獨立，我也祇有換上軍裝，打到臺灣去了。」丁學良的話語多少帶有「大國沙文主義」的口脗，却對具有「臺灣結」的人們構成嚴重的威脅。同時，兩三位臺灣代表也異口同聲說：「大陸處處比臺灣落後，我們爲甚麼嫁回去？大陸還有甚麼希望？」他們使用「爲何嫁回」等等字眼，無形中暴露了他們心中「臺灣結」（不想「二度梅」）與

❷ 關於金觀濤的背景與學術成就，不妨參看拙文〈『走向未來』的金觀濤與劉青峯——大陸學術界的前衞象徵〉，《文星》雜誌（民國七十六年一月一日），頁五十二至六十四。

「中國結」(不願放棄大陸，却又無可奈何)的混淆不清。我忽然感到，大陸代表的沙文主義口氣，與臺灣代表的雙結混淆，都是由於海峽兩岸的知識份子從未有過如此面對着面公開討論、相互論辯的實際機會之故。然而我們站在海峽「此岸」的立場，也應該自我反省一下:「不論大陸是否使用統戰慣技，大陸那邊想要『親近』我們，是件事實。我們這邊為何總在閃避，連學術文化性的交流都儘量避開？如果我們無意交流，藉以影響大陸學者與知識份子的意識形態，則我們所謂『統一中國』的政策豈非變成有口無心之言，或是紙上談兵而已？」以上實例當可證示，我們還未徹底了解到:雙結問題原是假相，大陸問題才是眞相。

我們如果徹底悟解，大陸問題才是眞相，則如何去設法逐步解決大陸問題呢？我認為，首要步驟是在重新「知己知彼」，尤其對於海峽「彼岸」，我們不能依然故我，以幸災樂禍的心理去誤解它、曲解它；我們應該如實客觀地了解它，這是「統一中國」應有的起碼態度，必須超克「臺灣結」與「中國結」。我這裡所說的「知己知彼」，卽不外是海峽兩岸的處境分析與比觀評較。❸

❸ 關於「知己知彼」的迫切性，我曾說過:「我們應該儘量避免老套的政治統戰，反而應以光明正大的開放態度歡迎較有開放精神的大陸學者，與我們面對着面討論問題，經由相互衝擊與意見交換，去影響他們的想法、做法。我所以向大家如此建議，是想指出，如果我們在臺灣只是口口聲聲要統一中國，事實上却始終杜絕任何『知己知彼』的機會或管道，我們如何向我們自己以及臺灣的下一代交代？臺灣今天在經濟、政治、教育、學術等等層面已有如此成就，我們就更應該在思想上、意識型態上進一步配合這些成就，逐步走向多元開放，大無畏地歡迎較開明的大陸學者，進行公開的討論與辯論，慢慢說服對方，而使整個中國能够走向具有共識共認的思想文化之路；捨此『文化中國』之路，別無『統一中國』的他途。」見《文星》雜誌(民國七十六年三月一日)，頁六十七。

三、「知己」：海峽此岸的處境分析

我們進行海峽此岸（臺灣地區）的處境分析之前，必須了解一個不可否認的嚴重事實：三十多年來的臺灣，從政經乃至學術文化等等層面的一切政策與措施，處處脫離不了大陸問題，而政策與措施之所以始終舉棋不定，令人感到無奈無力，也與應付大陸問題毫無善策這一點息息相關。五十年代的臺灣，一切政經措施、學術研究以及文化教育皆以「反攻大陸」爲最高準則。記得我自已在臺大第一年暑假（民國四十一年），就參加過金門服務隊，以音樂組組長身份在金門陸軍總司令部大廣場，指揮三千官兵合唱「反共復國歌」，親身領略到了「反共抗俄」的高昂士氣。到了六十年代，隨着經濟起飛與海峽兩岸之間的「平安無事」，有關「反共抗俄」的政治口號逐漸減低，八十年代的今天，不但「反共抗俄」的口號早已消失不見，也沒有多少人仍堅信着，臺灣有足够的軍事力量「反攻大陸，收回國土」。

二十年來的臺灣在經濟建設與發展一項，無可置疑，已躋身於出超國家的前茅，企業界擁有數不清的第一流人才，而在外滙存底，這一兩年來始終與西德比爭首位。可是，臺幣的步步升值雖然顯示當前臺灣的經濟安定與繁榮，却已帶有新的隱憂，深怕在國際貿易市場無法繼續維持優勢。事實上，由於臺幣的不斷升值，已有不少中小型的公司或工廠被迫關閉或宣告破產。雖說近年來依賴理論專家總有動輒誇張臺灣經濟體系的依賴性或寄生性之嫌——譬如將近百分之四十左右的出口產品皆往向美國之類，但是臺灣的經濟體系多少帶有寄生性而無完全獨立自主的可能性，却是鐵定的事實。臺灣不但地域太小，自然資源也極其有限，人口密度幾達世界首位，國際間政治形勢的消長立卽引起臺灣經濟

(尤其進出口貿易這一項)的大小動盪等等事實的存在,祇有加深上述隱憂,難於消除相當沈重的危機意識。去年國建會的各項討論,都以「朝向已開發國家邁進」爲主題,確有良好的正面意義,但這並不等於說,路途將是平坦易行。一九九七年香港歸入中國大陸之後,臺灣經濟將受甚麽(負面)衝擊?九七之前中共可不可能採取「圍困」臺灣的高壓政策?美國對付臺灣(以及日、韓等過度出超國家)的關稅政策將是如何?是否將有中共對美國的外在壓力,迫使美國採用對臺灣十分不利的經濟政策?這些有關臺灣未來經濟的種種難題,處處涉及大陸問題。

就政治發展言,隨着經濟的高度成長,這兩年來的臺灣政治動向有令人預想不到的「大躍進」,尤其黨外向執政黨的公開挑戰與民進黨的組成,反使執政黨的有心人士有了一次自我反省、重新檢討的良機,藉此良機開始設法大大改變執政黨過去較保守而不進取的政治作風。未來的臺灣政治動向將是如何,此刻難於預料,但無可諱言,大陸問題終究構成整個臺灣政治何去何從的根本關鍵,而「臺灣結」與「中國結」兩大政治意識形態(或不如說是「意理牢結」)的超越克服,已如上述,必須有待大陸問題的適當解決才有可能。眼看菲律賓與南韓的政治民主化、自由化動向,執政黨(尤其少壯派)、民進黨乃至臺灣全民至少已建立了一個共識:臺灣必須往向更有多元開放性的政治體制努力奮鬥。然而此一共識却因雙結問題的存在容易受挫而夭折。這是關注臺灣政治未來動向的廣大知識份子憂心如焚的最大難題。我已提示,雙結問題的根本癥結,還是在大陸問題。臺灣民主自由化的政治改革運動能否順利,實不得不關涉到我們有否適予解決大陸問題的可行辦法。

再就學術文化層面予以考察,理工農科以及經濟、商學等科的學術研究一直順利,且有長足的進步,光從丁肇中與李遠哲分別獲得物理與化學諾貝爾獎金這類事實，就可以例證，如果臺灣各大學府沒有供給相當水準的師資與儀器設備，以及十分安定的學習環境，即使他們日後在美國接受最高最好的理科訓練，也不太可能有今日的世界性成就的。但是，在文科與一般社會科學方面的學術研究，則水準仍不太理想，研究者應有的精銳的批評眼光多半不足，這一方面的學術論著，極有創新論點的爲數不多，鳥瞰概說式的籠統寫法時常取代嚴密精審的題材處理。再就師資言，濫竽充數的情形比比皆是；教員升等的標準不一，個人關係與人情等等主觀因素常阻礙着公平客觀的學術評審。一般社會人士對於文科與社會科學（尤其哲學、文學、政治學、宗教學等科）無甚同情，遑論了解，大專學生亦多半視如「冷門」，自動選爲第一志願的寥寥無幾，可說幾至「斯文掃地」的地步。文科、社會科學方面的學術研究瞠乎落在理工農醫等科之後的原因不一而足，但我想要强調的一點是，政府以「中共使用統戰慣技」等等理由，多年來一直杜絕大陸純學術書刊的有限度進口開放，乃是其中不可忽略的一大因素。記得元月十二日晚，當我公開演講「『文化中國』與海峽兩岸的學術交流」完後，充當講評的友人韋政通兄很有感慨地接着說：「雖然大陸在文革之後學術方面進步緩慢，但是他們的人多勢衆。如果他們繼續在這種開放的情況下發展下去，十年後的成就一定可觀。尤其中國科學史的研究，卽使在文革期間也沒有完全中斷，成果極其可觀。假使要作中國科學史的研究，而不參考大陸文獻，就不可能作出好的論文。此外古史的研究也很可觀，二十多年來大陸的挖掘工作一直在進行，現在作考古、作上古史研究，如果沒有大陸的資料就根本不可能。所以這方面的資料，如果不開放，則臺灣這一類的論文就永遠沒有國際的地位。」❹

---

❹ 參閱〈韋政通先生講評〉，《文星》雜誌（民國七十六年三月一日），頁七十一。

臺灣地區的知識份子對於大陸學術界、出版界的發展情形，由於我們政府極端保守政策的不當，始終一知半解。去年十月起，我爲了《文星》雜誌一連串論介大陸學者李澤厚（中國大陸社會科學院哲學研究所資深所員）、金觀濤夫婦等人的學術著作與成就，臺灣讀者才開始刮目相看，而地下書商也開始紛紛大量翻印他們的主著，如李澤厚主編的《中國美學史》第一卷、金觀濤夫婦所著《興盛與危機——論中國封建社會的超穩定結構》等書，已出兩三種不同版本，這些大陸著作已到洛陽紙貴、風行一時的程度，他們在臺灣的學術「名望」也隨之大大高昇。而這半年來臺灣的報章雜誌爭相登載阿城等數位大陸作家的作品、訪問記之類，幾到「沒有大陸作家學者的作品刊登則銷路立即下跌」的奇妙程度。這些擺在眼前的事實，豈不說明了，政府以往長期的「杜絕」政策已引起了反作用，時機一旦成熟，臺灣讀者對於大陸作品的好奇心就會暴漲到衝破「石門水庫」的程度。

不但學術研究的種種難題原是大陸問題，中國傳統文化的繼承發展課題更可以說是整個大陸問題的一大環節，我在五月間再度訪問大陸講學期間，曾在北京大學、人民大學、世界宗教研究所等處演講「文化中國與中國文化」，每每提到臺灣最近流行的名辭「文化斷層」，都要費盡力氣說明此辭的涵意，大陸聽衆才能慢慢了解。這說明了兩點：第一，「文化斷層」與大陸無關，是臺灣知識分子近年來所迫切感到的文化問題；第二，此辭之所以專屬臺灣所有，而與大陸無關，乃是由於中國思想與文化的本根地盤不在臺灣，而在大陸。也就是說，「文化斷層」顯示出臺灣知識分子的焦急心理，多少影響到「中國結」的形成；但歸根結柢，仍跳不出整個大陸問題的範圍。「文化斷層」的形成危機同時說明了，臺灣這些年來討論「傳統與現代化」課題，始終尋找不到共識，遑論可行有效的結論。卽使抱有强烈「臺灣結」的人們，也不敢大膽主張，臺灣的未來文化發展，應走全盤西化或全盤本土化（即「臺灣化」）的路向，而不必去管甚麼「（來自大陸，而以儒釋道三家爲主的傳統）中國文化」了。我們於此又發現了雙結問題其實就是大陸問題的另一佐證。

我們從學術文化一項轉移視線到教育政策，可以發現同樣的葛藤或矛盾。參與過有關中國歷史、思想、文化等方面（尤其近現代）的教科書編寫的教授學者們，多有處處難於交待清楚、發揮殆盡的挫折感。加上種種代溝（思想代溝、文化代溝、「雙結」代溝等），教導年輕一代研究現代文學史、藝術史之類的題材，時有「力不從心」的感慨。又如「公民」、「三民主義」等課，就其基本觀念言，自五十年代以來無甚改變，與急速的經濟成長，社會變遷產生差距，日益拉長。如果我們套個（似乎不太可能的）假設疑問說：「萬一民進黨選擧獲勝，從在野黨身份搖身一變，成爲執政黨時，大中小學種種教育課程，尤其『公民』、『三民主義』之類，如何重新處理？」我們一方面急於建立日日多元開放化、民主自由化的共識共認，另一方面由於「雙結」等等困難，因而在教育政策無所適從甚至朝令暮改，則如何向我們的下一代交待？我們究竟應該採用什麼辦法，才能隨着時代的發展，爲下一代正確安排直接間接涉及海峽兩岸的種種課程？在教育政策這一項，我們又看到了臺灣地區的所有層面，終究脫離不了大陸問題，已非「臺灣結」與「中國結」的任何一邊所能應付解決。

總結我們臺灣的處境分析，從經濟、政治、學術、文化乃至教育等等各大層面，處處可以發現，大陸問題未獲解決，則不但雙結問題無由解消，臺灣未來的出路問題也會懸而未決，不可能有長期計劃可言，臺灣地區的危機意識也會隨着日日加深而無已。

四、「知彼」：海峽彼岸的處境分析

一九四九年政府遷臺以後，因有鑒於過去在大陸對付中共統戰完全失敗的慘痛敎訓，極力推行三民主義的政治敎育，以及「反共抗俄」或「反共復國」的基本國策，故在五、六十年代的臺灣報章雜誌，到處充滿着「共匪」、「匪酋」、「女匪幹」、「僞中共國務院」等等情緒性（emotive）的辭句。文章的火藥味太濃或情緒化太重，自然不太可能如實客觀地了解中國大陸的一切面面相，有時反而爲了「反共」，不惜誤解甚至曲解，以便鞏固「反共抗俄」的政治意識形態，堅强「反攻大陸，光復國土」的軍隊士氣與全民信念。雖然七十年代以來，這種情緒性論調逐漸減少，而由「臺灣結」與「中國結」的對立意識取代，但是長期戴上有色眼鏡去看中國大陸的結果，臺灣的知識分子還未能充分培養儘量免於主觀偏見與意理牢結的科學研究態度，如實客觀地重新觀察並透視中國大陸的一切。沒有如實客觀「知彼」的興趣與能力，則且不說我們根本解決不了大陸問題以及雙結問題，更無資格高唱「統一中國」，不論是以三民主義的方式或是其他方式。所幸去年秋季開始，臺灣知識分子與報章雜誌對於大陸問題的處理態度大有轉變，可以說是新時代的政治形勢所促成，這是一個重要而良好的開始。我個人剛恭逢其時，藉着四月間首次應邀訪問大陸講學三週與七月間首次應邀參加我們國建會的兩大機緣，爲《文星》、《中國論壇》、《當代》以及《哲學與文化》月刊陸續登過有關大陸學術文化與社會風貌的長篇短論，旨趣是在站在海外華裔學者的立場儘量公平客觀地敍述大陸之種種，旁助毫無機會直接觀察大陸的臺灣讀者培養如實了解大陸的科學態度。我敢說，「臺灣結」與「中國結」的分別產生，部分源於此一態度的缺失，而此態度的缺失，亦泰半由於極端恐共防共的意識形態所導致的。

我們過去有意識地或無意識地誤解甚至曲解大陸的面面相，雖說得到了暫時減輕恐共心理的效果與幸災樂禍的自我滿足感，却不知不覺引發了「臺灣結」與「中國結」的兩種意理牢結，且又面對大陸問題產生莫須有的無力感與莫名幻想，直至今日還未完全克服過來。進行海峽彼岸的處境分析之時，我們首須克服長期慢性的政治心病，這樣才有重新如實了解大陸的可能。更重要的是，這樣才能眞正發現，在馬列敎條的黑雲籠罩下仍有希望顯發出來的無形而强大的潛在力量。我們對於彼岸的處境分析，應該特別注意到這一股潛在力量。

首就經濟計劃言，我們都知道，後文革時期在趙紫陽爲首的改革派控制下，大陸經濟稍有好轉之勢，集體戶與個體戶的產生，有助於商品經濟的發展與日常用品的供應充足。去年四月間我觀察過上海一帶的自由市場，新鮮蔬菜供應甚多，價格稍高但顧客並不在乎。今年五月到六月，我跑過西安、成都、重慶、武漢、廣州、桂林、杭州、天津等市，發現食物、冰箱、電視機、洗乾衣機乃至一般日用品的供應較去年更加豐富，像冰箱、洗乾衣機等等大陸產品擺滿在商店而無人問津，據說多半家庭寧買較貴的日貨，「國產品」反不吃香。一般人民根本對於所謂「反資產階級自由化」運動毫無興趣，無人談起。在北京，曾與一批敎授學者與出版界負責人暢飲暢談，他們都異口同聲地對我說：「我們不搞商品經濟，中國就沒有前途希望。」其中一位又對我說：「等你六月初從杭州回到北京，就知道這次運動如何結束了。」果然，改革派在鄧小平改變原先口氣開始批「左」的新雰圍中重整旗鼓，向鄧力群、彭眞等人領導的保守派反攻過去，板回原有局勢。但這並不等於說，改革派高枕無憂。「反資產階級自由化」運動的產生，多少源於改革派的經濟失控，譬如濫用外滙而存底幾空，深圳、海南島等地的加工特區投資計劃過度不當，引起種種不良效果等等，容易引起保守派（「左」派）的嚴厲批評，終會導致中共最高層的權力鬥爭。不過，從改革派經得起此次運動的政治動盪而不到半年即有反擊的魄力這一點來看，足以證示商品經濟的開放與個體戶的成功——亦即小型資本主義——已經深獲民心，連保守派也無法改變純經濟層面的「資產階級自由化」趨向了。依據我的實地觀察，大陸經濟大體上隨着臺灣的成功經驗從後跟上，祇是差了二十年而已。在成都的一次座談會上，有位問我臺灣的經濟起飛始於何時，我說大概在六十年代中期左右，他立即接着說：「那就對了。當我們開始搞文革時，臺灣經濟正在起飛。我們搞了文革，退後十年，臺灣前進十年，合起來豈不就是整整二十年？」

我們從臺灣的經濟發展觀點，很容易批評甚至嘲笑大陸經濟的落後。但是，我們絕不可掉以輕心。大陸有的是豐富的自然資源以及龐大的勞動生產力（當然也可以說是人口壓力），如在十年二十年內，大陸積下不少商品經濟與國際貿易的經驗，逐漸改善自產物品，以廉價推銷到世界各地，那時包括臺灣、南韓、新加坡在內的地區，很有可能在國際貿易市場遇到勁敵，至少在紡織、加工品、食品等等輕工業、手工業方面會大大受到中國大陸的衝擊甚至威脅。我們不得不自問：「我們對此如何防患於未然？」到了那時，雙結問題會很顯然解消之爲大陸問題。我們何不在今天有所認淸，超克無謂的雙結呢？

次就政治體制言，從半年前方勵之、劉賓雁等人由於「反資產階級自由化」運動而一一失勢，終被開除黨籍這一點來看，就不難窺知，所謂「民主集中制」的眞相原是如此，「民主」是假，「集中」是眞，即使到了後文革時期，中共領導層仍對僵化與官僚化了的馬列主義政治體制的改革，牛籌莫展，在政治體制改革的口號下所進行的，多牛是有關權力轉移的明爭暗鬥而已。但是，我們也不應忽視文革所引發出來的廣大知識份子的政治覺醒，以及敢予衝破馬列敎條與中共體制的一大批民主自由化運動的志士健將，從倡導「第五個現代化」的魏京生到最近的方勵之、劉賓雁、王若望等人，前仆後繼，令人感到從中共黨內（如被開除黨籍以前的方勵之、劉賓雁、王若望等人）到民間（無名英雄），是有一股終能突破馬列敎條與中共體制的潛力與暗流，始終存在。五月間我到北大演講時，就在校園到處看到有關民主自由的標語，那時方勵之夫人（北大副敎授）卽以絕大優勢的支持票數壓倒中共所推出的所有候選人，當選北京海淀區（學術機構聚集之地）的人民代表。而方勵之本人最近也從意大利開會回去，在北京機場自動召集記者，痛斥中共的不當。我從這些零散的民主自由化活動潛流所得到的個人印象是，中共領導層終究抑壓不住接二連三的民主自由化要求。文革的慘痛敎訓所引發的政治覺醒，與綿延流長的中國文化，是分辨中國大陸與蘇聯社會最關緊要的兩點，我很相信大陸較有希望自求蛻變。我在六月告別北京數位屬於開明改革派的敎授學者時，表示感想說：「海外學者的我反而比你們樂觀，這不是風涼話，而是旁觀者淸，我覺得有一支暗流終會形成洪流。」

再就學術研究與出版現況言，由於馬列敎條的枷鎖未除，近年來所謂「學術研究無禁區」的「開放」政策時緊時鬆，並無明白可循的規準或尺度存在。因此，具有開放精神的學者也不得不爲了明哲保身，在自己的論著之中隨處加上「在馬列主義的指導下」、「依照歷史唯物主義與辯證法唯物主義的原理」等等套語，小心翼翼地抒發己見，有心的讀者可在字裡行間摸索「其中奧妙」。著名的李澤厚敎授在建立他那「主體性的實踐哲學」，或申論莊子與禪宗的美學理論之時便採取相當聰明的掩飾手法，雖被點名批判多次，都能僥倖通過政治難關❺。較年輕的大陸學者，如「走向未來」叢書的主編金觀濤，則比李澤厚這一代的敎授學者更少顧忌，馬列影響也不太深，故能大膽地直接應用現代西方理論（如系統論、控制論、信息論等「三論」），重新探索歷史規律，全然免於歷史唯物論的束縛。但也不得不在主著《興盛與危機》，虛加「力圖在歷史唯物主義原則的指導下」等等套語，暗示有其難言之隱❻。

有趣的是，去年年底保守派所發動的反「資產階級自由化」運動，並沒有眞正危脅到較有開放性的學術、文化方面學術性叢書的新書印行。光是這半年之內就已出版了好幾種，如甘陽（三十四歲，黑龍江大學哲學系畢業）所主編的「新知文庫」已出版了《勞倫斯》（卽《查泰利夫人的情人》作者）、《弗洛依德的使命》（弗洛姆所著）、《西西弗的神話》（卡繆所著）等十幾册書，封面印有彩色的抽象畫，實有「資產階級自由化」之嫌，但據三聯書店總經理沈昌文說：「上面有人好幾次想批我們，也終於放過了事。」又如陳昌曙主編的「科學方法論叢書」，也出版了《科學探索與方法》、《創造》、《控制論方法》、《系統方法》等十餘册書，十分暢銷，已有取代金觀濤主編的「走向未來」叢書之勢。最令我驚訝的是，甘陽主編的「現代西方學術文庫」，包括胡塞爾的《邏輯研究》、海德格的《存在與時間》、波普爾的《科學知識生長論》、伽達瑪的《眞理與方法》、傅柯的《詞與物》、梅洛龐蒂的《知覺現象學》、薩特（沙特）的《存在與虛無》等等現代西方哲學名著的中譯。我與甘陽初次謀面時，他將剛剛出版的沙特主著《存在與虛無》中譯本贈我，說是陳宣良等三位年輕人從法文直接譯出，前後花了五年云云。還說海德格的《存在與時間》正在印行，譯文當比沙特主著的中譯更精確些。

---

❺ 參閱拙作〈李澤厚的荆棘之路——大陸學術界的「苦悶的象徵」〉，《文星》雜誌（民國七十五年十一月一日），頁九十至一〇三。

❻ 參閱拙作〈「走向未來的金觀濤與劉青峯——大陸學術界的前衞象徵」〉，《文星》雜誌（民國七十六年一月一日），頁六十一。

此一文庫「總序」有結語云:「梁啓超曾言:『今日之中國欲自强，第一策，當以譯書爲第一事。』此語今日或仍未過時。但我們深信，隨着中國學人對世界學術文化進展的了解日益深入，當代中國學術文化的創造性大發展當不會爲期太遠了。是所望焉。」結語的文氣透露一種打進世界學術文化圈子的勃勃雄心。

一般大陸學者喜歡贈送己著，我六月從北京帶回美國的贈書幾達百册，皆係新近著作，範圍之廣，令人咋舌，譬如陳修齋主編的《歐洲哲學史上的經驗主義和理性主義》、冒從虎等三位合著的《歐洲哲學通史》上下二册（將近一千頁），方立天的《佛教哲學》、郭朋的《漢魏兩晉南北朝佛教》（約九百頁）、方克立等三位編成的《中國哲學史論文索引（一九〇〇年一一九四九年）》第一册、沈善洪（浙江省社會科學院院長，又兼杭州大學校長）主編的《黃宗羲全集》第一、二册（重新點校，將出多册）、吳光的《黃老之學通論》、葛兆光的《禪宗與中國文化》（係「中國文化史叢書」之一）、唐明邦等位合編的《周易縱横錄》、龐朴的《儒家辯證法研究》與《公孫龍子研究》、石毓彬等位合著的《二十世紀西方倫理學》、方廣錩等位編寫的《印度文化概論》（係湯一介「中國文化書院」所出版的《中外比較文化教學叢書》之一）、吳大英主編的《比較法學》（亦係上述「教學叢書」之一）、包遵信的《跬步集》、陳俊民的《張載哲學思想及關學學派》、高令印等位合寫的《福建朱子學》等書，美不勝收。我在武漢大學哲學系與蕭箑父等二十多位教授座談時（由我先講自己的「創造的詮釋學」），在座的劉綱紀當場贈我去年同時出版的自著《藝術哲學》與《美學與哲學》。他與李澤厚合編《中國美學史》第一卷，我曾在《文星》雜誌論介過，爲人短小精悍，說理亦極精銳。南開大學哲學系的方克立教授與我暢談多時，提到他剛開始主持的十位現代（海峽兩岸）中國哲學家研究工作，包括熊十力、賀麟、梁漱溟、馮友蘭、牟宗三、唐君毅、徐復觀、方東美等等，分別由原哲學家故里一帶的學術機構負責云云。諸如此類，大陸學術界（特指哲學界、歷史界）的研究工作與新書出版之多之廣，直令海外學者感嘆。臺灣學者沒有我們海外學者那麼方便自由，可以隨時取得所亟需的大陸新書。我在這裡特別强調大陸學術文化工作的日益繁盛，目的是在提醒臺灣地區的同行，如無「知己知彼」的機會與能力，則再過五年十年，臺灣學者能否與大陸學者繼續爭長競短，實堪我們憂慮。馬列教條在中國大陸構成學術文化方面的工作阻礙是一回事，在這樣艱苦的環境下仍有一大批教授學者日日埋頭苦幹、積下學術工作成績，又是另一回事。我們在這一項又體會到，雙結問題是假相，大陸問題才是眞相。

最後專就教育改革言，與上述學術文化工作相反，是最令人憂心如焚的難題，遠遠不及臺灣的成功。我最近旁助《文星》雜誌籌劃了「文化中國與中國文化」專輯（今年五月號），並爲此專輯自撰一篇〈中國文化往何處去？——一個宏觀的哲學反思與建議〉，文中特別提到中共在教育改革（兼含思想改革）的死牢結，很難解開。我說：「這些年來，中共一直設法解決經濟體制與政治體制雙重改革的難題，但我認爲，中國大陸目前最需要的改革是思想改革和教育改革。……『第六個現代化』（基層教育改革以及思想文化改革）是『第五個現代化』（關涉自由、民主、法治等等政治體制改革）的先決條件，而『第五個現代化』又是順利完成『四個現代化』的必需條件。中共領導層，無論是保守派還是改革派，皆未曾亦未理解此一關鍵，完全顚倒了『現代化』的改革程序，這都是由於沒有發現或無力解開馬列教條的死牢結所帶來的負面結果。……如果教育改革推動不了，思想文化的發展與學術研究的開放尺度就受極大限制，自然也培養不出更多的優秀人才；隨之也大大影響政治體制改革的進度；如果『第五個現代化』完成不了，所謂『四個現代化』

也就困難重重，無法順利完成，反有引起惡性循環之險。……總之，中國文化的本來地盤雖在大陸，除非馬列教條能予去除，除非『第六個現代化』能够推動踐行，否則關於中國文化繼承課題的任何反思或探討，終究變成紙上談兵，勞而無功。我想，爲此課題憂心如焚的大陸學者，都有心照不宣的苦衷吧。」教育改革的困難重重，也說明了馬列教條的意識形態如何構成最大阻礙，教育改革的困難與馬列教條的牢結乃是一體兩面，這是中共領導層不得不徹底悟解的難點。與大陸相比，臺灣的大中小學學生可以說是「天之驕子」了。

五、大陸問題的解決線索

到目前爲止，我已提出的基本論點有三。第一，我們必須分辨過份情緒化的恐共心理與實事求是的科學態度，如實客觀地去設法「知已知彼」。第二，依照實事求是的科學態度去「知已知彼」之時，必須對於海峽兩岸關涉經濟、政治、學術、文化、教育等等層面的當前處境分別一一進行深層分析，並作比觀評較。第三，經由一番如實客觀的處境分析與比觀評較，必可導致臺灣全民的一項共識，即「所謂『臺灣結』與『中國結』的雙結問題，歸根究柢乃是兩岸問題，（如果專從臺灣的立場去看），即不外是大陸問題」。

當我們尋探大陸問題的解決線索之時，一定先要徹底了解到下面一點：中共即使「解放」不了臺灣，中國大陸照樣能够自力更生；反過來說，大陸問題如果一直拖延而解決不了，臺灣地區的危機意識祇會日日加深，而無安寧之日。我們從上面兩節的處境分析與比觀評較，不難看出，大陸從經濟建設到教育改革，處處遠比臺灣落後。但是，我也特別强調，由於文革造成的政治覺醒，大陸的廣大知識份子爲了民主自由化與多元開放化，接二連三通過實際言論、文藝作品或學術論著等等，逐漸醞釀一股潛流，足以迫使中共領導層之中的改革派或少壯派配合此一民間潛流步步造成黨內政治改革的風氣。如果我們不相信大陸有此自我改造的可能，那麼我們又如何說明，五十年代曾以「反攻大陸」或「反共抗俄」的政治口號進行思想統制，且以創造民國的唯一黨政「正統」自居的國民黨，到了一九八七年的今日，怎會如此自我革新，配合臺灣全民的共識與願望，大步走向民主自由化與多元開放化的後現代道路呢？我又强調，專就「文化中國與中國文化」（自創用語，英文係 Cultural China and Chinese Culture）而言，大陸有關學術文化的論著之多之廣，足以令人咋舌；我們不難想見，五年十年之後此一學術文化的潛在種子終有開花結實的一天。而且中國文化的本根地盤是在大陸，不在臺灣，如與雙結問題所纏住的臺灣學者相比，大陸學者更有自我擔負承繼發展「中國文化」的重任，不但方向淸楚，士氣也漸高昂，足使我們大大警惕。至於經濟發展，大陸遠比臺灣落後的當前事實，並不等於說大陸永遠如此落後，此刻也許祇能以算術級數的慢步烏龜般地行進，但我們無法排除大陸在一、二十年後以幾何級數的快速趕上臺灣的未來可能性。中國人民大學哲學系張立文教授曾對我說：「中國大陸當然問題多多，不過像我們這樣的國度，雖然好不到那裡去，但也不至於壞到那裡去。」我在他家聽了這句話，頓時頗有感慨，這是具有島國根性的日本人都講不出來的話——指最後一句「也不至於壞到那裡去。」久居臺灣的我們自己——包括我這土生土長、受過日本小學教育的「老臺灣人」，難道沒有日人所自嘲的「島國根性」這種（暴發戶似的小氣派）問題嗎？爲甚麼抱有「文化斷層」憂慮的是我們此岸，懷有雙結所纏的危機意識的也是我們此岸呢？

我已提到的金觀濤夫婦，去年九月以訪問學者的身份來到費城（賓州大學)，居住數月之後再度訪我家暢敍時，很有感慨地說：「來訪美國之前，我們在北京總把臺灣問題看成枝節問題。來到美國之後，有不少機會與臺灣學者交談，也讀了不少有關臺灣的報章雜誌，這才恍然大悟，臺灣問題不是枝節問題。」我從他的話語探出兩點蘊含：第一，大陸學者對於臺灣的了解極其有限，但一旦有了深層了解，就會悟到，臺灣問題絕不是所謂「枝節問題」。第二，以前祇把臺灣問題當做枝節問題，祇是由於自認爲祇要搞好大陸的經濟、政治等等改革，臺灣問題自然會解消；金觀濤夫婦之所以輕易誤認臺灣問題祇不過是枝節問題，也是對於大陸本身的自力更生極有自信的緣故。也就是說，大陸學者總覺得臺灣的存不存在，無關乎大陸本身的自我進退。

臺灣的存不存在既無關乎大陸本身的自立自存，則中共爲何動輒危言聳聽，謂「並不排除武力解決的可能性」呢？道理很簡單，中共認爲臺灣就民族血緣、歷史文化、國家領土這三點言，原屬中國，臺灣回歸「祖國」乃是名正言順，故不惜一切代價收回臺灣。基本上，國民黨也一向如此主張「統一中國」的名正言順，所不同的是，國共皆以自黨爲正統而已；就此實可以說，國共雙方皆有各自的「中國結」，祇有除去此一無謂的「中國結」，才有「和平統一」的一縷希望。我們此岸的知識份子所應了解的是，我們的「中國結」要比大陸的還要嚴重，因爲我們的雙結問題本質上是涉及臺灣本身（政治現實的意義上）生死存亡的「大陸問題」，因此我們才一直堅持「三不政策」（不妥協、不接觸、不談判），自舖一道城牆拒敵自衞。我們應該捫心自問：我們的「三不政策」能够拖延多久？「三不政策」是否祇會加深「臺灣結」與「中國結」的罅隙，終至「雙結」人士的兩敗俱傷？我們是否能够找到更有實效的解決線索？

我的看法是，我們已到不能再退的地步，我們必須跳過過分保守的

「三不政策」，改採正面積極的「出擊」政策，拿出我們的幾張王牌（如經濟繁榮、政治民主化、教育程度的提高、學術研究的多元開放化等等），自動尋找非統戰意義的碰頭機會，影響大陸代表，迫使大陸逐步承認我們此岸的平等地位，且自願隨着臺灣在經濟、政治、教育、學術、文化等等層面的成功經驗而自我改革，自求改善；海峽兩岸的差距逐漸縮小之後自有「和平統一」的希望，祇是不應也不能事先硬定「和平統一」的時間表而已。無論如何，我們的此岸一定要認清，「以三民主義統一中國」與「三不政策」之間存在着難於解開的自我葛藤。大陸問題的解決線索，首在改變「三不政策」（the three "no's" policy）爲具有自動「出擊」意義的「統一政策」（the reunification policy）；我們不再被動等待中共提出彼岸的「統一政策」，我們的此岸應該採取主動，向大陸、向全世界光明正大地坦誠公佈我們的「統一政策」。否則，我們又如何去解釋，「以三民主義統一中國」的執政黨祇有「長彼岸志氣，滅此岸威風」的「三不政策」，至於「臺灣結」强過「中國結」的民進黨或黨外人士，却唱反調，要求「三通四流」呢？面對着海峽彼岸，很愚蠢地製造「雙結」自縛，如此製造無從解開的自家糾紛，難道這是臺灣全民的意旨意願嗎？總之，大陸問題的解決線索，端在採取主動積極的「統一政策」，取代自我退縮的「三不政策」；捨此而外，別無他途。

六、結論：我對「統一政策」的具體建議

我所以建議積極推行「統一政策」，放棄不合時宜的「三不政策」，除了上述一些理由之外，還有更重要的一點，就是說，中共無法拒絕對於海峽兩岸概皆有利無害而儘免統戰意味的「統一政策」這個進步路

線。「統一政策」不但會使中共逐漸（願意）承認臺灣的平等地位，也會使它逐漸放棄「不惜以武力解決」這類時代錯誤（anachronistic）的無謂恐嚇。但有一個不可缺少的心理條件：我們此岸必須改變對於大陸的基本態度。我們必須要了解到，中共與大陸人民是兩件事體，祇因我們的恐共心理，而繼續以（長期存在的）隔岸觀火、幸災樂禍的矛盾心情去咀咒大陸，痛罵大陸是無甚意義的，這祇不過徒損「中國」與「中國人」的形象，也徒增各國人民嘲笑我們的「小氣派」作風而已。試問：假若整個大陸由於政治腐敗、經濟失調而垮下來，這對我們此岸就有好處嗎？我們願意去「統一」毫無希望、毫無前途的「中國（大陸）」嗎？倒過來說，我們採取新時代的「統一政策」，以善意的批評態度去旁助大陸站立起來，去影響大陸廣大的知識份子隨着我們往向民主自由化、多元開放化的後現代道路前進，如此態度，如此作爲，豈不眞正表示我們對於「文化中國」（當前兩岸惟一的契接點）與「中國文化」（關涉中國人的自尊心）的一種「終極關懷」嗎？對於如此態度，如此作爲，中共領導層還敢繼續危言聳聽，大唱「武力解決」的政治論調，而引起大陸人民與各國人民的極大反感與輿論制裁嗎？親愛的同胞們，拿起新時代中國人的勇氣，克服「小氣派」作風，重新面對海峽彼岸表現我們兄弟般的關懷之情吧！以下我就依此態度，提出我對「統一政策」的具體建議，分爲⑴內外政治，⑵文化學術，以及⑶經濟生存等三大項目。

第一，就內外（國內與國外）政治言，我們依據兩岸政府皆具共識的「統一中國」根本原則，重新要求兩岸的平等地位。舉例來說，我們有權要求，從今以後在任何國際場合（如運動比賽、學術會議），兩岸分別改稱「中國（北京）」與「中國（臺北）」，或「中國（大陸）」與「中國（臺灣）」。

其他有關政治平等的一些問題，譬如涉及大使館、聯合國代表等等問題，較有實際困難，但並非不可適予解決，最緊要的還是在乎我方願不願意推行「統一政策」，首先要求政治的平等地位❼。我們當然知道，蘇維埃聯邦在聯合國佔有兩席，包括烏克蘭的一席。高英茂教授最近在「中國時報」所辦「中華民國當前革新課題系列」論文的第五篇〈當前外交困境的突破之道〉（見今年五月十日第二版），列出十種統一模式類別，而以「多體制國家」的理論構想最切實際，並謂「在各種不同的模式中，『多體制國家』的構想與目前中共所要求的『一國二制』，還算比較接近。」他又立刻指出，「多體制國家」能予避免「一國二制」不利於臺灣（香港亦然）的難題；也就是說，較能符合我所說「內外政治上的平等地位」原則。基本上，我相當贊成高教授的着想。不論中共能否接受，我方應該依據「統一政策」提出「平等地位」的政治要求，至少可讓中共重新考慮「一國二制」的提法是否合乎政治現實的當前處境。無論如何，我們目前的「三不政策」毫無政治現實的伸縮性；我們必須面對「一國二制」的提法，提出「多體制國家」之類較合平等原則的我方要求才是。

第二，就文化學術的一項言，到目前爲止，環繞着「文化中國」的基本概念，同時分向海峽兩岸公開提出「交流對談」的，恐怕以「始作

❼ 大使館、聯合國代表之類的問題比較複雜，但中共至少可以向全世界宣佈，海峽兩岸將以平等互助的「統一政策」處理這類問題，此刻由北京代表整個中國參加聯合國、設大使舘等等，是暫時而不得已的辦法。我今年五月在北京，曾有數次公開建議，北京必須讓步，承認臺北的「政治尊嚴」（亦即北京與臺北政治上完全平等），否則「統一中國」可能變成渺茫的美夢。我也在不同場合屢次提到，中共領導層動輒危言「武力解決」，祇會引起臺灣知識分子的極大反感，無甚意義可言。北京學者都能了解我的意思。我深信，我們此岸開始採取較有伸縮性的「統一政策」，海峽彼岸也會採取類似的態度與政策。兩岸一直對罵，是無濟於事的。

倆者」的我爲最力最多。我一年來在臺北各大雜誌發表過的有關拙作，也在大陸教授學者與知識份子之間到處流傳❽。今年五、六月間我在大陸各地多次演講有關「文化中國與中國文化」（以及馬列教條的公開批評）的錄音帶，據說也在北京大學、南開大學等處流傳。我在這裡不必多所重述已提出過的種種建議。不過，除了我在國建會正式提出的三項建議之外，我想補充一些具體建議。首先，海峽兩岸之間應該設立有關純粹學術研究的「聯絡小組」（我方如果不便自派組員參加，則可委託來自臺灣的海外華裔學者代表參加），專門討論外來術語的統一譯名譯法，交換有關兩岸學者研究工作的資訊（大陸則用「信息」二字，義同「資訊」），以及外國學術名著中譯事項。譬如北京三聯書店剛已出版沙特的《存在與虛無》，如果可在臺灣同時開放或印行，則不必再煩臺灣學者試譯。當然如果中譯不當，幾年之後亦可找人重譯一次。無論如

---

❽ 參閱《文星》雜誌所登過的拙文〈審美意識的再生——評介李澤厚與劉綱紀主編《中國美學史》第一卷〉（民國七十五年十月一日）、〈李澤厚的荆棘之路——大陸學術界的「苦悶的象徵」〉（同年十一月一日）、〈「走向未來」的金觀濤與劉青峯——大陸學術界的前衞象徵〉（今年一月一日）、〈「文化中國」與海峽兩岸的學術交流〉（今年三月一日）、〈中國文化往何處去？——一個客觀的哲學反思與建議〉（今年五月一日）、〈理想與現實之間——靳凡「公開的情書」解說〉（仝上）。《文星》也在近期陸續登過我爲該刊「文化中國與中國文化」專輯邀到的大陸著名教授學者（專爲該刊撰寫的）文章，到目前爲止，已刊載了金觀濤的〈科學：文化研究中被忽略的主題〉（今年五月一日）、靳凡（即金觀濤夫人劉青峯的筆名）的〈致臺灣的讀者們〉（仝上）、陳俊民的〈中西文化衝突的歷史反思——談中國學者的現代思考〉（今年六月一日）、金春峰的〈五四文化討論的回顧與展望〉（仝上）等篇；其他各篇亦當陸續刊載。又，靳凡的中篇小說《公開的情書》（曾在大陸轟動一時），也自五月一日起在《文星》連載。讀者亦不妨參閱《當代》雜誌所登的拙作〈馮友蘭的學思歷程與生命坎坷〉上下篇（今年五月號與六月號），《中國論壇》所登的〈中國大陸與學術的晚近發展〉上下篇（去年十一月至十二月），以及《哲學與文化》月刊上的〈大陸三週學術演講旅行後記〉上下篇（今年七月號與八月號）。

何，海峽兩岸有關文化學術的研究情況，如有聯絡小組供給充份的資訊，則對兩岸學者的研究工作省力省時，實有互助互利的極大方便。爲了「文化中國與中國文化」，我們何樂而不爲呢？

再者，海峽兩岸不妨同時設立性質與名稱類似的研究機構，通過公平競爭與交流溝通的方式促進中國文化的進一步發展。譬如北京大學哲學系中國哲學史研究室主任（兼深圳大學國學院院長）湯一介教授（係湯用彤先生公子）所主持的「中國文化書院」，經常邀請海內外學者講學，我也應邀講過數次，每次聽衆（多係該院會員）不止五百一千。今年五月起，該院又設全國性的函授班，到目前爲止，已經擁有一萬二千名以上的各地會員，影響甚鉅。我對他說，我很想說動臺北的學術界友朋，也以同一名稱組織「中國文化書院」，括弧中加上「臺北」二字，但也希望湯教授同意在他書院下加上「北京」二字，表示海峽兩岸都有同一名稱的（非政治性）中國文化書院，同時可以表示政治上的平等地位，毫不違背兩岸的「統一中國」原則，亦無任何政治統戰的無謂干擾。總之，問題是在我們願否順着「文化中國與中國文化」的着想推進海峽兩岸知識份子之間的交流對談。如果我方有充分自信，拿出幾張「王牌」去影響大陸學者，豈非證明了，我方對於「統一中國」的興趣，不是有口無心，而是有實際作爲與表現的。

第三、就經濟生存言，我們也應依照兩岸平等意義的「統一政策」，謀求大陸問題的適當解決。我的建議是，我們不得不考慮海峽兩岸在經濟上，通過「和平競爭」的方式獲致「互助互利」的目的。我們以此方式，與日本、南韓、香港、新加坡等亞洲地區謀求共存共榮，亦即互助互利，却因恐共心理或懼怕統戰，而想永遠避免與海峽彼岸的中國同胞們打（經濟）交道嗎？我們這種作法到底能拖多久呢？日本、美國、香港、新加坡、甚至反共的南韓都從大陸（潛在地說，是世界最大的貿易市場）撈了不少經濟利益，我們却眼巴巴地看着別人賺大陸的錢，而半籌莫展。海外早已流傳，南韓希望能進一步與大陸建立正式外交關係，卽使與臺灣（中華民國）斷交亦在所不惜；理由很簡單，就是爲了更多的經濟利益。兩年前夏天，我自西雅圖坐上西北航空班機飛往日本開會時，機上隣座的一位臺灣紡織商對我嘆氣說：「我剛從加拿大回來。今年紡織業很難做啊，慢慢會鬥不過南韓了。南韓已經開始與大陸打（經濟）交道，我們臺灣商人怎麼辦？祇盼望我們的政府更開明些，早日解決大陸問題，讓我們光明正大地與大陸進行經濟貿易。」但是，我們在海外也常聽說，臺灣某些人通過特別管道，以官商勾結的違法形式，在香港與中共偸偸做生意而發橫財。如果這是純屬謠言，則幸甚；如果不是謠言，一旦有證據查明眞相，難道不會鬧出比「十信」案更嚴重的經濟案件嗎？再者，我曾提到的《新新聞周刊》那篇〈大陸「登陸」臺灣？〉，就擧出了許多例子證實大陸貨品大量進入臺灣市場的事實，政府毫無辦法查禁，件數多到杜不勝杜的程度。我們的政府難道對此束手無策，還是半閉眼睛，視若無睹？

一九九七年，香港將要正式歸入中國大陸版圖，離今不過十年，我們不能拖到那時才開始慌慌張張，想盡辦法「亡羊補牢」，恐怕已太遲了。職是之故，我們必須改變「三不政策」，轉變成爲主動積極的「統一政策」，在經濟生存上建立「和平競爭」與「互助互利」的兩大原則，有限度地與大陸正式進行公開貿易。否則，不出兩三年，我們政府恐怕擋不住黨外人士步步逼緊的批評與要求，同時也對大陸的經濟「出擊」乏術可施，而大敲警鐘。我不是經濟方面的行家，無法奉獻「錦囊」，提出更具體、更合時宜的經濟政策。但我不得不再次呼籲政府：依據「和平競爭」與「互助互利」的兩大原則，早日打通海峽兩岸自由貿易之路！

我們已經到達「從雙結問題到大陸問題」的新階段。如何把握時間推行主動積極的「統一政策」，如何有效、有步驟地徹底解決大陸問題，適予打出幾張我們的「王牌」，而讓大陸刮目相看我們這個「小島」是眞正的「寶島」，能以完全平等的地位，與大陸和平競爭，互助互利——爲了此一新時代的重大使命，我們要在政府與民間雙方「選賢與能」，解決我們的大陸問題。新時代的「聖賢」，您（們）在那裡？

（一九八七年八月一日晨七時撰畢，於美國費城西北郊外，原載《中國論壇》雙十節專輯〈「中國結」與「臺灣結」研討會論文集〉）

〔作者附記〕

一九八七年八月二十二至二十四日，聯合報文化基金會與中國論壇社合辦「『中國結』與『臺灣結』研討會」，在南園舉行，共收十二篇論文，最後一篇卽是拙文。評論員文崇一教授以及楊國樞教授等位紛紛質問，認爲雙結問題乃是臺灣社會的內部問題，强調大陸問題的解決終必導致雙結問題的解決，未免過度簡單化了雙結問題的本質。張忠棟教授則進一步提出他對拙文的了解方式，認爲我所以將雙結問題深化之爲大陸問題，可能只是爲了提醒大家，我們不應全然分開雙結問題與大陸問題，大陸問題的正視與積極應付當有助於我們適予解開雙結。我回答說，我能接受楊教授等位的評論，更能接受張教授的了解方式，願改「解決大陸問題，就可以解決雙結問題」這個原先說法，緩和口氣說:「雙結問題與大陸問題息息相關，這兩項難題的解決，應可雙管齊下。」

大陸學者的文化再探討評析

一、前　言

毛澤東親自帶頭發動的所謂「無產階級文化大革命」導致史無前例的十年浩刼，傳統以來的我國文化以及重要文物曾遭受到極大破壞，幾至蕩然無存的程度。由於此一慘痛教訓，後文革時期的中共在鄧小平、胡耀邦、趙紫陽等人的領導下，從經濟發展到文化發展等等層面稍能修正馬列主義與毛澤東思想的極左論調，逐步採取較有伸縮性的「開放」政策，頗受一般教授學者以及廣大知識分子的支持❶。這些年來雖然有過「反精神污染」運動、「反資產階級自由化」運動等等政治意識形態上的阻撓與挫折，大體上說，中國大陸至少已醞釀出傳統文物再整理、

❶ 去年四月我應中國（大陸）社會科學院世界宗教研究所之邀，首次訪問北京講學三週，有位教授讀我〈馬列主義的思想困局與未來中國的展望〉（原載紐約《知識份子》季刊，現已收在拙著《批判的繼承與創造的發展》）之後，問我能否讓他經由熟人轉呈胡耀邦參閱。去年十一月間，這位教授來函告我，胡已讀了拙作，當能理解我批判馬列教條的用意，因他自己已「開放」到可以不講辯證法唯物主義的程度。但在十二月，胡因「反資產階級自由化」運動而被迫辭去中共黨主席的職位。

中西文化再探討等等有關文化發展的新近氣氛，而在（涉及名勝古蹟的）觀光事業、（涉及文化發展的）地方文化再發現、以及（涉及學術研究性質的）中西文化討論稍有成果收穫，不容我們忽視。然而，由於馬列教條難於去除，早有僵化危機的政治體制也難於更改，有關經濟與文化的「開放」政策時鬆時緊，並無一定規格可循，因此在一九八七年的今天，還談不到全面積極的文化發展❷。這是拙文不直接就文化發展，但偏重大陸學者的（中西）文化再探討予以選擇性評析的基本理由。

以下分就李澤厚等人對於中西文化體用問題的討論、湯一介的「中國文化書院」、金觀濤對於「科學與文化」問題的考察，以及甘陽等新一代學者的中西文化再探討等項，一一予以評析，藉以暗示中國大陸文化發展的未來動向。

二、中西文化體用問題的討論

在文革爆發以前有十年左右，大陸學者對於中國傳統文化遺產繼承課題的探討相當熱烈，但在馬列主義與毛思想的意識形態控制下始終未獲適當的解決，對於傳統文化的負面評價遠遠超過正面肯定。譬如著名的大陸哲學界耆宿馮友蘭在一九五七年發表了〈論中國哲學遺產的繼承問題〉（《光明日報》），首次提出所謂「抽象繼承法」，認為哲學命題的具體意義由於涉及提出命題的思想家的特定時代境況，難於古為今用；抽象意義則不同，它有超越特定時代或特定社會的進步作用，經過一番解釋，可以繼承下來。如以我個人慣用的話語表示，抽象意義的繼承，

❷ 關於馬列教條所產生的種種難題，請參閱拙著《批判的繼承與創造的發展》中〈馬列主義在中國大陸的思想困局〉與〈中國大陸的哲學研究評論〉二文。

卽是傳統思想的一種（現代式的）再發現與再創造，亦卽一種「批判的繼承與創造的發展」❸。就馮友蘭提出「抽象繼承法」的本來用意言，這是很值得嘉許的；但馮氏一提出後便遭受到極左派官方學者的圍攻，被釘死爲「唯心論」，「抽象繼承法」（又稱「一般繼承法」）終於胎死腹中，直至文革結束之後才有一些學者重提馮氏舊論，認爲有其方法論的意義與價值。

中國傳統文化遺產能否繼承、如何繼承的時代課題，在臺灣常以「傳統與現代化」問題的形式出現，近年來在中國大陸則多以「中西文化體用問題」的方式提出討論，也可以說是清末張之洞以來「中體西用論」的再反思、再檢討。對於此一課題探討最力、正反影響也最深的一位是中國（大陸）社會科學哲學研究所資深所員李澤厚教授，他提出了自創的「西體中用」論。他在《中國古代思想史論》中說：「關于中國社會和中國文化出路的爭論，從清末到今天已經延續了一百年。『中體西用』和『全盤西化』是兩種最具代表性而且至今仍有巨大影響的方案。淸末主張『中體西用』的洋務派，要求只採取現代科技工藝，而排斥與這些很難分割的西方的價值觀念和政經體制，終于沒有成功。以後的『中國文化本位』論則影響更小。主張『全盤西化』的胡適、吳稚暉等人要求徹底拋棄和否定中國旣有的文化——心理的各種傳統，一切模擬西方，但也應者寥寥，並無結果。殷海光在臺灣堅持這一主張，也不成功。實際上，中國現代化的過程旣要求根本改變經濟政治文化的傳統面貌，又仍然需要保存傳統中有生命力的合理東西。沒有後者，前者不可能成功；沒有前者，後者卽成爲枷鎖❹。」由此可見，李氏同時肯定傳統與現代化

❸ 參閱拙作〈馮友蘭的學思歷程與生命坎坷〉（下篇），《當代》第十四期（一九八七年六月一日），頁一一五至一二〇。

❹ 李澤厚著《中國古代思想史論》（一九八五年人民出版社印行），頁三一七。

兩者分別具有的正面價值，不可偏廢，用心良苦。但是他又接著說道：「其實這就是我們今天講的『馬列主義中國化』、『中國化的社會主義道路』；如果硬要講中西，似可說是『西體中用』。所謂『西體』就是現代化，就是馬克思主義，它是社會存在的本體和本體意識。它們雖然都來自西方，却是全人類和整個世界發展的共同方向。所謂『中用』，就是說這個由馬克思主義指導的現代化進程仍然必需通過結合中國的實際（其中也包括中國傳統意識形態的實際）才能眞正實現。這也就是以現代化爲『體』，以民族化爲『用』❺。」

五十年代曾在北大哲學系受過蘇聯式正統馬列主義教育的李氏，自然難於全然拋棄馬列論調，故在自著始終強調「社會存在決定社會意識」，「集體優於個體」，勞動生產爲基本社會實踐的人類主動性，以及「宗教是鴉片煙」。因此難免自誤誤他，混淆現代化與馬克思主義爲同屬「西體」，也混同了馬克思主義與（正統）馬列主義。但引起爭議最多的，却是他對「體用」這一對傳統以來的名詞的誤用或濫用，故他所提的「西體中用」，便成爲不倫不類的概念。我在去年秋季爲了《文星》雜誌撰成一篇〈李澤厚的荊棘之路——大陸學術界的「苦悶的象徵」〉，事先曾函問過李氏有關「西體中用」的說法，請他澄淸。他回信說：「『西體中用』說明其微言大義處，非謂卽『馬列主義中國化』也。惜當日（指同年四月六日晚在他北京寓所與我的對談）未及面談，明春或將發表關於此題之較長文章（已寫成交出）。」拙稿寄去《文星》之後不久，收到李氏的短篇〈論西體中用〉（大陸《團結報》一九八六年九月二十七日），稍予澄淸「西體中用」一辭的內涵，謂：「我認爲，體是社會存在的本體，卽生產方式、生活方式。所謂西體，就是以西方爲先驅

---

❺ 仝上，頁三一七至三一八。

的大工業生產的社會存在。……有人說以馬列爲體，這也不對，馬列主義是學而不是體。……明確了以大工業生產的社會存在爲體以後，就要進一步明確這種大工業生產之上的本體意識，這上面的西學，除馬克思主義外，還包括現代的大量科學理論。中體西用的最大錯誤就在於認爲科技是用而不是體，其實科技恰恰是體，因爲科技理論是與社會存在，與生產力、生產方式聯繫在一起的。商品經濟的發展，必然引起價值觀念、行爲模式、道德標準、思維方式等一系列觀念的改變，這也進一步說明了社會的生產方式是體。」

李氏在上述短篇不但誤用「體用」的本來義蘊，而且套上歷史唯物論的片面說法，去處理「體用」問題，實無道理的强制性可言。譬如所謂「西體」，應指西方特有的民主、自由、律法、守法、多元開放等等價值觀念乃至行爲模式，而非單純的生產方式，且不說李氏循着歷史唯物論所强調的「社會存在」，本身就無法游離乎「社會意識」的。社會存在既然包括生產方式與生活方式，則他所說的「生活方式」難道不兼涉人生觀、世界觀乃至行爲模式與思維模式嗎？李氏一方面混同了實際科技與科技理論，當做「西體」的一大成素，同時又以科技理論與馬克思主義爲（可以中國化的）「西學」（而不是「體」），不但犯了概念混淆的誤謬，且有前後論點矛盾而不一致的情形，令人懷疑他無嚴格的邏輯頭腦，而是一位思路動輒飛躍，個人直感式的宏觀綜合取代步步推理與嚴密分析的思想家。

李澤厚這一年來又發表了幾篇有關他那「西體中用」論的文章，多半補述上面短篇的基本論點，並無新義。他在〈漫說「西體中用」〉這一篇裡說道：「最近幾年，理論、學術、文化界所掀起的兩次思想浪潮，都使人回想起『五四』。一次是關於啓蒙、人道、人性的吶喊和爭論，一次是最近兩年關於中西比較的所謂『文化熱』討論。……今天所謂的

『文化熱』却是在驚醒了迷夢之後，重新痛感落後而再次掀起『向西方學習』的現實條件下產生的。因此，冷落多年的中、西、體、用之類的比較，又重新被提上日程。……總之，『學』——不管是『中學』『西學』，不管是孔夫子的『中學』還是馬克思的『西學』，都不是眞正的『體』，都不能作爲最根本的『體』。這個最根本的『體』只能是社會存在的本體，卽現實的日常生活。這才是根本、基礎和出發點。忽視或脫離開這個根本來談體用、中西，都是危險的❻。」但是，執守正統馬列主義（歷史唯物論）的李氏未曾體會到，所謂「社會存在」，所謂「現實的日常生活」並不祇是科技發展或經濟建設而已，而是涵有科學、哲學的學術理論、價值觀念、社會倫理規範、政治體制、文化發展等等複雜的內容，把這些內容（所謂「上層建築」）抽離之後，如何去發展經濟與科技？把「學」與「體」完全分開，而以「體」爲根本或本體，不但是紙上談兵，也無理據可言。

有趣的是，今年七月間在美國聖地亞哥市的加州大學（University of California at San Diego）擧行第五屆國際中國哲學會研討會時，代表中國大陸的南開大學哲學系教授方克立提出一篇題名〈評「中體西用」和「西體中用」〉的論文，從馬克思主義的觀點批判李澤厚的「西體中用」論，說道：「在設計未來的發展道路時，『體』的問題當然至關重要，具有根本的決定的意義。籠統地主張以西方的生產方式、生活方式、上層建築、科技思想、意識形態等等爲『體』，而不區別是社會主義的生產方式、上層建築和意識形態，還是資本主義的生產方式、上層建築和意識形態；有時講『西體』包括作爲『本體意識』的馬克思主

❻ 李澤厚此篇已由我帶回臺北，交與《中國論壇》刊載，見該半月刊第二十五卷第四期（一九八七年十一月二十五日），頁八至十九。

義，有時又否定馬克思主義是『體』，這種理論至少是混亂的，缺少概念的明確性和前後邏輯一貫性的。中國（大陸）要建成以近代大工業和現代科技爲基礎的現代化社會，這是不可逆轉的歷史發展的必然趨勢，問題是『中國化的現代化道路』到底是走社會主義還是資本主義的發展道路，這才是今日爭論的焦點。李澤厚迴避回答這個問題。……我們認爲，無論『中體西用』還是『西體中用』，都不能正確解決古今、中西文化的關係問題，都不能作爲中國（大陸）社會主義新文化建設的指導方針。……即在今天，必須拋棄中西對立、體用二元的僵固思維模式，排除盲目的華夏優越感和崇洋媚外等狹隘感情因素，以開放的胸襟，從中國（大陸）社會主義現代化建設的實際需要出發，批判地借鑒和吸取古今中外一切有價值的文化成果，經過辯證的揚棄和綜合，努力創造出一種『以馬克思主義爲指導的，批判繼承歷史傳統而又充分體現時代精神的，立足本國而又面向世界的』(《中共中央關于社會主義精神文明建設指導方針的決議》) 高度發達的社會主義新文化。這就是我們的古今中西文化觀。」

方氏對於李澤厚「體用」概念的誤用，以及社會主義與資本主義對峙問題的迴避等等所作的批評固有見地，但他自己頂多順從官方的說法，而未能特就中共政治體制的僵化危機以及馬列教條的死結對於社會主義實踐的負面作用進行自我批判，故雖有見於「西體中用論」(與「中體西用論」) 的片面論調，却無見於馬克思主義本身的內在難題。關於中西文化體用問題的論辯，如不能超越馬克思主義與非馬克思主義的對立，以及社會主義與資本主義的對立，去重新探討此一問題，恐怕終究無法徹底解決其中困難，徒費時間與精力而已。

方克立在他論文的結尾說道，「我們注意到，在我國學術界熱烈討論中西文化體用問題的時候，海外華裔學者傅偉勳先生也提出了『中國本位的中西互爲體用論』這一富有創見性的構想。顯然，傅先生亦否棄中西對立、體用二元的僵化思想模式，而主張中西文化積極地交流會通，互爲體用，經過辯證揚棄而達到現代化的融合。他的『中西互爲體用論』的精神主導是『爲了批判地繼承並創造地發展中國思想與文化着想』的『中國本位』立場。傅先生不贊成馬列主義，但作爲海外學者，能以爲中國思想與文化繼往開來着想的愛國主義作爲精神主導，來解決中西文化交流會通的時代課題，我認爲是值得稱道和讚賞的。」我的論點受到大陸學者如方克立的「稱道和讚賞」，固然令我「受寵若驚」，但是「稱道和讚賞」之餘，也應進一步認眞討論「馬列主義對於中西文化的融合與發展爲何始終構成一大阻礙」這個根本問題，這樣才有辦法找出治本的方案❼。

據我個人的親身經驗，在中國大陸各大學哲學系之中具有開放精神的，爲數不多，武漢大學哲學系算是其中一個。譬如該系資深教授蕭箑父在〈中國哲學啓蒙的坎坷道路〉(《中國社會科學》一九八三年第一期）與〈關于改革的歷史反思〉(《武漢大學學報》一九八五年第二期）這兩篇文章裡，提出一種「哲學啓蒙說」，有別於李澤厚的「西體中用」說與具有「中體西用」傾向的「儒學復興」說，認爲應當繼承十七世紀興起的反對宋明理學的早期啓蒙思潮，自覺地更深廣地有選擇地吸取消化外來文化，完成近代哲學啓蒙的補課任務。我在拙文〈中國文化往何處去？——一個宏觀的哲學反思與建議〉曾經指出，中國大陸目前最需要的一項改革是思想改革與教育改革，從長遠的觀點來看，恐怕要比經濟體制與政治體制的雙重改革更加迫切。我說：「『第六個現代化』（基

---

❼ 關於我所主張的「中國本位的中西互爲體用論」立場，請參閱拙作〈中國文化往何處去？——一個宏觀的哲學反思與建議〉(《文星》第一〇七期，頁七七至七九)。

層教育改革以及思想文化改革）是『第五個現代化』（關涉自由、民主、法治等等政治體制改革）的先決條件，而『第五個現代化』又是順利完成『四個現代化』的必需條件。中共領導層，無論是保守派還是改革派，皆未曾亦未能理解此一關鍵，完全顛倒了『現代化』的改革層序，這都是由於沒有發現或無力解開馬列教條的死牢結所帶來的負面結果❽。」蕭氏的「哲學啓蒙說」在思想改革與教育改革這一點，似較中西文化體用問題的論辯更有啓廸作用，値得進一步探討。

該系年輕講師郭齊勇（《熊十力及其哲學》作者）最近也在《武漢大學學報》（一九八六年第五期）發表了一篇〈現代化與中國傳統文化芻議〉，下結論說:「文化內在結構的三層面——物質文化（科學技術等）、制度文化（政經體制等）和觀念文化（哲學信念等）的變革是同步的。我們必須以健康的心態在改革與開放中作出自己的選擇，摸索出既不脫離人類文明大道，又不脫離民族文化傳統的新的發展模式，即中國式的現代化道路。」作者又說，「當務之急是揚棄傳統文化中墮性的層面，發展商品生產，實行民主政治，繁榮多元文化。」作者較具多元開放的論點，雖其突破馬列主義限制的用意隱而未顯，却有「跳出簡單化的中西兩極對立和體用割裂的思想方式」，而對中西文化嘗試一種「新的綜合」的創意，即「不分主從地、更加廣泛、深入地相互滲透、補充和融合」，算是大陸年輕一代學者的代表性看法之一。

---

❽ 仝上，頁七十六。

三、湯一介的「中國文化書院」

近年來中國大陸的文化發展與大陸學者的文化再探討之中，有一件特別值得我們注目的事，那就是北京大學哲學系中國哲學教研室主任湯一介教授(又兼深圳大學國學研究所所長)帶頭創辦的「中國文化書院」，名義上由梁漱溟、馮友蘭、張岱年、任繼愈、周一良、湯一介、吳曉鈴、虞愚、陰法魯、戴逸、朱伯崑、魯軍、李中華、王守常、魏常海、田志遠等，「老中青三結合」的大陸學者共同發起組織，眞正擔當實際任務的是院長湯一介自己，以及手下有力助手魯軍、李中華、王守常（皆係北大哲學系年輕講師）等位，尤其魯軍在基本策劃與日常運作出力最多，也最有實際貢獻。「中國文化書院」的宗旨是，「通過對中國文化的教學與研究，承繼並闡揚中國文化的優良傳統；通過對外國文化的介紹和中外文化的比較研究，促進中國文化的現代化」。該院的性質是，屬於一種民間機構，以學者個人立場進行學術和教育活動，以學者團體組織與外界發生聯繫。本院爲學術性機構，一切活動限于學術教育範圍內。本院爲開放性機構，願與國內外各界進行廣泛的合作。至於該院的培養目標是，「以培養從事中國文化史、哲學史、宗教史、歷史、文學和思想史研究的中外學者爲目標。通過教學和研究活動，加深他們對中國文化的愛好、興趣和內在的感受力，使他們在熟悉中國古代文獻的基礎上，較爲系統地掌握中國古代文化的發展演變及精神」。在教學工作方面，該院專事培養中國文化（包括歷史、哲學、宗教、文學等專業）的專門學者，培養對象包括大學以上的中外學生，但要經過考試和推薦；並爲中外各大學代培研究生、進修生，也接受有關專業的訪問學者；同時擧辦各類短期講習班、讀書班和研究班，開展有關中國文化及中外文化比較方面的函授教學。至於學術工作，則包括下列五項：(1)組織中國文化各專題研究，並匯集此方面著作；(2)組織中國文化各類專題的資料編輯和出版等；(3)組織中國文化各類專題學術討論會、筆談會等；(4)出版中外文化研究刊物——《中華文化集刊》；以及(5)組織有關中國文化和中外文化比較方面的專題指導和咨詢。

中國文化書院所設立的「中外比較文化研究班」，包括面授函授兩種形式，屬大學後教育，主要面向各大專院校的高年級本科生、研究生、教師進行比較文化方面的教學，截止到一九八七年三月，參加這個研究班課程學習的學生共計一萬兩千八百人，可說聲勢浩大，在文化（啓蒙）教育上的影響與日俱增。根據此研究班的簡介資料，開設課程已達下列十八門：(1)文化學，(2)馬克思主義文化學概論，(3)比較方法論，(4)中國文化概論，(5)西方文化概論，(6)日本文化概論，(7)印度文化概論，(8)比較哲學，(9)比較文學，(10)比較史學，(11)比較法學，(12)比較宗教學，(13)比較美學，(14)比較倫理學，(15)比較教育學，(16)比較藝術，(17)比較經濟思想史，以及(18)科技發展史比較研究。至於所使用的教材和參考資料共約四十萬字，相當可觀。

同時，中國文化書院的各類學術研究成果，也開始以叢書的形式出現，總稱之為《中國文化書院叢書》，其中包括《資料集》、《演講集》、《論著集》三大系統。《資料集》系統分為三大部分：(1)《現代中國東西方文化研究資料叢編》共有十五集，主收馮友蘭、梁漱溟、胡適、熊十力、張君勱等人關于東西方文化比較方面的資料，按人成編；(2)《中國古代文化史資料叢編》三十集，包括《中華文明的起源和中華民族的形成》、《少數民族的形成和對中國文化的貢獻》、《中國古代的家族和宗法制度》、《漢字的起源和演變》、《中國古代書籍制度》、《漢字的起源和演變》、《中國古代禮儀制度》、《中國古代教育思想和學校制度》、《中國古代科學技術成就》、《中國古代的建築藝術》、《中國古代神道觀念和主要宗教》等書；以及(3)《港臺海外中國文化論叢》共十集，將包括《當代新儒家》、《中國文化的特質》、《中西文化異同論》、《傳統文化和現代化》、《知識分子和中國文化》等書。《演講集》系統，基本上是結集中國文化書院舉辦的歷屆文化講習班的演講，包括《中國傳統文化論集》、《東西文化比較論集》、《文化與科學論集》、《文化與未來論集》等等。至於《論著集》系統，則結集出版該院海內外導師及學術界同仁的力作和學術研究成果，又分《魏晉南北朝文化史叢書》十一集（由湯一介親自主編，北大出版）與《中國文化書院導師論著叢書》十五集（主收該院導師具有代表性的著作，反映歷史、現在的學術水平）。

根據魯軍在今年一月二十六日所提出的〈中國文化書院院務工作報告〉，該院已建立了工作系統，制定規章制度，院務工作逐漸走向正規化。同時，通過教學和研究工作，加强了與國內外學術機構和學者的交流和往來，擴大了文化書院在國際和國內的影響。尤其在學術教育工作方面，一九八六年該院共舉辦了「中外比較文化」（一月）、「文化與科學」（八月）、「文化與未來」（十一月）三期講習班，和「科學、哲學、宗教之關係」（四月）、「從國外文化發展看中國文化發展趨勢」、「新儒家哲學的困境」等學術報告會。通過這些講習班與學術報告會，促進了文化與學術的交流，推動了我國的學術研究。魯軍在《報告》結尾說:「相信中國文化書院在今年會有較大的發展；相信我們能够一步步接近我們的目標，把中國文化書院建成世界第一流的中國學術研究和教育機構，讓古老的中國文化經由我們的努力，走向現代化，走向世界」。值得我們注目的是，魯軍的報告沒有半點馬列教條的影子，所談的祇是有關中西文化探討與中國文化發展的工作現況與未來計劃，可說表現眞正的「實事求是」工作精神。

該院自今年五月起正式開設了「中外比較文化研究班」(函授),學制共兩年,並破例向外招收函授生,報名者應具有大專以上學歷,學費一年要八十元,報名學員極其踴躍,目前已達一萬三千名左右。今年五月間我應邀再訪大陸講學之時,也為中國文化書院演講數次,環繞着「文化中國與中國文化」的時代課題比較海峽兩岸的知識份子分別探討中西文化的現況與成果,發現該研究班的聽衆對於臺灣的學術研究與文化發展興趣極濃。據魯軍說,梁漱溟批評過該研究班收學費未免太商業化;但魯軍表示,沒有經濟上的支持,根本不可能進行有關中西文化再探討與文化發展的學術活動與啓蒙教育。據我的觀察,中國文化書院以民間機構的「商業化」經營方式擴展種種文化活動與教育,恐怕是大陸目前較為可行並有成效的辦法。我曾對湯一介教授說,我很想說動臺北的學術界友朋,也以同一名稱組織「中國文化書院」,括弧中加上「臺北」二字,但也希望湯教授同意在他書院下加上「北京」二字,表示海峽兩岸都有同一名稱的(非政治性)中國文化書院,同時可以表示政治上的平等地位,毫不違背兩岸的「統一中國」原則,亦無任何政治統戰的無謂干擾❾。無論如何,湯一介的「中國文化書院」的設立與活動,要比環繞着中西文化孰體孰用等問題的紙上談兵式的書生論辯脚踏實地得多,可以預測該院對於中國大陸未來的文化探討與發展,必定會產生長期的良好影響,也有助於海峽兩岸在不久的將來可能進行的正式文化學術交流。我是一年半來向我們政府與民間雙方公開提議此項交流的「始作俑者」,此後我將繼續以「文化橋樑」意義的美籍華裔學者身份

❾ 參閱《中國論壇》第二十五卷第一期(一九八七年十月十日),「『中國結』與『臺灣結』專輯」所收拙文〈兩岸處境與中國前途—從雙結問題到大陸問題〉,頁一九三。

說動我方採取更積極有效的大陸政策，包括文化學術的有限度交流在內，這比太過消極的「三不政策」更要切實得多❿。

寫到這裡，剛剛收到「中國文化書院」秘書處自北京寄來的《中國文化研究年鑒（1987）卷編輯方案》（草案）一份，盼我能予鑒核，「撥冗審閱，提出意見，指正賜還，以利編輯工作」。該草案稿開頭便說：「《中國文化研究年鑒》是一本反映中國文化研究現狀，展現學科研究進展的大型資料工具書。鑒于中國和國外均未編過中國文化研究方面的年鑒等資料工具書，因此（1987）卷除着力反映80年代（特別是1985年之後）中國文化方面的研究情況外，還準備通過其他欄目來反映1917年至1985年近70年的文化研究情況，使讀者通過這本年鑒不但能了解當前的情況，而且還能够了解過去；不但能了解國內的現狀，還能看到國外對中國文化研究方面的進展。爲了能較全面（不是片面）的反映海內外中國文化研究的現狀，本卷《年鑑》力圖謀求廣泛地合作，特別是冀求同臺灣學術界的合作。」

依照草案所列（1987）卷年鑑的九大欄目，共有：⑴專論，約請中外著名中國文化研究專家撰文，題目可設計爲「中國文化與中國現代化」、「中國傳統文化與現代中國文化」等等；⑵中國文化研究現狀，分爲論文摘編與論著簡介；⑶學術活動（各種學術會議，講習班等）；⑷中國文化研究、教育團體機構、刊物，介紹中國文化研究有關的各種學會、研究會，中國文化教育研究機關，以及中國文化研究有關的各種雜誌及報紙叢刊等；⑸臺灣、香港的中國文化研究；⑹中國著名文化研究者介紹；⑺國外中國文化研究；⑻中國文化研究大事記；以及⑼中國文

---

❿ 參閱拙作〈「文化中國」與海峽兩岸的學術交流〉，《文星》第一〇五期（一九八七年三月一日），頁六十六至七十一。

化研究資料索引。依原定計劃，該年鑒擬在「五四」七十周年前能正式發行。我認爲，爲了海峽兩岸的文化學術交流，我方民間機構與教授學者不妨有限度地「響應」，以超政治的方式提供自由中國的文化探討與發展有關的資料，藉以影響大陸學者文化探討的未來動向。我深信，對我方言，如此作爲，祇有百益而無一害，何樂而不爲？

四、金觀濤對於「科學與文化」的反思

我在《文星》雜誌（第一〇三期）曾刊載過一篇〈「走向未來」的金觀濤與劉青峰——大陸學術界的前衞象徵〉，論介大陸學術界「四大思想領袖」之一金觀濤（及其夫人）的學術研究，他們的主著《興盛與危機——論中國封建社會的超穩定結構》（一九八四年湖南人民出版社）由是引起了臺灣文化出版界的注目，在臺北翻印成書之後，一時造成洛陽紙貴之勢。這裏我想專就金觀濤（夫婦）對於環繞着「科學與文化」關聯課題的探討反思試予論介。

關於「科學與文化」的關聯課題之中，金觀濤及其「走向未來叢書」編委同志們所最關心的中心問題是：「中國近代科學落後的原因」。中國（大陸）科學院《自然辯證法通訊》雜誌社經由金氏籌劃，於一九八二年十月十六日至二十二日在四川省成都市召開了環繞此一問題的學術討論會，會上宣讀並交流的學術論文近五十篇，其中二十四篇翌年收在《科學傳統與文化——中國近代科學落後的原因》，由陝西科學技術出版社印行。此書早已絕版，但金氏夫婦離開費城賓州大學之前將自己的藏本贈我。二十四篇之中，與「科學與文化」關聯課題最有關係的論文，包括長篇（亦是首篇）〈文化背景與科學技術結構的演變〉，由金觀濤夫婦與樊洪業（主要著想則出於金氏本人）合寫，以及何新的〈中西

學術差異：一個比較文化史研究的嘗試〉、林文照的〈近代科學爲什麼沒有在中國產生？〉等篇。該書編者序特別提到，「通過討論，大家日益深切地感到，要比較全面和確切地探討出中國近代科學技術落後的原因，有必要把科學的內部史與外部史研究結合起來，把科學技術史的研究與經濟史、政治史、文化史的研究結合起來。……科學哲學偏重研究科學的本質、科學發展的規律與模式、科學研究的方法與基本範疇等等。科學社會學偏重研究科學的社會功能，各種社會存在因素對科學的制約。要深入研究中國近代科學技術落後的原因，也有必要加强這個學科的結合。」此序由范岱年（即已故臺大哲學系教授范壽康先生的公子）撰寫，末尾雖然强調「在馬克思主義的指導下，解放思想，堅持眞理，通過百家爭鳴和自由的學術討論，努力爭取在這個課題的研究上有進展」；事實上，書中論文多能客觀地分析問題，提供科學的解釋，而無甚馬克思主義或馬列教條的思想干擾。

根據金觀濤等人在〈文化背景與科學技術結構的演變〉所作的觀察與分析，中國科學技術在歷史上始終持續緩慢發展，並曾長期居領先地位；但十六世紀以後，西方逐步確立了由構造性自然觀、受控實驗和開放性技術體系組成的近代科學技術結構。金氏認爲，近代科學的建立是由于科學結構內部形成了⑴理論—實踐—理論與⑵技術—科學（包括理論和實踐）—技術這兩種循環加速機制，爲了形成這樣循環加速的科學技術結構，科學理論必須是建立在構造性自然觀的基礎之上。此構造性自然觀有兩種含義，第一是指必須從結構的角度來把握自然現象，第二是指理論必須是邏輯構造型的。此構造性自然觀有兩個明顯的特點：第一，它具有證僞性；第二，它具有預見性。至於受控實驗，是指實驗應在嚴格控制條件下進行；只要控制條件足够嚴格，任何人在任何地方用同樣的條件和方法做同一實驗，實驗結果都能以穩定的機率再現。技術系統的開放性，則是指謂技術本身能從掌握技術的個人手中游離出來，從它生產的具體產品（目的物）中游離出來；也就是說，技術成爲一種普遍的社會生產力。開放性的技術體系一方面有賴于資本主義經濟結構的產生和發展，另一方面必須和人類的一般自然觀相結合，被賦予某種普遍的觀念。構造性自然觀和受控實驗的確立，使技術具有了科學的靈魂，使技術從一般技藝和狹隘分工中相對解放出來，從而可以實現科學和技術之間的轉化，實現部門行業間的轉移。總之，科學理論結構是構造性自然觀，實驗必須是受控實驗，而技術結構則必須是開放性的。這三個子系統相互作用，具有循環加速的機制，整個近代科學技術就是在這樣一種結構中加速發展出來的。作者下一結論說：「整個近代科學技術結構的確立就需要一個特殊的歷史時機，這就是文化結構、政治結構和經濟結構一起轉化，也就是整個社會結構的變化。近代科學技術結構正是在西方封建社會向資本主義社會轉化過程中確立的⓫。」

相比之下，中國儒道二家互補的文化體系決定了，其科學理論結構是基于倫理中心主義做合理外推的有機自然觀，理論成果積分祇占科學技術成果總分的13%，而實驗結果是非受控的，實驗成果只占7%。在這種科學技術結構中，理論、實驗、技術三者互相隔裂，它們只能在封建社會爲它們規定的框架內發展，不能出現互相促進的循環加速過程。因此，中世紀西方科學技術水平雖比同時代的中國古代科學技術的總體水平低得多，但在西方建立近代科學技術結構之後，就把中國遠遠拋在後面了。作者說道：「實際上，眞正的中西融合是應考慮近代科學結構和中國文化背景的融合，去建立一種適應近代科學結構迅速成長的中國式的新文化背景。就近代科學結構來說，它集中了全人類的精華，旣不

⓫《科學傳統與文化》，頁六十七。

是西方的，也不是中國的⓬。」

《文星》雜誌今年五月號設有「文化中國與中國文化」專輯，由我旁助，邀請金觀濤參與撰寫，他寫成一篇〈科學：文化研究中被忽略的主題〉，總結了他對「科學與文化的關聯」問題的基本看法。他認爲，在近代科技結構形成之前，任何古代民族的科學都沒有從哲學和宗教中分離出來，形成自己獨立的結構，因此古代科學結構都是與文化結構融合一體的。作爲整體的科學觀（科學理論結構）和實驗觀（實驗結構），則受到文化結構中那些深層的要素，如思想方法，看問題的角度，以及行爲規範的影響。專就中國古代科學而言，它的輝煌與限制正是由於中國那時獨特的文化結構，我們如對中國文化的深層結構的研究不够深入，就給中國古代科學結構的整體分析帶來不少困難。譬如中國「有機自然觀」的基礎，乃是倫理中心主義和直觀外推的思想方法，這就說明了爲何中國古代科學家經常滑向「天人感應」的迷信。事實證明，卽使在那些最傑出的中國古代科學家的心中也存在著由理性轉化爲迷信，由與科學相近的場論轉向反科學的「天人感應」的黑暗隧道。在倫理中心主義的思想支配下，人們很難發展出超越倫理的一種中立的是非判斷與價值中立原則，從而把自然界作爲一個非道德的體系加以考察，其結果就是理氣之爭與善惡相隨，世界是萬物交感的世界。

金氏最後說道：「我們把中國古代科技結構和近代科技結構，作跨越時代和文化的對比，其目的是引起人們對近代科技結構成長所必須的文化背景給予重視。……兩千多年前，中國哲人就擺脫了神學的束縛，認爲人自身的行爲規範倫理基礎就可以成爲思想的基礎，發展了自己的獨特的文化。我們姑且不論這種倫理中心主義，是如何阻礙了中國近代

⓬ 仝上，頁八十。

科學技術的進步，令人驚嘆的是，中華民族在進行文化創造時的大無畏和頑強。可以想像，一旦中華民族認識到現代科學的文化價值，把科學精神納入她追求統一和諧的文化追求之中，那麼毫無疑問，一種代表著人類未來的新文化將出現在地平線上。中華民族在現代化道路上經歷的苦難，她在消化近代科學時代付出的艱苦努力，那一代又一代人痛苦而又漫長的探索，都將證明這是歷史對她的期待⑬。」

我們從以上的簡介，不難看出，金氏借用自創的「近代科學技術結構」等等概念模式，來重新反思文化結構與科技結構的內在關聯，如此探討出中國近代科學落後的原因，乃與傳統倫理中心主義、直觀外推的思考方式等等文化結構的深層要素息息有關。經過這一番對於「科學與文化關聯」課題的再探討，金氏深信中華民族一旦「認識到現代科學的文化價值，把科學精神納入她追求統一和諧的文化追求之中」，則必定能够創造出「代表著人類未來的新文化」。問題是在，我們如何融合現代科學的文化價值（來自西方）與中國傳統以來的統一和諧的文化體系呢？這又把我們拉回到中西文化體用問題去了。金氏基本上是科學史家兼科學哲學方法論者，而不是文化哲學家或人文學科（humanities）的行家，因此對於這個問題的解決恐怕心有餘而力不足；但他藉用「近代科技結構」模式去重新探現科學與文化兩者的內在關聯，而以科學史的種種事實一一設法論證中西雙方的文化結構與科技結構之間所存在著的互爲因果，互有影響的密切關係，同時挖出中國文化結構的深層要素，藉以探討中國近代科學落後的原因，以及未來中國的新文化創造課題，這些都是具有突破性的學術創獲，不容海峽此岸的知識份子忽視。難能可貴的是，金氏及其「走向未來叢書」的編委一群在科學與文化問題的

⑬ 《文星》第一〇七期（一九八七年五月一日），頁五十五至五十六。

探討，已無馬列教條的束縛痕跡，反有衝破整個馬克思主義而重新追求科學眞理與文化價值的學術意向。現在我們再來看看，年輕一代的大陸學者如何通過現代西方哲學（如伽達瑪等人的新詮釋學）的研究吸取思維靈感，重新探討「傳統與現代化」的課題。

五、甘陽論「傳統與現代化」

今年春季應邀再訪北京講學之前，收到來自北大哲學系的哈佛大學訪問學者陳來書函，謂「甘陽是中國（大陸）未來的學術命脈」。我在六月初旬結束三十五天訪問講學的旅行直前，有了機會與甘陽同遊北京郊外的標柘寺、戒臺寺等名刹古寺，發現他對現代歐洲哲學有相當深厚的知識與了解，令我大大驚異。甘陽生於一九五二年，黑龍江大學哲學系畢業，現爲中國（大陸）社會科學院哲學研究所研究人員。更重要的是，他是三聯書店《文化：中國與世界系列叢書》主編，此套叢書還分《現代西方學術文庫》與《新知文庫》。《現代西方學術文庫》主要包括西方現代學術名著的中譯，譬如胡塞爾《邏輯研究》、海德格《存在與時間》、沙特《存在與虛無》、韋伯《新教倫理和資本主義精神》等是。《新知文庫》所包括的範圍較廣（亦係譯叢），譬如弗洛姆《愛的藝術》、（日人）湯淺泰雄《東方文化的深層》、伽達瑪《闡釋學與美學》、馬丁布伯的《我與你》等是。此套叢書完成之後，對於此後大陸知識份子的文化探討與知識追求當會帶來鉅大的影響，有助於突破馬克思主義的思想限制。除了此套叢書之外，甘陽今年又開始主編《文化：中國與世界》，第一輯今年六月出版，開卷語有云：「中國要走向世界，理所當然地要使中國的文化也走向世界；中國要實現現代化，理所當然地必須實現『中國文化的現代化』——這是八十年代每一有識之士的共同信念，這是當代中國偉大歷史騰飛的邏輯必然。《文化：中國與世界》正是在這樣一種時代氛圍中誕生的。她以『文化』作爲戰略研究對象，力圖對中國文化和世界文化的過去、現在、未來進行全面的、持久的、深入的總體性研究和系統性比較，以此爲建設當代中國文化作堅實的理論準備和艱苦的實踐探索。」此輯首篇卽是甘陽自己撰寫的〈八十年代文化討論的幾個問題〉。

甘陽這篇論文的旨趣是在表明八十年代中國大陸文化討論的根本任務，是要實現中國「文化的現代化」。該文首先提到，一九八五年以來所謂的「文化」問題已經明顯地成爲當前中國大陸的「顯學」；從目前一陣陣「中國文化熱」和「中西比較風」來看，不難推測，八十年代中後期，一場關於中國文化的大討論很可能蓬勃興起。依他的觀察，自文革十年的動亂結束，現代化的任務被重新提出以來，中國大陸走了三步才走到文化這個問題上來；首先是實行對外開放、引進發達國家的先進技術；隨後是加强民主與法制並進行經濟體制改革，因爲沒有相應的先進管理制度，先進技術有等於無；最後，文化問題才提到了整個社會面前，因爲政治制度的完善、經濟體制的改革，都直接觸及到了整個社會的一般文化傳統和文化背景、文化心理與文化機制。甘陽認爲，這就是今日「中國文化熱」和「中西比較風」的眞正背景和含義。因此，着眼於中國文化與中國現代化的現實關係問題，當是今日大陸學者討論中國文化的基本出發點。

甘陽回顧了近百年來的「中西古今文化之爭」，强調文化討論的根本問題並不在於中、西文化的差異有多大，而是在於中國文化必須掙脫舊的形態而走向「現代文化形態」。因此，「文化的衝突」（卽中國傳統文化與中國現代文化的衝突）無法避免。此一衝突，說得更具體一點，也就是在千百年「尊尊親親」的家庭制社會結構基礎上所形成的中國人的傳統意識、傳統心理、傳統知識形態、傳統行爲方式，與現代化社會必然要求於中國人的現代意識、現代心理、現代知識形態、現代行爲方式之間的全方位遭遇和總體性衝突。甘陽主張，所謂「現代化」，歸根結柢是「文化的現代化」，中國（大陸）的現代化只有最落脚在一種新的現代文化形態上，才算有了眞正的根基和鞏固的基礎。而中國文化的根本問題就在於，它必須盡快使自己進入現代文化形態的行列，這樣才可能在一種平等的基礎上來與其他現代民族文化作比較。也就是說，今天必須使中國文化與西方文化的區別成爲一種如同西方各國文化之間的區別一樣，是在同一個現代文化形態範圍之內的區別，只有這樣的區別，才是一種平等的區別。總之，問題的實質就根本不在于中西文化的差異有多大，而是在于：中國文化必須掙脫其傳統形態，大踏步地走向現代形態。

甘陽受過歐洲從海德格到伽達瑪等人的新詮釋學派的思維影響，詮釋「傳統」的意義爲：「流動于過去、現在、未來這個整個時間性中的一種『過程』，而不是在過去就已經凝結成型的一種『實體』，因此，傳統的眞正落脚點恰是在『未來』而不是在『過去』。這就是說，傳統乃是『尙未被規定的東西』，它永遠處在制作之中，創造之中，永遠向『未來』敞開着無窮的可能性或『可能世界』」。因此，「繼承發揚」傳統就絕不僅僅只是複製「過去已經存在的東西」，而是要創造出過去的中國人不曾有過的新的現代的「民族文化心理結構」；而所謂「批判的繼承」，也就並不只是在「過去已經存在」的東西中挑挑揀揀，而是要對它們的整體進行根本的改造，徹底的重建，也就是要徹底打破中國人幾千年來的「文化心理結構」，並予以全盤重建。甘陽自己提出一種「未來型時間觀」，來重新了解「傳統」、「文化」這些在時間與歷史中存在的東西，依此時間觀，我們總是要把「傳統」與「文化」看成爲首先存在于「未來」之中的永遠有待完成的無窮大有機整體或有機系統，在這種有機整體中，「過去已經存在的東西」只不過是其中的一個部分或一個要素而已。甘陽下結論說：「在今日以及今後，儒、道、釋等『過去存在的東西』將不僅不足以構成中國文化的全部，而且它們都不能成爲中國文化系統的價值主體和核心要素，只能成爲次要的、從屬性的要素，因爲一個『現代的』中國文化系統必有其『現代的』價值核心與總體特徵，這種新的『現代的』成分和核心要素不能也不應是儒學這種過去已有的『現成在手的』東西，而是某種現在『有待上手的』東西。……在我們看來，必須把儒道文化都帶入一個新的更大的文化系統中，而不能仍然把儒道文化本身就看成是中國文化的整體系統，然後試圖以此爲本位來吸取、同化新的文化因素⓮。」

大致說來，甘陽「往未來看」的新傳統觀、新文化觀，既不偏向墨守成規的傳統主義，亦避免了「全盤西化」的偏激論調，與我個人多年來所主張的「批判的繼承與創造的發展」、「中國本位的中西互爲體用論」等等看法似很接近，也算是大陸年輕一代學者深受現代西方人文學科（尤其歐洲哲學思潮）的影響之後，有意突破馬克思主義限制而重新探討「傳統與現代化」課題的新近嘗試，値得我們注目。祇是，包括甘陽、金觀濤等位在內的大陸學者對於傳統與文化的再探討，還無法更進一步一一分就宗教、形上學、人性論、人倫道德、藝術、科技、政治社會思想、敎育乃至其他有關傳統與文化的各種學科或層面，細予討論如何「批判地繼承並創造地發展」中國文化之種種。關於這一點，我曾自創一種「生命十大層面及其價値取向」模型，藉以探討中西古今各種文

⓮ 《文化：中國與世界》第一輯，一九八七年三聯書店，頁三十二至三十三。

化傳統的同異所在，以及繼承發展中國文化的課題，或許對於海峽彼岸（以及此岸）的有心的學者稍可供給思維靈感或資糧⑮。

（一九八七年十二月二十日於華航機上，為政大國際關係研究中心所主辦「現代華人地區發展經驗與中國前途」研討會而作。）

---

⑮ 我在拙文〈中國文化往何處去？一個宏觀的哲學反思與建議〉說過：「依我看法，萬物之靈的價值取向，大體涉及下列十大層面：(1)身體活動（physical activities）；(2)心理活動（psychological activities）；(3)政治社會（politico-social life）；(4)歷史文化（historico-cultural development）；(5)知性探索（intellectual pursuit）；(6)美感經驗（aesthetic experience）；(7)人倫道德（ethics and morality）；(8)實存主體（existential subjectivity）；(9)終極關懷（ultimate concern）；以及(10)終極眞實（ultimate reality/truth）。」參閱《文星》第一〇七期，頁六十九。拙著《批判的繼承與創造的發展》第一部中所收的幾篇，也隨處提到我的「生命十大層面及其價值取向」模型及其應用。

滄海叢刊已刊行書目(三)

書名	作者	類別
不疑不懼	王洪鈞	教育
文化與教育	錢穆	教育
教育叢談	上官業佑	教育
印度文化十八篇	糜文開	社會
中華文化十二講	錢穆	社會
清代科舉	劉兆璸	社會
世界局勢與中國文化	錢穆	社會
國家論	薩孟武譯	社會
紅樓夢與中國舊家庭	薩孟武	社會
社會學與中國研究	蔡文輝	社會
我國社會的變遷與發展	朱岑樓主編	社會
開放的多元社會	楊國樞	社會
社會、文化和知識份子	葉啓政	社會
臺灣與美國社會問題	蔡文輝 蕭新煌 主編	社會
日本社會的結構	福武直 著 王世雄 譯	社會
三十年來我國人文及社會科學之回顧與展望		社會
財經文存	王作榮	經濟
財經時論	楊道淮	經濟
中國歷代政治得失	錢穆	政治
周禮的政治思想	周世輔 周文湘	政治
儒家政論衍義	薩孟武	政治
先秦政治思想史	梁啓超原著 賈馥茗標點	政治
當代中國與民主	周陽山	政治
中國現代軍事史	劉馥 著 梅寅生 譯	軍事
憲法論集	林紀東	法律
憲法論叢	鄭彥棻	法律
師友風義	鄭彥棻	歷史
黃帝	錢穆	歷史
歷史與人物	吳相湘	歷史
歷史與文化論叢	錢穆	歷史

滄海叢刊已刊行書目㈣

書名	作者	類別
歷史圈外	朱桂	歷史
中國人的故事	夏雨人	歷史
老臺灣	陳冠學	歷史
古史地理論叢	錢穆	歷史
秦漢史	錢穆	歷史
秦漢史論稿	刑義田	歷史
我這半生	毛振翔	歷史
三生有幸	吳相湘	傳記
弘一大師傳	陳慧劍	傳記
蘇曼殊大師新傳	劉心皇	傳記
當代佛門人物	陳慧劍	傳記
孤兒心影錄	張國柱	傳記
精忠岳飛傳	李安	傳記
八十憶雙親 師友雜憶 合刊	錢穆	傳記
困勉強狷八十年	陶百川	傳記
中國歷史精神	錢穆	史學
國史新論	錢穆	史學
與西方史家論中國史學	杜維運	史學
清代史學與史家	杜維運	史學
中國文字學	潘重規	語言
中國聲韻學	潘重規 陳紹棠	語言
文學與音律	謝雲飛	語言
還鄉夢的幻滅	賴景瑚	文學
葫蘆・再見	鄭明娳	文學
大地之歌	大地詩社	文學
青春	葉蟬貞	文學
比較文學的墾拓在臺灣	古添洪 陳慧樺 主編	文學
從比較神話到文學	古添洪 陳慧樺	文學
解構批評論集	廖炳惠	文學
牧場的情思	張媛媛	文學
萍踪憶語	賴景瑚	文學
讀書與生活	琦君	文學

滄海叢刊已刊行書目㈤

書名	作者	類別
中西文學關係研究	王潤華	文學
文開隨筆	糜文開	文學
知識之劍	陳鼎環	文學
野草詞	章瀚章	文學
李韶歌詞集	李韶	文學
石頭的研究	戴天	文學
留不住的航渡	葉維廉	文學
三十年詩	葉維廉	文學
現代散文欣賞	鄭明娳	文學
現代文學評論	亞菁	文學
三十年代作家論	姜穆	文學
當代臺灣作家論	何欣	文學
藍天白雲集	梁容若	文學
見賢集	鄭彥棻	文學
思齊集	鄭彥棻	文學
寫作是藝術	張秀亞	文學
孟武自選文集	薩孟武	文學
小說創作論	羅盤	文學
細讀現代小說	張素貞	文學
往日旋律	幼柏	文學
城市筆記	巴斯	文學
歐羅巴的蘆笛	葉維廉	文學
一個中國的海	葉維廉	文學
山外有山	李英豪	文學
現實的探索	陳銘磻編	文學
金排附	鍾延豪	文學
放鷹	吳錦發	文學
黃巢殺人八百萬	宋澤萊	文學
燈下燈	蕭蕭	文學
陽關千唱	陳煌	文學
種籽	向陽	文學
泥土的香味	彭瑞金	文學
無緣廟	陳艷秋	文學
鄉事	林清玄	文學
余忠雄的春天	鍾鐵民	文學
吳煦斌小說集	吳煦斌	文學

滄海叢刊已刊行書目(六)

書名	作者	類別
卡薩爾斯之琴	葉石濤	文學
青囊夜燈	許振江	文學
我永遠年輕	唐文標	文學
分析文學	陳啓佑	文學
思想起	陌上塵	文學
心酸記	李喬	文學
離訣	林蒼鬱	文學
孤獨園	林蒼鬱	文學
托塔少年	林文欽編	文學
北美情逅	卜貴美	文學
女兵自傳	謝冰瑩	文學
抗戰日記	謝冰瑩	文學
我在日本	謝冰瑩	文學
給青年朋友的信(上)(下)	謝冰瑩	文學
冰瑩書柬	謝冰瑩	文學
孤寂中的廻響	洛夫	文學
火天使	趙衛民	文學
無塵的鏡子	張默	文學
大漢心聲	張起鈞	文學
回首叫雲飛起	羊令野	文學
康莊有待	向陽	文學
情愛與文學	周伯乃	文學
湍流偶拾	繆天華	文學
文學之旅	蕭傳文	文學
鼓瑟集	幼柏	文學
種子落地	葉海煙	文學
文學邊緣	周玉山	文學
大陸文藝新探	周玉山	文學
累盧聲氣集	姜超嶽	文學
實用文纂	姜超嶽	文學
林下生涯	姜超嶽	文學
材與不材之間	王邦雄	文學
人生小語(一)(二)	何秀煌	文學
兒童文學	葉詠琍	文學

滄海叢刊已刊行書目(一)

書名	作者	類別
國父道德言論類輯	陳立夫	國父遺教
中國學術思想史論叢(一)(二)(三)(四)(五)(六)(七)(八)	錢穆	國學
現代中國學術論衡	錢穆	國學
兩漢經學今古文平議	錢穆	國學
朱子學提綱	錢穆	國學
先秦諸子繫年	錢穆	國學
先秦諸子論叢	唐端正	國學
先秦諸子論叢（續篇）	唐端正	國學
儒學傳統與文化創新	黃俊傑	國學
宋代理學三書隨劄	錢穆	國學
莊子纂箋	錢穆	國學
湖上閒思錄	錢穆	哲學
人生十論	錢穆	哲學
晚學盲言	錢穆	哲學
中國百位哲學家	黎建球	哲學
西洋百位哲學家	鄔昆如	哲學
現代存在思想家	項退結	哲學
比較哲學與文化(一)(二)	吳森	哲學
文化哲學講錄(一)(二)(三)(四)	鄔昆如	哲學
哲學淺論	張康譯	哲學
哲學十大問題	鄔昆如	哲學
哲學智慧的尋求	何秀煌	哲學
哲學的智慧與歷史的聰明	何秀煌	哲學
內心悅樂之源泉	吳經熊	哲學
從西方哲學到禪佛教 —「哲學與宗教」一集—	傅偉勳	哲學
批判的繼承與創造的發展 —「哲學與宗教」二集—	傅偉勳	哲學
愛的哲學	蘇昌美	哲學
是與非	張身華譯	哲學

滄海叢刊已刊行書目(二)

書名	作者	類別
語言哲學	劉福增	哲學
邏輯與設基法	劉福增	哲學
知識·邏輯·科學哲學	林正弘	哲學
中國管理哲學	曾仕強	哲學
老子的哲學	王邦雄	中國哲學
孔學漫談	余家菊	中國哲學
中庸誠的哲學	吳怡	中國哲學
哲學演講錄	吳怡	中國哲學
墨家的哲學方法	鐘友聯	中國哲學
韓非子的哲學	王邦雄	中國哲學
墨家哲學	蔡仁厚	中國哲學
知識、理性與生命	孫寶琛	中國哲學
逍遙的莊子	吳怡	中國哲學
中國哲學的生命和方法	吳怡	中國哲學
儒家與現代中國	韋政通	中國哲學
希臘哲學趣談	鄔昆如	西洋哲學
中世哲學趣談	鄔昆如	西洋哲學
近代哲學趣談	鄔昆如	西洋哲學
現代哲學趣談	鄔昆如	西洋哲學
現代哲學述評(一)	傅佩榮譯	西洋哲學
懷海德哲學	楊士毅	西洋哲學
思想的貧困	韋政通	思想
不以規矩不能成方圓	劉君燦	思想
佛學研究	周中一	佛學
佛學論著	周中一	佛學
現代佛學原理	鄭金德	佛學
禪話	周中一	佛學
天人之際	李杏邨	佛學
公案禪語	吳怡	佛學
佛教思想新論	楊惠南	佛學
禪學講話	芝峯法師譯	佛學
圓滿生命的實現(布施波羅蜜)	陳柏達	佛學
絕對與圓融	霍韜晦	佛學
佛學研究指南	關世謙譯	佛學
當代學人談佛教	楊惠南編	佛學

滄海叢刊已刊行書目(七)

書名	作者	類別
印度文學歷代名著選(上)(下)	糜文開編譯	文學
寒山子研究	陳慧劍	文學
魯迅這個人	劉心皇	文學
孟學的現代意義	王支洪	文學
比較詩學	葉維廉	比較文學
結構主義與中國文學	周英雄	比較文學
主題學研究論文集	陳鵬翔主編	比較文學
中國小說比較研究	侯健	比較文學
現象學與文學批評	鄭樹森編	比較文學
記號詩學	古添洪	比較文學
中美文學因緣	鄭樹森編	比較文學
文學因緣	鄭樹森	比較文學
比較文學理論與實踐	張漢良	比較文學
韓非子析論	謝雲飛	中國文學
陶淵明評論	李辰冬	中國文學
中國文學論叢	錢穆	中國文學
文學新論	李辰冬	中國文學
離騷九歌九章淺釋	繆天華	中國文學
苕華詞與人間詞話述評	王宗樂	中國文學
杜甫作品繫年	李辰冬	中國文學
元曲六大家	應裕康 王忠林	中國文學
詩經研讀指導	裴普賢	中國文學
迦陵談詩二集	葉嘉瑩	中國文學
莊子及其文學	黃錦鋐	中國文學
歐陽修詩本義研究	裴普賢	中國文學
清真詞研究	王支洪	中國文學
宋儒風範	董金裕	中國文學
紅樓夢的文學價值	羅盤	中國文學
四說論叢	羅盤	中國文學
中國文學鑑賞舉隅	黃慶萱 許家鸞	中國文學
牛李黨爭與唐代文學	傅錫壬	中國文學
增訂江皋集	吳俊升	中國文學
浮士德研究	李辰冬譯	西洋文學
蘇忍尼辛選集	劉安雲譯	西洋文學

滄海叢刊已刊行書目㈧

書名	作者	類別
文學欣賞的靈魂	劉述先	西洋文學
西洋兒童文學史	葉詠琍	西洋文學
現代藝術哲學	孫旗譯	藝術
音樂人生	黃友棣	音樂
音樂與我	趙琴	音樂
音樂伴我遊	趙琴	音樂
爐邊閒話	李抱忱	音樂
琴臺碎語	黃友棣	音樂
音樂隨筆	趙琴	音樂
樂林蓽露	黃友棣	音樂
樂谷鳴泉	黃友棣	音樂
樂韻飄香	黃友棣	音樂
樂圃長春	黃友棣	音樂
色彩基礎	何耀宗	美術
水彩技巧與創作	劉其偉	美術
繪畫隨筆	陳景容	美術
素描的技法	陳景容	美術
人體工學與安全	劉其偉	美術
立體造形基本設計	張長傑	美術
工藝材料	李鈞棫	美術
石膏工藝	李鈞棫	美術
裝飾工藝	張長傑	美術
都市計劃概論	王紀鯤	建築
建築設計方法	陳政雄	建築
建築基本畫	陳榮美 楊麗黛	建築
建築鋼屋架結構設計	王萬雄	建築
中國的建築藝術	張紹載	建築
室內環境設計	李琬琬	建築
現代工藝概論	張長傑	雕刻
藤竹工	張長傑	雕刻
戲劇藝術之發展及其原理	趙如琳譯	戲劇
戲劇編寫法	方寸	戲劇
時代的經驗	汪琪 彭家發	新聞
大衆傳播的挑戰	石永貴	新聞
書法與心理	高尚仁	心理